生活因阅读而精彩

生活因阅读而精彩

寿长华◎编著

无须说教，更无须大吼大叫

妈妈心态
决定孩子状态

聪明妈妈
育儿乐

中国华侨出版社

图书在版编目(CIP)数据

妈妈心态决定孩子状态 / 寿长华编著.—北京：
中国华侨出版社,2012.11

ISBN 978-7-5113-2176-3

Ⅰ.①妈… Ⅱ.①寿… Ⅲ.①家庭教育 Ⅳ.①G78

中国版本图书馆 CIP 数据核字(2012)第 231766 号

妈妈心态决定孩子状态

编　　著 / 寿长华

责任编辑 / 筱　雁

责任校对 / 王京燕

经　　销 / 新华书店

开　　本 / 787×1092 毫米　1/16 开　印张/17　字数/260 千字

印　　刷 / 北京建泰印刷有限公司

版　　次 / 2012 年 12 月第 1 版　2012 年 12 月第 1 次印刷

书　　号 / ISBN 978-7-5113-2176-3

定　　价 / 29.80 元

中国华侨出版社　北京市朝阳区静安里 26 号通成达大厦 3 层　邮编:100028

法律顾问:陈鹰律师事务所

编辑部:(010)64443056　　64443979

发行部:(010)64443051　　传真:(010)64439708

网址:www.oveaschin.com

E-mail:oveaschin@sina.com

前　言

如今，年轻的妈妈们越来越重视孩子的教育，为了让自己的孩子能够青出于蓝而胜于蓝，妈妈们恨不得使出浑身解数，培养出一个人见人爱、出类拔萃的孩子。

在这种"望子成龙"、"望女成凤"的心态驱使下，电脑、钢琴等开始进入了一个个简朴的家庭，绘画、舞蹈、书法、外语等名目繁多的特长班也成了孩子们的"必修课"。

之所以会出现如此景象，其实是因为妈妈们希望把自己年轻时没有学过的、想学却一直没有机会学的东西，统统在孩子身上找补回来，更希望自己的孩子能够在同龄孩子中间成为最耀眼的那一个。

可是，这些妈妈们可曾知道，这样做很可能破坏孩子的求知欲望和学习兴趣，甚至让他们降低对生活的热情。所以，我们还是保持平和的心态，不要去强迫孩子做他们不喜欢的事情比较好。不仅是学习，其他诸如生活、交际、个性等方面的培养和塑造，都离不开妈妈良好心态的影响。

毫无疑问，由于妈妈是孩子最亲近、最依赖的人，所以妈妈的人品、教育观念、情感和态度都直接影响着孩子的身心发展。妈妈在对子女关心和爱护的过程中，很自然地塑造了他们的个性。同时妈妈的心理障碍也很容易反映到子女的心灵上，造成意想不到的伤害。

近些年来，一些国外心理学家开始研究家长在教育子女方面的心理状态对孩子的影响。结果表明，父母的思想、信念、观念、情感、态度以及对教育子女的认识等，都是家庭教育中的重要问题。比如，有的妈妈本身性格开朗、情绪稳定、有责任感，对孩子热情，能从孩子的角度看问题，在这样的妈妈的影响下，孩子多半很自信、独立、自主、自治、有安全感，并且喜欢探索、适应性强、善于交往、信任他们的妈妈，而且在智力发展和行为习惯方面也较理想。反之，如果妈妈态度消极、焦虑不安、容易激动发怒、对子女缺少耐心，或者家庭成员之间不和睦，就会给孩子的心理造成紧张情绪，让他们感到有压力。

所以说，只有妈妈们保持自己的心理健康，才能给孩子以积极的影响。因此，妈妈们有必要不断地进行心理自我调适。具体怎样进行，请参照以下几点方法：

首先，请妈妈们问问自己："我有什么心理问题？"

看到这个问题，妈妈们先不要紧张，更不要担心，认为自己出了什么严重的状况。事实上，每个妈妈都是普通人，我们都要面对社会生活矛盾、工作与生活的压力、人与人之间的交往，凡此种种都会给我们带来一定的心理问题。一旦我们的心理产生变化，那么就势必影响孩子。所以，作为妈妈，自省是十分必要的。

其次，妈妈们要放平自己的心态。

一个心理成熟的妈妈，必然是一个心态平和的妈妈，能够对一切事物保持平常心，能够以平稳的心态为人处世，以诚待人，建立良好的人际关系。这样一来，我们就可以克服自己性格上或孤僻或粗暴的弱点，从而让自己具有良好的个性。而这些会自然而然地运用到我们和孩子相处的过程中，也会潜移默化地对孩子产生好的影响。

最后，妈妈们要在各方面不断地追求自我完善。

俗话说："强将手下无弱兵。"我们也可以套用这句话来说："强妈手下无弱儿。"这里所说的强，并不是强势，或者让自己具备多高的权力，拥有多么丰厚的财富，而是要我们能够在各个方面不断地自我完善，让自己成为了一个"全能妈妈"。

也正是基于这样的理念，本书编者精心策划了这本《妈妈心态决定孩子状态》的图书，希望能帮助妈妈们找到最科学、最合理的教育和引导孩子的方法。在孩子成长的同时，也是妈妈获得成长的过程。这实在是一举两得的好事！

总而言之，孩子能否积极乐观地生活、能否对学习产生兴趣、能否对挫折持乐观的态度等，都和妈妈是否具备良好的心态有着直接而紧密的关系。所以，妈妈们要从自身做起，从点滴做起，让自己带着良好的心态，陪伴在孩子每天成长的旅途中。

目　录

第一章

妈妈张弛有度不溺爱，孩子茁壮成长不张狂

想给孩子最大的幸福几乎是每个妈妈最真挚的愿望。为此，她们常常把孩子整个地保护起来，满足孩子的每一个要求，替孩子做好每一件事情。但是，这些妈妈忽略了，"溺爱根本不是爱，而是一种软暴力"。事实上，在宠爱下长大的孩子不见得就是快乐的孩子。

溺爱如同漩涡，让看不到它本质的妈妈们越陷越深。因此，为了让孩子拥有一个快乐的、健康的状态，妈妈们不要把孩子看作是一个需要百般呵护的"宠物"，而应该把他"当做一个真正的人"。要知道，爱孩子首先就是让他用自己的翅膀去飞翔，而不是扶着他或者抱着他走。只有这样，孩子才会学会独立，学会自由翱翔。

1

第二章

妈妈沉着理智不急切,孩子成龙成凤有希望

在教育孩子的过程中,许多妈妈们都陷入了"功利误区",她们期望孩子能以最快的速度成长为"神童"。于是在言行上无不用最直接、最急切的说辞和做法来"牵引"孩子,可是结果却不尽如人意。在这种催逼下长大的孩子,要么更具叛逆性,要么失去了个性。

教育孩子,妈妈们首先要让自己沉着冷静,正如意大利幼儿教育家马拉古齐教导的那样:"在教育孩子的时候,我们应该给孩子足够的时间,我们应该放慢脚步,我们应该学会等待!"这样不但能够促使孩子更快成长,甚至会超出你的预期,而且你自己也能在培养孩子的过程中享受到更多的东西,如快乐、舒适、孩子对你的爱等。

换句话说,妈妈们若能将更多的注意力放在控制自己的行为,而不是孩子的行为上时,得到的结果或许会出乎意料的好。

妈妈积极乐观不苛刻,孩子信心十足不任性

孩子就是妈妈的一面镜子,妈妈们可以从孩子身上看到自己的影子。孩子的生活习惯、个性特质、说话的表情和动作,甚至吃东西的口味,都会和妈妈有着一定的相似之处。这其中不排除遗传的因素,但更重要的还是后天的耳濡目染。

正是因此,如果妈妈们希望孩子是个信心十足、不任性的好孩子,那么妈妈自己就要成为一个积极乐观,不随意苛责孩子的家长。应该说,在针对孩子的学习和生活等问题上,妈妈是选择严厉地管教、愤怒地发火、抱怨和惩罚孩子,还是选择冷静地、温和地解决问题,帮助孩子改正错误,将会直接影响孩子今后的生活和学习的态度。

第四章
妈妈宽容以待不责难，孩子心胸豁达有担当

当孩子做错了事，常常让妈妈生气。有的妈妈会在一气之下，狠狠地教育孩子。岂不知，这种教育蕴含的是一种抱怨的情绪，传达给孩子的也是一种不被妈妈信任、了解以及在妈妈心中自己没有价值的信息。

在被指责的感受中长大的孩子，往往不会心甘情愿地去改正他的错误。他们不愿与父母合作，故意反其道而行之，甚至导致反抗和敌意。其实，孩子能否从心里认识到自己的错误，能否勇于承担责任，取决于妈妈采取什么样的态度来和孩子沟通。

毫无疑问，批评、指责只能让孩子感到受威胁，激发其强烈的逆反心理，进而产生反抗行为；而不指责孩子，仅仅表达作为妈妈对孩子行为的感受和关心，这样的沟通方式则能够让孩子感到被尊重，从而激发起其内心的责任意识，乐于主动承担责任。

第五章

妈妈平等以待不轻视，孩子人格独立不依赖

　　人的年龄有长幼之分，地位有高下之别，生活有贫富之差，但是任何人在人格上都是平等的。如果妈妈们在教育孩子的时候，把孩子当做自己的"附属品"来看待，时常对孩子流露出轻视、淡漠的态度，那么孩子的心灵必然会受到隐性伤害。日积月累后，妈妈们所得到的只能是自己压根不希望出现的结果。

　　但遗憾的是，在与孩子相处中的不平等是很多家庭教育的通病。妈妈们要从自身做起，坚决改正这一错误的教育方式，不要在孩子面前摆家长的架子，显示自己"高高在上"的长辈身份，而要把孩子当朋友。只有这样，才会让孩子知道他对你多重要，你有多么的爱他。这样的孩子其内心必定是充满了安全感的，他会因此而更加自信、独立地去完成一些事情，而不必因为妈妈的"看不起"而畏首畏尾。

第 六 章

妈妈知足常乐不攀比，孩子谦虚谨慎常进步

当下，在一些美国学校里有一个新的流行词汇："中国妈妈"。这一称呼居然是专门用来指那些拿自己的孩子和别人攀比、对孩子的事情喜欢包办的家长。专家指出，虽然这种说法有妖魔化中国妈妈形象的倾向，却一针见血地指出了目前很多中国家长依然存在的教育问题。

当然，我们知道小孩子都有胜过别人的心思，这是天性使然。为此，妈妈们应该多肯定孩子，尽力让他们在各方面获得成就感。不过这个度一定要把握好，不要事事都去评价，批评要尽可能地少，表扬也要有所克制。让孩子无忧无虑地去做一些事情，既不在乎别人做得如何，也不在乎自己做得如何，这是最好的。即便孩子自己主动去跟别人比，妈妈们也要一笑了之，不用给孩子讲大道理，因为你无所谓的态度实际上是孩子谦虚谨慎、不断进步的"助推器"。

第七章

妈妈温柔冷静不暴躁,孩子性格沉稳脾气好

父母是孩子的"第一任老师",而妈妈则是影响最大的老师。如果妈妈性格不好,敏感的孩子会马上察觉出来,他的情绪也就容易受到影响。长期如此,孩子也会变得和妈妈一样性格暴躁。

妈妈们要知道,教育孩子,一定是"种瓜得瓜,种豆得豆",尤其是陪伴孩子较多的母亲,对于孩子性情的影响,是多于父亲的。所以我们经常说找老婆看丈母娘,丈母娘修养好,一般女儿也差不到哪里去;如果丈母娘挑剔厉害,那么女儿脾气也不会太好。

为此,我们有必要提醒妈妈们,要时刻注意提高自己的情绪管理能力,这不光为我们自己,更是为了孩子。请妈妈们始终铭记:脾气暴躁一定会影响孩子,所以要注重情绪管理这门"妈妈必修课"。

第八章

妈妈眼光开阔不狭隘，孩子团结友善不自我

俗话说，一个篱笆三个桩，一个好汉三个帮。毋庸置疑，让孩子们从小学会团结友善是非常重要的。只有这样，他才会受到周围人的欢迎。而孩子只有从小学会了交友，才不会被孤独的阴云笼罩，才会去享受社会的阳光雨露，长大后便能在充满竞争的社会生活中立身处世，取得成功。

妈妈们应该开阔自己的眼光，放开手让孩子走到人群中间去。同时，妈妈们还要因势利导，帮助孩子慎交友、交好友。当然，妈妈们还要关注孩子的交往方式。所谓"君子之交淡如水"的交往就是自然真诚、健康向上的交往。而那种哥们儿义气，拉拉扯扯的酒肉朋友，不但不会产生真正的友谊，反而对人际关系产生不良影响。

因此，妈妈们要在孩子的交友方面善用心思，让孩子懂得，友善是他进行人际交往的道德原则，只有树立团结友善的道德观念，才能使他在人际交往的大海中顺利前行，到达理想的彼岸。

第九章

妈妈思想开放不限制,孩子全面发展敢创新

常听一些妈妈说:"看看人家孩子多规矩,可我家孩子总是淘气,没点老实的样子。"这些妈妈不知道,让孩子规规矩矩,老老实实听话,从一定意义上讲,并不是一种好现象。这是因为,好动是孩子的天性。如果面对孩子的淘气,妈妈强行制止,甚至施以暴力,那么在让孩子乖巧的同时,也把孩子的天性扼杀了。

试想,孩子被迫就范,做一个老老实实的人,那他又怎样活动手脚,使四肢灵活呢?又怎样在玩中开发智力,培养创造力呢?作为妈妈要知道,为孩子设限无异于广口瓶上的玻璃罩对于瓶中跳蚤的作用。

那么,为了使你的孩子得到全面发展,敢于探索,勇于创新,妈妈们还是放开限制,让孩子尽情探寻这个世界的奥秘吧!

 第一章

妈妈张弛有度不溺爱，
孩子茁壮成长不张狂

想给孩子最大的幸福几乎是每个妈妈最真挚的愿望。为此，她们常常把孩子整个地保护起来，满足孩子的每一个要求，替孩子做好每一件事情。但是，这些妈妈忽略了，"溺爱根本不是爱，而是一种软暴力"。事实上，在宠爱下长大的孩子不见得就是快乐的孩子。

溺爱如同漩涡，让看不到它本质的妈妈们越陷越深。因此，为了让孩子拥有一个快乐的、健康的状态，妈妈们不要把孩子看作是一个需要百般呵护的"宠物"，而应该把他"当做一个真正的人"。要知道，爱孩子首先就是让他用自己的翅膀去飞翔，而不是扶着他或者抱着他走。只有这样，孩子才会学会独立，学会自由翱翔。

爱孩子，但绝不溺爱孩子

面对着一个幼小的生命，从呱呱坠地到蹒跚学步，再到欢蹦乱跳以至自己上下学，作为妈妈，看着一天天长大的孩子，万千欣喜萦绕心头。带着这份欣喜，妈妈们爱孩子的心也越发"膨胀"起来，把孩子当做掌上明珠来对待，冬天怕冻着，夏天怕晒着，恨不得倾其所有来让孩子快乐开心地成长。

然而这些妈妈不清楚，如此对待孩子，已经远远超出了正常的爱的范畴，属于溺爱了。这种无原则地给予孩子过多的爱的做法，势必让孩子在生活、学习中形成以"我"为中心的意识，以至于变得极度自私，缺乏社会责任感，在生活中缺乏尊重他人的概念，甚至会异常任性和粗暴。

凯凯是全家人的宝贝疙瘩，爷爷奶奶、姥姥姥爷、爸爸妈妈全都把自己的爱给予了这个"小皇帝"。凯凯从来都是衣来伸手，饭来张口，一家6口人全都围着他团团转，稍微有点不顺心，凯凯还大发脾气，任性胡为。

有一天早上，姥姥陪着姥爷去医院买药了，爷爷奶奶去了菜市场买菜，家里只有凯凯和爸爸妈妈。妈妈为凯凯及家人精心准备了早餐，是凯凯最喜欢吃的果酱面包和鸡蛋汤。可是凯凯却说今天不想吃这个，非要妈妈去给他做鸡蛋饼。

妈妈又赶紧做了鸡蛋饼，以为这下儿子该满意了。可是，还没等妈妈坐下来，凯凯就吵着不吃鸡蛋饼了，要喝八宝粥。

这时候熬八宝粥显然是来不及了，为了满足儿子的要求，爸爸赶紧跑到楼下的小卖部里买来一桶八宝粥。

折腾了半天，凯凯终于吃上了满意的早餐，而爸爸妈妈却因为忙碌而顾不上吃了，只能空着肚子去单位。

看了上面那个事例，我们是该认为凯凯不懂事呢，还是该说家里大人教养无方呢？

从表面上看，凯凯的确是个任性的孩子，他只顾满足自己的要求，而不去考虑自己的父母，这样的孩子未免有些自私。可是，这种局面是凯凯天生就有的吗？

答案显然是否定的。因为从小受家人的宠爱，凯凯就逐渐形成了这样一种性格习惯。我们会注意到，类似凯凯这样的溺爱型家庭出现上述事例中的场面一点都不新鲜。甚至有一些父母还会为此辩解："我们只是希望尽自己所能，给他最好的。"可事实上呢，这种过多的爱只会害了孩子，使之恃宠而骄，成为一个缺乏爱心和孝心的人。

因此，当你的孩子也出现事例中凯凯这样任性或者发怒的时候，你不妨坦然接受，不要过于紧张。如果孩子一出现问题，或者提出某种要求，你就立刻满足他或者安慰他，那么他的无理要求就会得寸进尺，也就习惯性地用吵闹来解决问题。

可想而知，当这样的孩子进入集体环境，当他独自面对周围的人和事的时候，谁还能够容忍他的肆无忌惮和无理取闹？这样的孩子又怎么能够独自应对挫折和驾驭自己的人生呢？

一位农夫养了一只鹰，他对鹰照顾得无微不至，每一顿饭都给它吃得饱饱的，从没让它自己去捕过食。

鹰渐渐长大了，终于有一天它忍受不了小小的笼子，便趁农夫不注意的时候逃走了。

丢了鹰之后，农夫伤心极了。他到处寻找，后来在山上发现了鹰的尸体。他不知道鹰是怎么死掉的，为了弄清楚原因，他剖开了鹰的腹部，结果让他恍然大悟。原来，鹰的腹内空空如也。由于这只鹰一直养尊处优，失去了猎食的能力而活活饿死了。

我们知道，在动物界，当幼崽逐渐长大后，妈妈都会以一种看似残酷的方式将孩子赶出温暖的家,让它们自己练习去飞翔、去捕食,这是自然界的生存法则。可是这只鹰呢,却彻底丧失了自己在自然界中生存的本领,只落得个饿死的下场。

看完这个故事,再对照一下过度保护孩子的妈妈们,是不是也把本该自由翱翔的"鹰"给锁在了笼中呢?生活中,对孩子无微不至地照顾,凡事能不让孩子动手就不让他动手,一切事情大包大揽……这些都是扼杀孩子生存本领的罪魁。它们让孩子失去了自己做事情的能力,让家长无意中把孩子囚禁到樊笼中而无法自强自立。

因此,作为一个真正对孩子负责的好妈妈,一定要扔掉溺爱这个阻碍孩子健康成长的樊笼,适时对孩子说"不"。在劝说无效的情况下,妈妈要明确表示自己的态度:不合理的要求,再哭闹也不能满足。此时,妈妈们可以用冷处理的方法来终止孩子不合理的要求,而绝不能对孩子百依百顺。

好 妈 妈 教 子 锦 囊

1.树立权威,设定界限

作为妈妈,要树立你的权威,给孩子定出一个界限。这样,孩子就会逐渐明白,超越了界限妈妈是不允许的。比如,你的儿子已经有好几个"奥特曼"了,他还想缠着你再买一个;你的女儿已经将一包刚打开的饼干用手揉捏碎了,还要求再打开一包新的;你已经为孩子讲完了约定好的两个童话故事,可他还要缠着你继续讲……这些时候,做妈妈的你是一定不能让步的。不让步的界限一旦界定,不管在什么样的时刻,也一定要将你的政策贯彻到底。

2.物质补偿心理要不得

很多妈妈是职场女性,由于工作忙碌而少有时间陪孩子,所以会出于一种补偿心理,对孩子有求必应。但这样的补偿心理往往会引发对孩子的溺爱,因为妈妈这样做,孩子不但不珍惜自己所得到的东西,还会不尊重妈妈的给予，更不懂得与他人分享。所以说，这种给予方式是很严重的溺爱行为，日后极有可能对孩子造成负面影响。

3.让孩子也知道妈妈的需求

虽然你是孩子的妈妈，但是并不一定要时时刻刻把孩子放在你生活的中心位置，总是围着他转。你完全可以告诉他，妈妈也有自己的事情需要处理，也有自己的需求。这样，孩子就会产生同理心，懂得为他人考虑。

没有哪个妈妈能搀扶孩子一辈子

"你总是心太软，心太软，把所有问题都自己扛……"这句歌词虽然不是描写妈妈的，但用在一些妈妈对待孩子的做法上，却非常合适。

看看我们周围，很多妈妈都希望自己的孩子长大后成龙成凤，带着这种美好的愿望，她们将孩子视为掌上明珠。从孩子出生到成家立业，妈妈总想牵着孩子的手，不舍得让孩子受一点苦、流一滴汗，所有问题都恨不得由自己来扛。

只是妈妈们可曾想过，你们能包办孩子的大半生，但能包办孩子的一辈子吗？按照常理来看，这显然是不可能的。

既然如此，妈妈就该适当放开自己的手，让孩子独立去完成一些事情。否则，你所培养出来的孩子只会是一棵永远也长不大的嫩苗，经不起风浪，经不住考验，更无法适应社会的激烈竞争。相信这样的结果，不会是任何一个妈妈想要的吧！

菲菲是一个上初中二年级的大姑娘了，可是一直以来形成的衣来伸手，饭来张口的习惯，却并没有因为年龄的增长而消失。作为独生女，菲菲享受着父母全心全意的爱和呵护，从小到大，妈妈就是菲菲的贴身保姆，至今菲菲还未曾洗过一件衣服，更别提做其他家务了。

菲菲的一天基本是这样度过的：早上 6 点，妈妈准时起床，为她准备早餐，等到妈妈忙得差不多了，才把睡眼惺忪的菲菲拖到盥洗室，并把早已准备好的牙刷、牙膏送到菲菲手里。菲菲刷牙的时候，妈妈赶紧为她放好洗脸水。

接下来，菲菲要吃妈妈提前准备好的早餐了。趁菲菲吃饭的时间，妈妈抓紧给她整理书包，然后是帮她穿袜子和鞋，吃完早饭的菲菲拿着书包走人即可。

每天放学回家，妈妈早已为她准备好了换洗的衣服，并放好洗澡水，洗完以后，妈妈赶紧为她收拾浴室，然后妈妈再将可口的饭菜摆上桌，等菲菲穿戴好后全家人才开始吃饭。最后，菲菲开始了自己唯一的"活儿"——做作业。

和故事中菲菲的妈妈比较一下，同样作为妈妈的你有哪些相同相似或者不同之处呢？不管之前你是怎样做的，那么从现在起，请放开孩子的手，因为孩子总有一天要独自面对社会，你是不可能搀扶孩子一辈子的！

在这一点上，有个别的妈妈就做得不错。当孩子到了一定年龄，她们就会坚定地把孩子从身边"推开"，让他们自由地去闯荡和发展。她们信奉的一句名言是：最早让孩子独立，就是最好的教育。

蕊蕊自从上幼儿园大班开始，就承担了一项重要任务：每天自己下电梯去单元门门口的奶箱去取牛奶。

这是妈妈为了锻炼女儿的独立意识而采取的一项行动。

起初，蕊蕊还很高兴，觉得自己能为家人做这样一件"大事"是很了不起的。但当秋风吹过，寒风来袭，又没有到供暖的时候，菲菲听着窗外呼呼的大风，便不肯去拿牛奶了。

妈妈却没有答应她，而是说："天气冷了，风大了，出门的确是不舒服，可是送牛奶的叔叔还得继续送呀！爸爸妈妈也得继续上班呀！"听到这里，蕊蕊抿了抿嘴唇，像是为自己打了打气，然后赶紧爬起来穿着棉衣下楼了。

之后有一个星期天，蕊蕊赖在床上又不肯下楼取牛奶了，她说自己没睡醒，太困了。可妈妈说："如果送奶的叔叔也说困，不起来送牛奶了，那蕊蕊还有奶喝吗？我困了，不起来做早餐，你还有早餐吃吗？自己承担下来的事，不能因为遇到点困难就不做。"

在妈妈的"刺激"下，蕊蕊赶紧起床了。从那之后，即使再想睡懒觉，天气再不好，蕊蕊也没有推脱过。

虽然妈妈让蕊蕊做的只是到楼下取牛奶这么一件简单的事，但是通过这件事，却可以培养蕊蕊坚持的毅力和负责任的态度。如果妈妈们都能拿出蕊蕊妈妈这股"狠劲儿"，那么你的孩子定将是个独立、顽强、负责任的好孩子。

正如一首流传已久的歌中所唱的：不经历风雨，怎么见彩虹？孩子实际上并没有你想象得那么脆弱，你只需拿开你保护孩子的臂膀，让孩子去做他自己能做的事，那么，他就会拥有一双有力的翅膀，优雅且勇敢地翱翔在美丽的天空。

好妈妈教子锦囊

1.不要把孩子当做宠物，要把孩子当做一个真正的人

每个妈妈都是爱孩子的，但是需要思考一个问题，什么是真正的爱。其实，真正的爱首先就是把孩子当做一个真正的人，尊重他，让他用自己的翅膀去飞翔，摔了跤，鼓励他，而不是禁止他继续往前走，更不是抱着他走。

2.引导孩子学会自我管理

孩子在生活上的自我管理能力可以使其更加独立、自主。但我们看到的更多的现象却是：孩子把自己的物品扔得到处都是，妈妈跟着孩子屁股后头收拾；孩子的衣服脏了，本来自己可以清洗，而妈妈却赶紧制止，并马上帮着洗干净；每次出门前，自己不去检查物品带齐了没有，而是妈妈千叮咛万嘱

咐,甚至还帮着检查……

在这样无微不至的照顾中,孩子形成了一种"安全感"。一旦父母有丁点疏忽,或者离开父母,自己就无法生存。

这样的情形是不是很可怕?所以,妈妈们应该让孩子自己来处理一些生活上的事情,这样孩子就会慢慢积累经验,学会如何进行自我管理。

过度保护不是爱,而是伤害

现实生活中,许多妈妈都愿意帮助孩子多做一些事,总担心孩子做不好,或者做多了会累。所以每当看到孩子遇到困难的时候就沉不住气,急于伸手帮忙,还有一些妈妈甚至常常不知所措地跟在孩子身后,遇事立马代劳,不让孩子独立活动。

这些妈妈们不知道,她们这种不给孩子尝试挫折、克服困难的做法,实际上并不是对孩子的爱,而是一种更深的伤害。

冰冰是家里的独苗苗,从小在家人营造的"蜜罐"里长大。尤其是妈妈,为了照顾孩子把工作都给辞掉了,全心全意地对他进行着无微不至的照顾。可是前不久,冰冰却"离家出走"了。这是怎么回事呢?

原来,那天的体育课上,男生们踢了一场球。冰冰打前锋,由于对方的进攻速度太快,冰冰一下子被对方的后卫给绊倒了,而且擦伤了膝盖。

显然是对方犯规了,于是冰冰便和对方理论起来,可对方拒不承认自己犯规,反而说冰冰"假摔"。于是,冰冰和他争吵了起来,后来两人还拉扯在了一起。一旁的队友劝说无效,最后还是体育老师及时赶来把他们给拉开,一场比赛也就这样不欢而散了。事后班主任严厉地批评了两个人,并要求各自写检查。

回到家后妈妈发现儿子闷闷不乐，就关心地问他怎么了。冰冰如实相告，妈妈当时就发火了："你摔到哪儿了儿子？快让妈妈看看。你那个同学叫什么名字？我要找他家长！还有你们班主任，不问青红皂白就批评人，还让写检查！我要去找他谈谈。"

冰冰忙说："我没事的，妈妈，我们就是吵了几句，在踢球的时候这都是经常有的事。我们老师也就是批评了我俩几句，您别大惊小怪了。"

没想到，第二天妈妈真的找到学校去了，把冰冰的班主任"批评"了一顿，又去了冰冰的班级，当着全班同学的面严厉"教训"了和他吵架的那个同学，之后在老师的劝说下才罢休。

见妈妈这样做，冰冰又气愤又羞愧，晚上放学就没有回家。爸爸妈妈找了他一个晚上才将他找回去。回到家后冰冰哭着对妈妈说："你们能不能把我当大人看！你们能不能别什么事都替我处理！能不能让我自由一些！"

妈妈听到儿子的话，愣在那里……

从冰冰的故事中，妈妈们可以体会到，这种过度的保护其实是在无形中把孩子变成了一个宠物，而不是一个完整的人。因为每个人都需要在体验中成长，成长是不能代替的，所以体验也是不能代替的。如果妈妈对孩子过度保护，就会使他丧失这一切，他们将变得"无能"，有翅膀不能飞翔，有脚不能走路，有知识不能利用，碰到麻烦的时候就惊慌失措。

相反，如果妈妈们能够像下面故事中铎铎的妈妈这样，那么我们的孩子或许就是另外一种状态哦！

铎铎是个活泼又调皮的小男孩，他常常在外面闯祸，可事后却自己从不去处理，总是让爸爸妈妈给他"擦屁股"。

铎铎的妈妈也知道，不能一味地"保护"儿子，于是就想着找个机会教育他一下，好让他知道一个人要对自己所做下的事负责任。

此后的某一天，铎铎和小伙伴们在小区的广场上玩活力板的时候，一不小心轧伤了邻居的一只小狗的尾巴。这只小狗刚出生不久，活动能力还比较弱,所以没有躲开。

这只小狗可是狗主人的宝贝,出生才几天就遭受了这样的痛苦,让狗主人伤心不已。后来,狗主人带着小狗到了小区里的宠物医院。大夫对小狗的伤口进行了清洗和包扎,总共花费 100 元。为了弥补自己的过失,铎铎答应为对方承担这些费用。

接下来,铎铎就回家取钱去了。妈妈听了事情的经过,把钱拿了出来。但同时她还说,这些钱是暂时借给铎铎的,以后铎铎要想办法通过劳动来挣钱,等攒够 100 元后还给妈妈。

铎铎答应下来,在随后的一个月,每逢周末、节假日他都会帮爸妈干活赚点零花钱,或者在外面捡一些饮料瓶去卖掉赚钱。一段时间后,他终于攒够了钱,如数还给了妈妈。

通过这件事,让铎铎知道了要对自己做的事情负责任,更知道了自己要学会独立面对所遇到的困难和问题。

可以说,铎铎的妈妈是明智的妈妈。她想办法让儿子自己来承担责任,而不是替他大包大揽。在这样的教育下,铎铎也成了一个勇敢负责的好孩子。

事实上,我们培养孩子的意义并非让他逃避吃苦,而是让他学习怎样有益地吃苦。从小习惯依赖父母逃避痛苦的孩子,长大后往往会经历加倍的痛苦。

很多妈妈不舍得让孩子吃苦,而是竭尽全力地保护孩子,这种代替孩子承担责任和后果的做法,无形中形成了对孩子的"过度保护"。这种做法实际上是妈妈们太"一厢情愿"了,她们只顾自己去爱,而不顾孩子的感受和成长,显然这样的爱是不当的,势必给孩子带来不利的影响。

好妈妈教子锦囊

1.鼓励孩子"自己来"

一位西方教育家说过这样一句话："凡是儿童自己能做的应该让他自己做。"

可是看看我们周围的妈妈们，大多数却是这样的：当孩子提出要帮忙做家务时，她们常说："你不必做这些事，去温习功课吧！"当孩子想洗一下自己的衣服时，她们常说："你去休息好了，这些事由我来做。"

可想而知，在这种环境下长大的孩子，只会形成饭来张口，衣来伸手的习惯，长大后容易缺乏责任感和勤奋精神。

实际上，培养孩子自立的要诀之一，是放手让他们自己动手。过分的保护只会妨碍孩子通过自身实践去获取有益的教训，会影响其尽快成长。所以，请妈妈们放开手，多说一些"孩子，你自己来"吧！

2.适度去爱，不要让孩子"窒息"

妈妈们把满腔的爱和关怀全部都倾注在孩子身上，这是可以理解的。但是，我们一定要把握好"度"，不要把自己对孩子的爱变成溺爱。事实上，适当让孩子自己完成任务、承担责任，这有助于孩子的成长和自立。爱得过多，反而会让孩子"窒息"。

3.为孩子创设挫折情境

过于安逸的环境会使孩子形成依赖、懦弱、退缩而自尊心又很强的畸形心理状态。这样的孩子缺乏顽强的进取精神，经不起挫折。所以，妈妈们应在孩子成长过程中有意识地创设挫折情境，让孩子获得适应能力。也许不少妈妈会"狠"不下心，但这却是孩子成长过程中真正需要的"爱"呀！

别把孩子当成易碎的玻璃和易化的糖

一只从小生活在妈妈庇护下的小鸟，它将永远不会自己飞翔，只能靠妈妈衔来食物果腹。其实，培养孩子也是同样的道理。如果孩子只是生活在妈妈温暖的怀抱里，没有形成独立生活的能力，那么他长大后也会难以适应日益复杂的社会，更谈不上成才和成功了。

所以，妈妈们在陪伴孩子成长的过程中，不必把孩子想象得那么脆弱，不要把他们当成易碎的玻璃和易化的糖果，而应大胆地培养孩子独立生活的能力。对于一个孩子来说，培养他们独立处世和生活自理能力，可要比读书和成绩来得更重要。

9月初，松松正式成为一名小学生了。但是松松的妈妈发现，别的孩子都因为从幼儿园升入小学而高高兴兴的，可自己的孩子却总是闷闷不乐。于是妈妈问松松为什么不开心。松松回答说："学校离家太远了，不像幼儿园就在自己的小区里，我怕我想妈妈。"说着，松松就呜呜呜地哭了起来。

妈妈搂着松松，刚想好好和他解释一下，这时候旁边的奶奶赶紧走了过来，抱着孙子说道："我的宝贝，你放心好啦，爷爷奶奶每天都会接送你上下学的。并且在你上课的时候，我们会在校门口守着，如果你想家了，就可以在课间的时候，到校门口来看看我和爷爷，我们会随时给你准备着好吃的。"

听奶奶这样说，一旁的松松妈无奈地摇摇头，不好再说什么，但她心里很清楚，松松现在的样子和爷爷奶奶对他的娇生惯养是有直接关系的。为此，松松妈妈决定，自己以后要少做一些工作，多腾出一点时间来陪伴和教育儿子。那样虽然收入会少一些，但为了孩子的健康成长还是值得的。

看得出来，爷爷奶奶对松松的照顾，真的应了那句话:含在嘴里怕化了，捧在手里怕摔了。他们把松松当成了一触即化的"糖"，或者一碰即碎的"玻璃"。

不难想象，在家人百般呵护下长大的松松，当遇到事情时首先想到的就是搬来家长作为"救兵"，而不是自己努力想办法克服困难。

像松松的奶奶这样的家长，他们或许不清楚，孩子早晚要离开自己去独自闯荡，他不可能在家人为其撑开的"保护伞"下生活一辈子。所以，在对待孩子方面，妈妈们一定不要把他们当成"糖"和"玻璃"而小心翼翼地捧着，如果爷爷奶奶或者姥姥姥爷这样做，妈妈们就要婉转地讲明其中的利害，让老人收起那份过度爱孩子的心。因为只有放心大胆地让孩子经受磨炼，孩子才会学会坚强，才会独自面对困境。就像俗话说的：自古英才多磨难，从来纨绔少伟男。在孩子成长过程中所遭遇的大大小小的磨难和挫折是他们走向成熟、走向成功必不可少的"养料"，妈妈们有必要为孩子提供之。

甲和乙都是以种树为生的林木工人，有一年，他们俩同在戈壁滩上种树。工人甲对小树苗照顾得很细心，一直不辞辛苦地给小树施肥、浇水、松土；而工人乙却不怎么用心，他只是隔三差五地想起来才给小树施肥、浇水。

他们俩种的树长得都还不错，郁郁葱葱，枝繁叶茂。

有一天夜里，忽然狂风大作，整个戈壁滩都被大风席卷了，直到第二天风才停了。这时候，工人甲和工人乙都来看他们栽的小树。让他们惊讶的是，两片树木居然有了非常明显的差别：工人甲种的小树被大风连根拔起倒在地上，工人乙栽的小树则依然挺拔地屹立在戈壁滩上，只是被风刮断了几根小树枝。

看了这个故事，或许作为妈妈的你有些困惑：为什么同样枝繁叶茂的树会有如此的不同呢？为什么悉心照顾的树木会更容易被摧折呢？

这是因为，被照顾得细致入微的小树，它们不用费什么力气就得到了水分和肥料，根就不会向深处扎。而那些被照顾得"不那么好"的小树，为了生存下去，就只好把根扎得更牢固、更稳当，只有这样，它们才能找到足够的水分和养分。

这个道理是不是也适合妈妈们对孩子的教育呢?如果我们的孩子也像工人甲的树木那样在百般呵护下长大,没有经历风雨的机会,当遇到人生的风浪时就很容易被毁掉。

因此可以说,要想拥有一个坚强独立的孩子,妈妈们就得舍得让孩子在困境中磨炼,若如此,即使孩子面临风雨也会顽强地生存下来。这时候,你的孩子肯定不是"玻璃"和"糖果"了,而是一块历经磨炼的"顽石"。

好 妈 妈 教 子 锦 囊

1.不必把孩子当弱者,相信他能做好很多事

一位美国教育家说过:如果把一个人的一生比作瓷器,那么孩童时代就是制作瓷器的黏土。也就是说,孩子小的时候,妈妈给了什么样的教育,那么孩子就会成为什么样的人。

如果我们把孩子看做弱者,什么事都不肯放手让他去做,那么孩子就永远不会坚强独立,就会一直"弱"下去。相反,如果妈妈们把孩子当做强者来看,敢于放手让他们去做一些事,那么你会发现,他们居然能够做到,并且能做得很好。

所以,妈妈们不可"想当然"地认为孩子这也做不了那也做不好。真正爱孩子的做法是,把他当成一个强者,相信他能做好很多事。

2.对孩子要有严格的要求

虽说爱孩子、照顾孩子是妈妈的本能和责任,但是这并不表示,我们可以任由孩子为所欲为,不去加以管教。所谓"打是亲,骂是爱",这句用在打情骂俏中的俗语同样适用于教育孩子。当然,我们所说的"打"和"骂"并非是指棍棒教育,而是建立在爱的基础上对孩子行为的严格要求和适当责罚。

只有这样,孩子才会从错误中获取成长的养料,才能接受别人的批评和意见,进而让自己进步得更快,成长得更好。

松开你的手，让孩子做自己的"保姆"

"溺爱是误入孩子口中的毒药。如果仅仅为了爱，连老母鸡都能做到这一点。"这是前苏联著名作家高尔基说过的一句话。他旨在告诫我们，爱孩子是包括动物在内的每一个生命体都能够做的事，但是真正智慧的爱却不是无原则的溺爱。

只是不得不遗憾地说，现如今的大多数家庭中，孩子依赖父母已经成为一种较为普遍的现象。有的孩子从小自己没做过任何家务，直到上大学了，还因为无法照顾自己而要家长陪读。类似这样的现象无疑给妈妈们敲响了警钟：孩子的独立意识需要从小培养，而最为可行的办法就是松开手，让孩子做他自己的"保姆"。

靓靓是个深受家人娇惯的孩子，自己几乎从不单独处理一些问题。有一天在小区里玩耍，她不小心被一块砖头绊了一跤，磕得膝盖、鼻子、额头上都是伤痕。

按说小孩子被绊倒，顶多是膝盖或者手肘磕伤，可靓靓为什么连脸部都受伤了呢？

原来靓靓摔倒的时候，她不会用手掌撑地，只得让脸重重地撞到了地上，结果摔破了鼻子和额头。

我们知道，在倒地的时候，为了避免身体的其他部分受伤害，我们会本能地用手掌撑地。可是靓靓居然连先天具备的这一能力都退化了。

造成这一局面的根源，还在于靓靓所受的家庭教育。她在上幼儿园前可是家里的"小公主"，全家人都围着她转。吃饭由妈妈喂，穿衣有妈妈帮忙，自己从来不动手，就连出门也由大人抱着或者背着。上了幼儿园的靓靓，虽然年龄、个头在班里都不小，但她的生活自理能力却非常差。比方说，吃香蕉不会剥皮，甚至不会用手拿着吃，而是要老师给她弄到碗里，然后拿勺子舀着一口口地吃。就这样，在家人无微不至的关照下，靓靓连最基本的生活技能和自我保护能力也没有。

靓靓的现象并非偶然。只要我们用心观察一下，很容易发现，现在很多孩子都像靓靓一样存在缺乏自我保护能力和自主意识的特点。之所以如此，归根结底就在于家人的包办代替，让孩子缺乏自信，能力低下，使孩子丧失了自我实践的机会。

家人的"援助"，看上去那么的"体贴"、"周到"。殊不知，这样做是在剥夺孩子学习的机会，同时也让孩子养成了凡事依赖家长的不良习惯。这样的孩子长大后离开家庭，进入社会独立生活、工作，就没有生活自理的自信和能力。这不但会给孩子今后的生活带来诸多不便，还会影响他的学习和工作，甚至有可能因为缺乏信心和能力而葬送其美好前程。

因此说来，在如何照顾孩子的问题上，妈妈们一定要有远见，不要一味地"舍不得"。在日常生活中，要积极培养孩子独立活动的能力。凡是孩子自身应该做而又能做的事，妈妈决不要包办代替，要让孩子自己去做。这样久而久之，孩子自然就会形成独立的能力和强烈的自信心。这才是成功的教育。

有一天，东东的爸爸妈妈带着儿子去爬山。在爬一个小坡时，5岁的东东一步一回头，不停地看着妈妈，因为那个坡有点长，东东爬起来很费力，所以他很期待妈妈或者爸爸能把自己抱上去。

可是妈妈并没有看他，只是不停地爬着。因为妈妈很清楚，虽然是第一次爬山，但凭她对儿子的了解，他能够独自爬上去的，这次正好是锻炼他的胆量和技巧的好机会。

东东看妈妈根本没注意自己，索性低下头又小心翼翼地爬起来，只是他还是时不时地看一眼妈妈，但每次从妈妈那里看到的都是鼓励的眼神。

经过一番努力，东东终于在没有别人帮助的情况下，自己爬到了山坡上。

"东东，你真勇敢！"妈妈笑着对东东竖起了大拇指。

听着妈妈的表扬，东东的脸上也浮现出灿烂的笑容。

看了东东的表现，妈妈们是不是也会由衷地赞叹：年仅5岁的小孩子居然可以独自爬山！可再看看我们的孩子呢，别说5岁，就是到15岁还得由家人照顾。可是这并不是孩子的错，是家长所给予的教养方式不当造成的。

实际上，孩子通常非常反感父母总是像放风筝一样用绳子牵着他们，他们认为自己有能力可以"飞翔"一小段路。

既然这样，妈妈们何不松开你的手，让孩子独自去处理一些事情，去跨越一些困境呢？当他们经历得多了，磨炼得多了，自然会懂得照顾自己，并且可以照顾好自己。这时候，妈妈们曾经的"保姆"角色早已"下岗"，而"持证上岗"的正是孩子自身。

好妈妈教子锦囊

1.给孩子自己做决定的机会

受传统教育的影响，不少妈妈习惯性地在孩子面前展现权威。当孩子提出不同意见或者建议时，这些妈妈常会说"你一个小孩子懂什么？""你要听妈妈的话，好孩子！""你的意见是错的，应该听大人的！""以后再说！"等话语制止孩子发表意见。

殊不知，这样一来，会让孩子越来越不敢发表自己的意见，长大后也容易成为一个毫无主见的人。正确的做法应该是，允许孩子发表意见，并鼓励他提出要求。如果孩子提出的要求不合理，那么妈妈要立即纠正，并向孩子说明自己不同意的理由。

2.细水长流，从生活中的点滴做起

妈妈们在训练孩子的自理能力的时候，不但要训练孩子管理自己日常

生活的能力，还要训练孩子做家务的能力。当然，不管哪种方式，都不要急于求成，孩子的绝大多数习惯和性格都是在生活小事中长期形成的。妈妈们在吩咐孩子做事情的时候要有耐心，当孩子主动提出帮助做家务，妈妈们应该及时给予鼓励。

3.肯定与鼓励是最有效的方法

由于孩子年龄小，心智不成熟，认识水平也不高，所以在做事的过程中，难免会出现一些失误。对此，妈妈们不应因此指责孩子，更不能惩罚孩子，而应肯定孩子做得好的地方，这样的鼓励有助于孩子增强自信心。对于失误的地方，妈妈要帮助他分析原因，找到问题所在，以提高孩子操作的技能和水平。

告诉孩子，不劳而获不如勤奋努力

有些妈妈由于溺爱孩子，对于孩子的要求全都尽力满足，而且不舍得让孩子做一点学习之外的事。事实上，这些妈妈们忽略了，这样做只会让孩子觉得，自己不挣钱，妈妈也不会让自己没钱花；自己不整理房间，妈妈也会帮着整理；自己做错了事，妈妈也会替自己"兜着"……

妈妈们原本是一番好心，却让孩子产生了强烈的依赖心理，这种依赖心理直接催生了不劳而获、贪图享受、自私自利的思想和意识。这样的孩子长大后，也不会辛勤劳动，甚至还有可能走上犯罪的道路。相反，只有那些从小就懂得勤奋努力的孩子，长大后才会通过正当的渠道努力实现自己的梦想，创造绚烂的人生。

香港著名实业家霍英东先生，从小就吃过很多苦。他先后当过船上的烧煤工、糖厂的学徒、修建机场的苦力，开过小杂货店。

1948 年，霍英东开始远赴东沙岛与人合股做打捞海草生意，开始了创业生涯。

自 20 世纪 50 年代起，由于香港人口激增、工商业兴起，对土地和楼宇的市场需求日趋旺盛。霍英东审时度势，创立了立信置业有限公司，开始经营房地产业。

房地产业的兴盛，带动了建筑材料业，霍英东又开始进军海底采沙业，成为"海沙大王"。为了使公司壮大，他收购了美国人的太平岛船厂，在香港开创了中国人收购外国公司的先河。

从 1955 年开始，霍英东先后创办霍兴业堂置业有限公司、信德船务有限公司等，业务范围涉及地产、建筑、航运、建材、石油、百货、旅馆、酒楼等，在香港商界崭露头角。进入 20 世纪 60 年代中期，香港地产业陷入低潮，关键时刻霍英东大力倡导共同发展、共创繁荣，联合广大房地产商召开香港地产建设商会第一届会董会议，被推举为会长，并连任 20 年之久。

霍英东不是以建筑行业和房地产业起家的商人，但他却成为香港房地产业的巨子，靠的就是吃苦耐劳的精神。

其实，古今中外诸多有识之士的经历都告诉了我们类似的道理。所以，要想让你的孩子成为一个有所作为的人，作为妈妈，首先要让他养成勤奋踏实的习惯和品格，坚决放弃不劳而获的思想，并将不劳而获看做一种耻辱。

古时候，一个穷小子靠种地为生。他觉得种地太辛苦了，有一天禁不住突发奇想："我天天在田里干活，太辛苦了，还是向神灵祈祷一下，让他赐给我足够的财富吧，那样我就可以享受终生，再也不用受这劳作之苦了。"

对于自己这么绝妙的"创意"，穷小子别提有多开心了，他还喊来自己的弟弟，吩咐他到田里继续耕种，免得让自己的家人饿肚子。

弟弟爽快地答应了。穷汉一个人来到天神庙拜天神。他不分昼夜地向天神膜拜和祈祷："神啊！请您赐给我财富，让我财源滚滚吧！"

天神听见了祈祷，心里暗想："这个懒惰的家伙，自己不劳动，却妄想不劳而获。我不如用个法子，让他趁早死了这条心。"

于是天神摇身一变,变作他弟弟的模样,也跪在天神面前跟他一起祈祷。穷汉看见后,不禁问他:"我不是让你去播种吗?你不好好在地里播种,来这里干什么?"

弟弟说:"我也想跟哥哥一样,来向天神祈祷财富。如果天神满足了我们的愿望,即使我们不去耕种,天神也会让庄稼在田里自然生长的。"

穷汉听了弟弟的话,生气得大骂道:"你这个混账东西!你不去播种,怎么可能得到果实呢?不去田里播种,却妄想等着收获,真是异想天开!"

这时天神现出了原形,对穷汉说:"正如你自己所说,不播种就得不到果实。你现在不思劳作,却妄想凭空得到财富,那是痴心妄想,是根本不可能的。只有耕种才能有收获,只有肯劳作,才能得到财富。"

通过这个故事,我们可以认识到,不劳而获地索取是不可能的,天上不会掉馅饼,只有辛勤劳动才能实现自己的愿望。为此,妈妈们要培养孩子肯吃苦、能吃苦的精神,让孩子懂得"一分耕耘,一分收获"的道理。当这种思想进入孩子的头脑,他就会明白,追求美好的生活的动机并没有错,但不要试图不劳而获,坐享其成,那是十分不可取的。

好妈妈教子锦囊

1.从家务活里培养孩子的责任意识

很多孩子,他们不会主动承担家务,哪怕是简简单单的扔垃圾、扫地板这样的活都要等着父母来做。如果妈妈安排一些任务给他,他还讨价还价。例如,有的孩子就这样发牢骚:"为什么让我做呢?妈妈做得比我好多了。我最喜欢的事情就是每天放学后躺在沙发上看电视,等着吃饭,然后洗澡睡觉。"

可以想象,这样的孩子,因为懒惰可能会导致思维"锈逗",长大之后也有可能对生活或工作中那些利于自身发展的良好机遇视而不见。

因此,妈妈们还是应适当给孩子布置一些家务劳动,其目的不是让他们干活，而是让他们意识到，做家务是一种责任。这种责任感很容易就会转化成他们勤快起来的动力。

2.督促孩子"接到任务，马上行动"

有不少妈妈认为，"勤快"的最大敌人是"懒惰"。但实际上，"勤快"的最大敌人不是懒惰，而是拖拉。相信很多妈妈都听孩子说过这样的话："再等10分钟，10分钟后，我保证去做作业"；"再让我玩一会儿，待会儿我肯定就去洗澡啦"。

如果说这种一件事两件事的拖拉是量变，那么到头来势必由量变到质变，那时候可就是懒惰了。所以，要让孩子勤奋起来，妈妈们首先要让孩子养成"接到任务，马上行动"的思维，一刻也不要拖拉。

3.妈妈做出榜样，不给孩子树立不劳而获的典型

俗话说，言传不如身教。在教导孩子的同时，妈妈们更应该对自己的一举一动严格要求，切不可整日在孩子面前说这样的话："我买了两张彩票，真希望能中大奖，这样我就不用工作了！"或者说："苍天呀，大地呀，赐予我一笔巨款吧！"

要知道，妈妈可是孩子的一面镜子，我们只有用自身的行动来教育孩子抵制不劳而获和好逸恶劳的思想，才是让孩子变得勤奋踏实的根本所在。

孩子的零花钱，让他自己去赚取

现在的孩子，享受着充裕的物质生活，他们甚至成了家庭乃至社会的消费主力。除了父母家人给孩子购买一些生活、学习用品及玩具、游戏设备等，孩子自己也会拥有一部分零花钱，用到日常的消费中。

如果回到妈妈们生活的童年时代，一个孩子兜里有超过1元的零花钱，就委实不算少了。可是现在的孩子呢,少则一二十元,多则上百元零花钱。这些钱通常是从父母那里得来的,或者是过年时亲戚朋友们给的"压岁钱"。

出于对孩子的宠爱,妈妈们对于孩子的零花钱多是有求必应,而且不询问花在什么地方。殊不知,这种看似对孩子关爱的行为,实际上并不利于他理财能力的培养,还会让他觉得金钱就像是"大风刮来的",从而不知道珍惜。

不难想象,这样的孩子长大后,花钱的时候也会缺乏计划,没钱的时候可能就会借别人的钱,或者走上偷窃、抢劫等犯罪道路。

因此,妈妈们要想让孩子将来生活得更好,不会为钱发愁,那么在他年幼的时候,就要在零花钱方面下一些功夫,让孩子有计划地支配金钱,同时还要引导孩子自己想办法赚取零花钱。

美美活泼开朗,爱好广泛。不久前她参加了学校里同学们自发组织的摄影沙龙。既然参加摄影沙龙,那么首先得有架相机。美美跟妈妈一说,妈妈很支持,就把自己的便携"傻瓜"相机给了美美,并鼓励她好好拍摄照片。

不久之后,美美所在的摄影沙龙要在一个月后组织大家去山上拍摄风景。向来在活动中都积极踊跃的美美这次也不例外。她兴致勃勃地回家向妈妈要活动经费。可让她没想到的是,妈妈并没有像往常那样顺利给她,而是郑重地对她说:"想参加活动可以,但费用要自理!"

听妈妈这么说,美美都要哭出声来了,她说:"妈妈,我没有钱,我去年的压岁钱早就花光了!怎么办呢?"

妈妈并没有着急,而是温和地诱导她:"现在你已经长大了,可以帮妈妈干家务活了,要不这样,从今天开始,妈妈每天晚上擦地板之前,你负责把地板上的脏东西用笤帚扫一扫。每扫一次妈妈奖励你 1 元钱。你觉得怎样?"

为了筹集参加这次摄影活动的资金,美美爽快地答应了,在正式上岗之前,妈妈认真地告诉她挣钱的规则:地必须扫得干净,如果发现不认真,每次扣除 5 角钱,而且每次都要进行验收。

　　美美以前从没做过家务，这一次机械而繁重的活让她感到很不适应。但为了攒钱，尽管期间产生了很多次抱怨，她还是坚持了下来，最后终于攒够了参加活动的钱，于是兴高采烈地去拍摄照片了。

　　美美的妈妈用做家务活的方法，让孩子学习如何自己赚取零花钱。虽然这种做法看上去有点"狠心"，但正是这种对孩子"明算账"的做法，使孩子逐渐懂得了赚钱的重要性和辛苦程度。相对于那些认为零花钱就应该是妈妈给的孩子，接受这样的教育的孩子更容易坚强自立，更容易懂得"劳动和报酬"的关系，这对他们将来步入社会都是大有裨益的。

　　世界首富比尔·盖茨出身于美国西雅图一个富裕的律师家庭，他的父亲威廉一直很注重培养儿子"凭自己的本事打拼"的意识。

　　在一次媒体采访中，威廉这样说道："重要的是要让孩子知道自己能够赚钱，并且不管做什么事情都要有信心和干劲。"

　　盖茨还小的时候，每当帮父母做一些事，父亲都会给他一些小报酬。威廉认为，通过这种方式可以激发他的热情，让他懂得工作是通往幸福的台阶。

　　不仅如此，威廉还认为，这样做可以让孩子了解现实社会和外部世界，也可以让孩子感受到大家一起劳动、一起追求同一目标的快乐。

　　盖茨父亲的做法是值得所有妈妈们学习的。我们要认识到，让孩子通过劳动来赚钱并不是一件坏事，它是融入社会的一种方式。当孩子有了这种行为，他就能更好地了解社会，懂得如何去挣钱，如何为社会创造财富。如果说无钱可花是一种悲哀，那么在孩子小时候，妈妈们无限制给钱而不教会他如何赚钱和合理花钱，则是巨大的悲哀！

1.多向外国妈妈们"取取经"

在西方国家,很多妈妈对待孩子零用钱的问题的做法很值得中国妈妈们借鉴。她们大多十分重视从小对孩子自力更生习惯的培养。在孩子几岁大的时候,就会让他认识到劳动的价值,并让他自己动手修理自己的玩具,到外面参加劳动。因为她们懂得,只有让孩子使用自己劳动所得的钱,才会让他们感到劳动的意义,也会更加珍惜来之不易的金钱。

因此,妈妈们要让孩子意识到劳动和工作的重要性,并让他明白,想要获得报酬,就要辛勤工作。只有工作,才能够获取报酬,才能买玩具、衣服以及所有物品。在帮助孩子了解这一点之后,妈妈们可以建议孩子在自己的义务之外, 做一些类似上述故事中美美所做的额外的家务活,以此来获得报酬。

2.帮孩子寻找"挣钱"的机会

较小一些的孩子,或者"商业意识"不那么强烈的孩子,往往不容易发现挣钱的机会。作为妈妈,有必要帮助孩子寻找挣钱的机会。否则"零花钱,自己赚"就成了一句空话,达不到教育的目的。

实际上,在日常生活当中,并不缺少让孩子自己赚取零花钱的机会,而有胆有谋的孩子也并不缺少勇气和力量,他们所缺乏的,仅仅是来自妈妈的正确引导。比如,我们可以让孩子捡饮料瓶或者纸壳板,也可以让孩子帮着附近的商铺发一些广告宣传彩页,或者干脆就让孩子在家里做家务,按劳计酬。这些可都是帮助孩子赚钱的不错方式呢!

让孩子对自己说过的话和做过的事负责

著名教育家茨格拉夫人说过："必须教育孩子懂得他们的一举一动能产生的后果，那么随着时间的推移，孩子们一定会学得很有责任感的。"

这句话很值得妈妈们借鉴。我们在教育孩子的同时，一定要让孩子明白：每个人都应该为自己的行为负责，不管结果是好是坏都要承担，责无旁贷。

或许有一些妈妈觉得这样对孩子太苛刻了。可是不要忘了，如果你对孩子迁就、容忍，甚至袒护，那么他就会一再试探你的底线，也就会一而再再而三地把不负责任不当回事。这样的孩子长大了也不会对自己、对他人负责任，成为牵累家人，被别人唾弃的对象。

显然，哪个妈妈都不希望自己"身上掉下来的肉"成为这样一个人。既然这样，那么我们在教育孩子时就一定要着力培养孩子的良好习惯。不论孩子有什么过失，只要他有一定的能力，就应当让他承担责任，这才是作为一个妈妈的真正的爱。

一位移民加拿大的妈妈带着自己6岁多的儿子到一个中国朋友的家里做客。中国朋友家的女主人对远道而来的客人非常重视，她特意提前学习了西餐的做法。她对加拿大来的母子说："今天我做西餐给你们吃，你们尝尝中国人做的西餐味道好不好。"

没想到，6岁多的小男孩立刻说："我不吃，我要吃中国的饭。"原来，小男孩认为中国人做西餐肯定不好吃。

女主人愉快地答应了他。最后是西餐给妈妈吃，中餐给他吃。

可是，当女主人把西餐端上来的时候，小男孩一下子被眼前漂亮的汉堡吸引了，他还闻到了诱人的香味。小男孩有点迫不及待地对妈妈说："妈妈，我要吃汉堡。"

看到小男孩的改变，女主人很开心，于是高兴地把汉堡端到小男孩面前，说："来，宝贝，吃吧！"

可是，小男孩的妈妈却严肃地说："不行，他刚才说过不吃西餐，他得为自己所说过的话负责，今天他不能吃汉堡！"

小男孩着急地哭闹起来："妈妈，我要吃汉堡！让我吃嘛！"但是，男孩的妈妈根本不为所动，只是对儿子淡淡地说："你得为自己说过的话负责。"

看到这里，女主人觉得男孩的妈妈也太认真了，就说："给他吃吧，别为难小孩子了。"

男孩的妈妈正色对女主人说："亲爱的，我们要培养孩子的责任心，他得对他说过的话负责任。"

最终，不管男孩怎样哭闹，妈妈都没有同意让他吃汉堡。

这位妈妈的做法在很多中国妈妈眼里，似乎有些不近人情。

可事实是怎样的呢？如果孩子不懂得自己的语言和行为会产生什么后果，那么他就不知道对自己的说法和做法负责任。

行为心理学认为，在儿童的成长过程中，对失责的惩罚虽然使孩子感到痛苦和厌恶，然而对孩子进行必要的惩罚对孩子的成长是有价值的，因为它对孩子责任心的养成有一定的促进作用。这里所说的"惩罚"不单指妈妈施加于孩子的责备和批评，而更注重于对于孩子由于自己的"失责"所要承担的责任以及孩子的自责。

在现实生活中，妈妈要试着把孩子生活中的每一项责任都放到他自己的身上，让孩子自己承担。同时，妈妈们也应以身作则，千万不可将自己的过错所造成的后果推卸到孩子身上，而应该努力使自己成为承担后果的表率。

萌萌家住的是带露台的顶楼。每天晚上，他们一家都会在露台上乘凉、聊天。萌萌也会拿本书坐下来看。

有一天，萌萌正在看书的时候，露台对着的门口处呼呼刮来了"过堂风"，把她的书吹得"啪啪"作响，萌萌不得不一次次跑去关门。可是每次关上门没多久，一阵猛烈的风就又把门给吹开了。

正在这时，邻居韩叔叔来找萌萌的爸爸，他们俩就在露台的门口处站着聊天。而萌萌见门再次被风吹开后去关门时，由于没注意，一下子把爸爸扶在门框上的手给夹住了，疼得爸爸"哎哟"一声。

看到爸爸痛苦的表情，萌萌害怕极了，心想这回一定免不了一顿骂。但是，爸爸的表情很快从痛苦到生气又转到平静了。

事情过后，爸爸对萌萌说："当时我实在是痛得厉害，原本想狠狠地凶你一顿，可后来转念一想，我是自己把手放在门框上的。错误在我，凭什么凶你？"

爸爸的这句极为普通的话，却给了萌萌一个终生受用不尽的启示：犯了错误必须自己承担后果，不可迁怒于他人，也不可推卸责任。

萌萌的爸爸用自己的行动告诉了萌萌，人得对自己的行为承担责任这一道理。

如今，很多妈妈在孩子的责任心培养方面都不够重视。当孩子遇到一些事情的时候，她们总是替孩子完成，希望能为孩子留出更多的时间去学习。

要知道，责任心才是孩子做人、成才的基础。因为有责任心的人，首先要有一定的道德水准，否则他就不可能对事情负责。同时，责任心也是做事情的标准之一，没有责任心就不可能认真去做事。所以，妈妈们需要放开手脚，"狠"下心来，从一件件小事着手，让孩子懂得为自己说过的话和做过的事承担后果。

1.不要鼓励孩子的告状行为

有的孩子在遇到一点委屈时就会跟妈妈告状,说别人如何如何不好。显然他这是在怪罪别人。

这时候,如果妈妈听从孩子的告状,就等于是对他们说:"妈妈会帮你处理这些事情。妈妈知道你还太小,应付不了这个。所以任何应该让妈妈知道的事,都要告诉妈妈。"

实际上,这种态度对孩子的成长很不好。妈妈应该做的是,对孩子说出自己的想法:"我不喜欢你打别人的小报告。"当然,妈妈们必须考虑到安全的问题。如果别的小孩正在做比较危险的事情,孩子跑过来告诉你,你一定要高度重视。

2.让孩子心中有爱,关心他人,善待他人

要想培养孩子对别人、对家庭、对社会的责任心,那么,妈妈们可以通过让孩子主动关心老人、病人和比自己小的孩子入手。通过照顾和关心别人,孩子可以从中体会到付出的快乐,也会因此而产生成就感。这样一来,他的责任意识也就随之增强了。

3.通过做力所能及的家务,培养孩子对家庭的责任心

如果妈妈们交代给孩子一些家务活,并指导孩子去做的话,相信孩子是可以做好的。这时候,妈妈们可以表扬一下孩子的劳动,并且让孩子形成做这种劳动的习惯。这样,他就会在遇到这项任务的时候,不自觉地产生要去做的想法。而这也正是责任心塑造的良好开端。

妈妈藏起一半的爱，理性对待你的孩子

常有妈妈抱怨或者唠叨，自己的孩子如何不懂事，自私、冷漠，不理解当妈的心。可是妈妈们有没有想过，孩子天生就是如此吗？自己在平时的生活里，是不是给了孩子太多的爱，而让孩子认为他这样对待家人是理所当然的呢？

我们应该看到，现在的孩子大多是独生子女，生活条件优越，家人溺爱成了普遍现象。妈妈们请问一下你自己，是不是总想为孩子提供更好的物质条件，不想让孩子吃苦受累？是不是会想尽办法满足孩子的要求，甚至有些是无理要求，而且还会代替孩子完成他们力所能及的事情？

如果答案是肯定的，那么我们要跟你说，这样的想法和做法正是让孩子自私、冷漠的根源所在，这也会给孩子的成长带来很大的危害。而要想让孩子形成感恩、懂得付出的良好品格，妈妈们就要藏起一半的爱，理性对待你的孩子。

郭晓航是家里的独生子，自然被父母视为掌上明珠。在父母的溺爱中，郭晓航几乎提什么要求他们都会答应。他在家里的地位高人一等，父母有时候都要乖乖地听他的安排。

家里爷爷奶奶过生日买小蛋糕，但是他过生日要买大蛋糕。每次他去幼儿园之前，都要为他准备好吃的喝的，还要给他足够的零花钱。在这样的家庭环境中，郭晓航成了一个懒散、任性、不受老师和伙伴欢迎的孩子。

生活中，像郭晓航这样的孩子恐怕随处可见。事实上，这种来自家人的溺爱，会使孩子在家里依赖父母，在学校里依赖老师，在社会上依赖他人，往往缺乏自信心,缺乏独立解决问题的能力和责任心。不仅如此,这种孩子也会产生自我优越感,不善于与人相处,看到比自己优秀的人时,很容易产生嫉妒心理。显然,这都是不良性格和习惯的具体体现。

作为妈妈,我们应该认识到,爱孩子是一门艺术。我们一定要意识到溺爱孩子的危害。接下来,我们再看一个关于比尔·盖茨的故事。

作为世界首富的比尔·盖茨,他和几乎所有的妈妈一样,很疼爱自己的孩子,但是有所不同的是,他对孩子并不溺爱,在满足孩子的物质条件方面甚至很吝啬。

有一次,盖茨的小儿子曾向他要钱去买玩具,盖茨没有答应,儿子因此一直抱怨爸爸小气。盖茨告诉他:"等你再大一些,你可以去挣,你姐姐詹妮弗就是拿着自己的钱去买自己需要的东西的。"

不得不说,这种做法虽然看起来有点"残忍",但其背后却是对孩子真诚的爱。这种充满理性的爱,如果被妈妈们借鉴到自己身上,那么我们相信,你的孩子也会成为顽强、自信、负责、懂得感恩的好孩子。

总而言之,妈妈对孩子真正的爱,应该是不溺爱、不放纵。虽然我们对孩子的爱是无私的,但是不仅要爱得深切,还要爱得理智。而这,才是有质量的爱。

· · · · · · · · · · · · · · 好 妈 妈 教 子 锦 囊 · · · · · · · · · · · · · ·

1.鼓励孩子自己的事情自己做

很多妈妈喜欢把已经长大的孩子,还是当做小孩一样来对待,认为孩子离开了父母,就没办法生存下去了。其实,随着年龄的增长,孩子也会越来越有能力来处理自己的事情,独立意识也会增强,因此妈妈们要懂得适时放手。

要减少对孩子的爱,我们就要从让孩子自己做事开始。妈妈们可以根据孩子的年龄提出要求，在生活中逐步培养孩子独立自主的能力，让孩子早日成熟起来。

2.改变孩子在家庭中的角色

孩子是家庭的希望。妈妈们对孩子有很多期待，她们对孩子溺爱、百般迁就，孩子就会认为家长的爱都是理所应当的。这就导致了父母和孩子之间的角色错位。因此，妈妈要从小事中，引导孩子进入关心父母和家庭的角色中来。只有让孩子在家庭中学会自立、关心他人，到社会上才能成为受欢迎的人。

3.对孩子的爱要充满理性

妈妈们要正确审视对孩子的爱，在爱孩子的同时不能忽视对孩子的品德和素质的培养。另外，妈妈们也不要轻易满足孩子的无理要求。否则，孩子尝到了甜头后就会肆无忌惮地提出更多的要求。久而久之不但会养成刁蛮、任性的坏习惯，还会滋生攀比的不良心理，这对孩子的成长都是有害无益的。

"吝啬"一点，再富也要"穷"孩子

"再穷不能穷教育，再富不能富孩子。"这是教育界的一句宣传口号。教育的大计我们姑且不去谈论，单说后半句对于孩子物质的满足，即"不能富孩子"。这句话是告诉我们，在对待孩子的物质需求方面，得学会"吝啬"。这样做的目的是，让孩子从小感受到生活是不完美的，要想有所收获，就注定要历经各种困难的考验；只有今天磨炼自己，明天才能够少吃苦或不吃苦。

妈妈们大概都清楚，高速公路上容易出交通事故的路段往往是较为平坦的地方。为什么会这样呢？

心理学家表示,这主要是因为人们对于隐性的风险疏于防范导致。我们将这一理论引申到家庭教育中来,很有必要引起妈妈们的注意。很多妈妈觉得,对于孩子的一些物质要求的满足,并不会对家庭财务状况造成什么影响。可是妈妈们是否还记得"由俭入奢易,由奢入俭难"的古训?如果孩子养成了挥霍的习惯,就会成为一个"无底洞",就算他是个"富二代"也很有可能把家业给败光。

　　所以说,妈妈对孩子一定要"吝啬"一点,就算再有钱也不要由着孩子肆无忌惮地花。一旦孩子提出不合理的要求,妈妈就要毫不犹豫地拒绝他。这样虽然让孩子当时心里不爽,但反过来讲这对他也是一种精神上的锤炼。通过妈妈这样的教导,孩子才会认识到父母挣钱的不易,才会养成勤俭节约的好习惯,等他长大成人走向社会后,也更容易懂得为了获取财富而辛勤努力。

　　11岁的丹尼尔生长在美国一个高收入家庭。爸爸是律师,妈妈是医生。但是他们对于儿子却一向小气得很。

　　去年5月份,丹尼尔过10岁生日的时候,收到了爸爸妈妈送给自己的礼物——半辆自行车。

　　听上去很奇怪吧?

　　原来,丹尼尔去年要学习骑自行车,他希望能够拥有一辆新的自行车。在他生日这天,爸爸妈妈却只给了他一半买自行车的钱。同时他们告诉丹尼尔,另一半的钱要靠他自己来挣。

　　对于爸爸妈妈的小气举动,丹尼尔并没有一丁点的不满和懊恼,而是积极地想起挣钱的方法来。他走到自己家的院子里,沉思着挣钱的"门道"。当他看到邻居家需要修剪的草坪时,一下子有了主意。

　　接下来的日子,丹尼尔开始挨家挨户去敲门,询问邻居们需不需要修剪草坪。

　　邻居们一看这么一个可爱的小男孩要帮自己修剪草坪,谁也没有拒绝丹尼尔的要求。

就这样，丹尼尔承包了周围邻居们修剪草坪的任务，一次两美元。丹尼尔虽然年龄不大，但把草坪修剪得一点也不逊于大人，很快他就得到了邻居们的一致认可。

一直持续了近两个月的修剪草坪工作，丹尼尔凭借自己的劳动，终于凑足了另一半自行车的费用。

当骑上用自己的劳动报酬换取的自行车后，丹尼尔心里美极了，他觉得比当初父母直接送给自己一辆完整的自行车都有意义。骑上新自行车的丹尼尔，依然做着为邻居修剪草坪的工作。因为他发现，自己的劳动不但能为别人带来方便，而且可以通过劳动让自己赚取更多的零花钱，来购买一些自己喜欢的东西。

看完这个故事，作为妈妈的你，会不会觉得丹尼尔的父母太"抠门"呢？自己的宝贝儿子过生日，送辆自行车都舍不得，还让10岁大的孩子自己辛苦赚钱。

这或许就是东西方家庭教育的不同。在许多西方父母眼里，即使再富裕，也要苦孩子，父母财产的多少和孩子是没什么关系的。父母是有钱人，不代表孩子是有钱人，孩子要用钱，同样需要通过劳动来获得。而到了18岁时，就需要出门独自寻求生存之路。

澳洲的妈妈们嘴上常说这样一句话："孩子应当比大人少穿一件衣服。"事实上，她们也的确是这样做的。就算是在寒冷的冬天，很多澳洲妈妈都不会给孩子穿厚厚的棉衣或者羽绒服。可看看中国的妈妈呢？天刚一转冷，就给孩子捂得严严实实，生怕孩子受冷。

身体上如此"照顾"，物质方面同样不吝惜付出。很多妈妈认为，再穷不能穷孩子，于是她们不惜花费大笔金钱，送孩子进最好的学校读书，让他们接受最"贵"的教育……

然而实际上，这样做只能让孩子从小成为物质的奴隶，成为依赖家长的"寄生虫"。只有秉持"再富也要穷孩子"的教育理念，才能培养出有担当精神、适应激烈竞争的孩子,也只有这样的孩子,才能在长大成人后,凭借自己的能力创造出一番新的天地。

好妈妈教子锦囊

1.父母勤俭些,故意对孩子装装"穷"

"由俭入奢易,由奢入俭难"是自古以来的训诫,类似的说法还有"纨绔子弟少伟男"。换言之,一个孩子如果从小就养成了大手大脚花钱的习惯,那么他是无法适应贫穷的生活的,长大后也是难有出息的。

所以,即便家庭条件优越,妈妈们也要故意在孩子面前装着贫穷点,注意在家庭生活中勤俭节约,并时常灌输给孩子这样的认识:爸爸妈妈挣钱不容易,一定要节省着花。通过这样的做法,就会逐渐培养起孩子的节俭意识,让他学会节约,从而更加珍惜自己当下的幸福生活。

2."穷"养不是没有金钱投入

很多妈妈一听到"穷养"二字,便会认为是不需要给孩子花钱,让他们过穷苦的生活。这样的理解是片面的,我们所说的"穷养"并不是说让孩子吃不饱、穿不暖,更不是没有金钱的投入,而是指父母要把给孩子花的钱控制在合理的范围内,不要孩子要多少钱就给多少钱,要什么就给买什么。

妈妈们需要做的就是,把每一笔开支都花在刀刃上。这样一来,不管是孩子,还是做父母的,都不会感到太累。

3.零花钱要适度

很多妈妈给孩子零花钱,从不"算计",孩子要多少给多少,甚至生怕孩子不够用而特意多给一些。这样做事很容易让孩子养成骄奢之气的。我们建议,妈妈们在给孩子零花钱方面一定要把握好分寸,根据孩子的需求情况,制定出具体的数额。比如,每月给50元,或者每星期给10元,如果在期限内孩子花完了就不能再给了。

适当惩罚，以防孩子这棵"树苗"长歪

如果任由树木肆意生长，不去修剪的话，那么它们就会恢复到野生的状态。其实教育孩子也同样，没有适度惩罚的教育是不完善的教育，也是不负责任的教育。可以说，合理的惩罚应该是教育的辅助手段之一。

看看我们周围，就应该知道适当惩罚有多么的必要。很多妈妈无奈地感慨：孩子散漫又随意，总是有意无意地逃避家长对他的教育和管理，丝毫没有责任感和束缚的限制；也有的妈妈抱怨：孩子拿自己的话当耳旁风，对自己的教导置若罔闻，总是不断地犯同样的错误。

这些妈妈只顾了抱怨和感叹，可能忽略了导致这种局面最重要的一点因素，那就是在孩子犯错之后，没有及时地给予相应的惩罚。这样一来，孩子就不会充分认识到自己的错误，也就很难做出彻底的改变，进而无法懂得自律，建立责任感。

因此，一个真正对孩子负责任的好妈妈，会在发现孩子的错误行为后，进行适当的惩罚。只有这样，才能引导孩子健康成长，才能防止孩子这棵"树苗"长得歪歪扭扭。

乔然虽然是个女孩，但是活泼好动，有点"假小子"的"范儿"。有一天课间的时候，乔然和班里两个男同学踢足球，由于用力过猛，踢碎了教室窗户的玻璃。不仅如此，玻璃碴子掉下来后，正好划伤了另一个同学的胳膊，顿时把大家吓得够呛。乔然自己也心跳加速，知道自己这回惹麻烦了。

老师赶过来，帮那名被划伤的同学处理了伤口后，给乔然的妈妈打了电话，把事情的经过和乔然的妈妈讲了一遍。

下午放学后，乔然知道回家又要挨妈妈的训了，所以蔫头耷脑的。果然，一进家门，乔然就看到沉着脸坐在沙发上的妈妈。

她知道自己这次犯错有些严重了，就走到妈妈面前主动承认了错误："妈妈，我知道错了，我不该在教室里踢球，踢碎了玻璃，又划伤了同学，这是很危险的事。以后我再也不做这样的错事了。"

妈妈正想说什么，这时候乔然的奶奶从厨房里出来，看了看乔然的妈妈，意思是孩子知道错了就可以了。但是，乔然的妈妈并没有"饶"过女儿，她说："然然，你知道吗，一个不懂得自律的人就是不负责任的人，这样的人是不会有什么前途的！"

奶奶赶紧接过话来说："然然，妈妈说得对，你以后要听话，要遵守纪律。你知道错就好，这次的事就这样吧。"

可是还没等奶奶说完，乔然的妈妈就打断了她的话："妈，这样不行的！她犯了错就要承担后果和责任。"接着，妈妈又转过脸来对乔然说："你现在就去写一份检讨，一会儿念给我听，然后明天去学校交给老师。另外，作为惩罚，你这个月的零花钱取消了。我这么做是为了让你记住这件事的教训，希望你以后能学会自律，不再让我们失望。"

听完妈妈严厉的"惩罚决定"，乔然看了看妈妈，虽然女儿心里嘀咕这个惩罚太严厉了，但是她知道妈妈的话说出来是不会改变的，于是点了点头，回自己的房间写检讨去了。

看完这个故事，可能同样作为妈妈的你，会觉得乔然的妈妈太过严厉。孩子都认错了，还要加以惩罚，是不是太狠心了点？

可是，善良的妈妈们，你们可曾想到，很多时候孩子主动认错，是出于害怕，怕家长怪罪、责骂。而等到这次的事情过去之后，犯错的后果能带给孩子的印象往往不会特别深刻，这也就难以避免不再发生类似的事情。如果我们能像乔然的妈妈这样，在孩子犯错后，对她进行合理的惩罚，那么会更加有助于孩子学会自律，学会自我约束。与此同时，还能让孩子明白做什么事情是对的，为什么要坚持下去，什么事情是做不得的，应当怎样改正。

另外，妈妈们需要认识到，如果孩子自律意识差的话，将很难建立责任感。因为对他们来说，自律和责任从根本上具有相同的本质，即出于一种自我约束，从而约束自己的行为，并对自己的行为承担后果。所以，要想培养孩子的责任意识，父母就要注意教育孩子学会自律。而要实现这一点，适当的惩罚自然是必不可少的。

好 妈 妈 教 子 锦 囊

1.对孩子实施惩罚前后，妈妈都要和孩子做好沟通

一说到惩罚，有的妈妈会理解为劈头盖脸地训斥。实际上，这样做不但起不到积极的作用，反而更容易让孩子形成逆反心理，也会更不爱听你的教导。

因此，这就需要妈妈们在对孩子进行惩罚前和惩罚后，和孩子进行必要的沟通，让他明白他的行为到底是正确还是错误，他的行为会带来怎么样的后果，对他进行惩罚的意义在哪里，等等。这样一来，孩子不但能够甘愿接受惩罚，而且会有助于他进行自我约束，更好地控制自己的情绪和行为。

2.不要因为惩罚而破坏孩子的求知欲和好奇心

好奇心和求知欲是孩子天性中发展迅速的性格特质，相对于此，孩子自控能力的发展则显得缓慢许多。基于这样的情况，孩子身上出现过失和逃避责任的情况就会比较多。此时，如果妈妈不注意保护孩子的求知欲和好奇心，那么就会让孩子只顾了守规矩，而缺乏了探索未知世界的勇气和兴趣。

这样的惩罚，是不是太得不偿失了呢？所以，惩罚孩子有必要，但是需要建立在保护其求知欲和好奇心的基础上。

3.惩罚的前提是尊重孩子的人格

妈妈们在日常工作和生活中，常常会说"对事不对人"。这一点用在惩罚

孩子的错误行为方面同样适用。

当我们惩罚孩子的时候，心里一定要清楚：我们要惩罚的是孩子的错误行为，而不是孩子本身；我们惩罚孩子错误行为的目的，是以促进孩子更好地成长为前提的。

如此一来，妈妈们就能领会到，我们不管采取哪种教育方式，首先要保证的是尊重孩子的人格和尊严，即使他犯了天大的错误。

第二章
妈妈沉着理智不急切，
孩子成龙成凤有希望

在教育孩子的过程中，许多妈妈们都陷入了"功利误区"，她们期望孩子能以最快的速度成长为"神童"。于是在言行上无不用最直接、最急切的说辞和做法来"牵引"孩子，可是结果却不尽如人意。在这种催逼下长大的孩子，要么更具叛逆性，要么失去了个性。

教育孩子，妈妈们首先要让自己沉着冷静，正如意大利幼儿教育家马拉古齐教导的那样："在教育孩子的时候，我们应该给孩子足够的时间，我们应该放慢脚步，我们应该学会等待！"这样不但能够促使孩子更快成长，甚至会超出你的预期，而且你自己也能在培养孩子的过程中享受到更多的东西，如快乐、舒适、孩子对你的爱等。

换句话说，妈妈们若能将更多的注意力放在控制自己的行为，而不是孩子的行为上时，得到的结果或许会出乎意料的好。

心急吃不了热豆腐，急功近利要不得

不知道是因为社会竞争的激烈，还是人们争强好胜的内心使然，现代社会中，几乎每个妈妈都希望自己的孩子能"成龙成凤"。有时候明知道孩子无法达到自己所期待的程度，还依然不甘心接受现实，不断地给孩子施压，赋予孩子更高的期望。

一些妈妈在孩子还小的时候就会为他制定种种目标，如这次考试要考到多少名，下次班级比赛要拿到什么名次，甚至连长大后考什么大学都为孩子"设计"好了。殊不知，这些"目标"有时并不会成为促进孩子学习的动力，反而会成为给孩子带来焦虑的压力。因为一旦目标实现不了，孩子便会觉得是自己能力不行，达不到父母的期望，从而产生无望的心理，以为一切不过是徒劳，也就不愿意再做出努力了。

或许这时候妈妈们才发现，不但当初为孩子订立的目标没能实现，反而带来了很多负面影响。就好比一位老教授所说的："父母的期望值过高，很容易产生失望，甚至有时会成为戕害孩子的凶手。"

我们来看一个相关的事例：

有一个从小生长在偏远落后山区的姑娘，由于成绩优异，被学校和村里人誉为"才女"，父母、老师乃至周围的人们都对她寄予了很大的期望。

转眼女孩上到了高三，她高考考得很不错。但是填报志愿的时候，父母的期望和她的个人意愿起了冲突。她自己想报考南方的一所高校，因为那所学校的某个专业非常棒，而那个专业正是她准备从事的方向。可是她的父母却要她报考一所离家很远的北方的学校，这所学校是全国重点高校。父母希望她能为祖上增光，给全村人长脸。

就这样，这位姑娘为了不让父母和村里人失望，就放弃了自己的追求，报考了这所自己并不喜欢的学校。

开学后，进到新的环境中的她，并没有像别的同学那样兴高采烈，而是整天都闷闷不乐的。她总是感到生活很压抑，在半年来的两次考试中，她的成绩都位列中下。这样的结果让一直是当地"状元"的她压力很大，入学不到一年，她终于因无法承受压力而得了严重的抑郁症，并跳楼自杀了。

当她的妈妈看到这个结果的时候，泣不成声，她悲恸地喊着："是妈害了你啊孩子，当初如果不是妈的逼迫，你怎么会走上这条路？"

看了这个故事，同样作为妈妈的你或许也会为这个女孩感到惋惜。可是，你是否想过，假如自己遇到这样的情况，会不会像女孩的妈妈一样，怀有这种急功近利的思想，让女儿选择自己并不乐于去做的事呢？

毋庸置疑，每个妈妈都希望自己是智慧的妈妈。而真正的智慧并非是要求孩子做一些看似美好的事，而是让孩子顺其自然地成长，懂得适度要求，量力而行。这和那些抱着"恨铁不成钢"想法的妈妈所得到的结果是不同的，因为她们的孩子在没有过多压力的情况下成长，更容易用平和的心态来面对每一次挑战和人生的际遇。

因此，作为妈妈，我们要问问自己，对于孩子，是要成绩，还是要成长？自己每天辛苦挣钱供孩子上学，究竟是为了什么？这些问题都是无法逃避的，我们千万不可以"妈妈都是为你好"为理由去逼孩子，那样的话只能给孩子的童年带来伤害，影响他的健康成长。

好妈妈教子锦囊

1.制定切合实际的计划和目标，让孩子一步一个脚印

法国诗人海涅说过这样一句话："即使种下的是龙种，收获的也可能是跳蚤。"这句话是针对那些逼子成龙成凤的家长说的。也就是说，逼迫孩子成

龙成凤，那么到头来孩子很可能变成虫。这当然不是深爱孩子的妈妈们所愿意看到的。

那么，就请妈妈们为了让孩子更好地成长，放弃那些高不可攀的期望吧！我们应该做的是，制定孩子"跳一跳，能够着"的切合实际的计划和目标，让他一步一个脚印，脚踏实地地一点点进步。这样，你的孩子到头来才会成为一个充满自信和闯劲儿的优秀孩子。

2.妈妈们请告诉自己：心急吃不了热豆腐

俗话说："十年树木，百年树人。"对孩子的教育实际上是三分教七分等。学习要循序渐进，不可一日千里，对孩子的要求不能过高，最重要的是打好基础。

3.给孩子留出发展的余地

妈妈们可以给孩子提出一些要求，但同时也要告诉孩子，人生必然有挫折和失败，只要努力了就是好孩子，不必要求孩子"志在必得"。

4.重要的是教会孩子生存之道

人的生命本质在于追求人生的幸福和快乐。所以，妈妈们在教导孩子的时候，应该让孩子把实现这个目标当做主要责任。而妈妈们能做的，就是为孩子创造一些锻炼的机会，比如，在课余时间让孩子去参加一些社会活动，让孩子们多与同伴交往，并在交往中学会合作，等等。这些生存的能力比学习成绩更重要，也更有可能帮助孩子通向幸福之门。

以平和心态对待分数，它不是孩子的"命根"

"分，分，分，孩子的命根。"这是流传坊间的一句"至理名言"。似乎考试分数成了判定孩子好坏的唯一标准，而妈妈们也会就此进行密切的关注和热烈的讨论：

"我家闺女的英语很差，听说你家宝贝每次都考到 90 分以上呢，你平时是怎么教育的啊？"

"你家儿子学习成绩怎样啊？每次都排第几名呀？"

"你闺女好像和我闺女一个班，这个学期的成绩下来了，你闺女考了第几名？"

"我家那小子，可是班里的学习尖子，经常考双百呢！"

"我家那个丫头，偏科厉害，语文每次能考到 90 分以上，数学如果过了 80 分就谢天谢地了。"

这些谈话无疑透露出一个妈妈们极为关心的话题：孩子的分数。高分孩子的妈妈显得洋洋得意，而分数低的孩子的妈妈总是有些难为情。考试成绩成了妈妈们评判孩子的唯一标准，孩子考得好，周围赞扬声一片，孩子考得差，就只有唉声叹气。

有一个小男孩本来学习就不怎么好，最近的一次考试更是糟糕透顶。老师按照惯例让他把试卷拿回家让家长签字。

第二天老师把这个男孩叫到办公室问："你爸爸妈妈对你这次考试有什么反应？"

小男孩说："哎，别提了，以前是'单打'，现在是男女'混合双打'，该出手的他们都出手了。"

虽然这看上去像个幽默的段子，但在现实生活中，却并不鲜见。虽然不至于都像这个小男孩的父母一样对孩子"混合双打"，但因为孩子考试不好而责骂孩子的现象还是比较多的。

诚然，妈妈关心孩子的考试分数是无可厚非的，然而并非每一位妈妈都能使自己的关心成为孩子学习的动力。有调查显示，目前社会上家长对分数的态度以及由此引起的某些行为，有着极不科学的现象存在。这些问题直接影响了孩子的学习。

相对而言,如果妈妈们能对孩子的考试分数采取理智、科学、平和的态度,就会对孩子的学习产生巨大的动力。否则,孩子就会懊恼、自卑、沮丧、不知所措。

钟瑞是个品学兼优的好孩子,但偶尔也有考得不理想的时候。每当这个时候,他就担心一向注重分数的妈妈批评自己,仅仅从妈妈那双"杀死人"的眼神里,他就能感受到巨大的压力,心就像灌了铅一般难受。

有一次,语文老师布置了一篇作文,名字叫《写给爸爸/妈妈的一封信》。钟瑞写道:亲爱的妈妈,你可曾知道,在你看来本该无忧无虑的我,其实压力还是很大的。我每天要做老师布置的作业,常常做到深夜才能睡,每次考试都胆战心惊,唯恐自己考不好对不起你对我辛苦的栽培。因为在你的眼里,分数比任何东西都宝贵。我考试取得好成绩了,你就喜笑颜开,如果考不好,我就成了你攻击的对象。

回想起在小学低年级的时候,每当我考试取得第一名,你就会让街坊四邻都知道,逢人就讲,那神态就像你儿子是个"神童"。当然,这时候我也会享受一些特别的待遇,比如你们带我去迪斯尼和嘉年华,或者带我去儿童剧院看场木偶剧,我心里特美。

可是,如果哪一次我考得不理想,你就会摆出一副冷漠的态度来对待我。那种滋味真是难受极了。每当这时候,我就会想,我宁愿考得好的时候不要奖励,也不要在考得不好的时候,遭受种种冷漠的对待。因为你冷漠的态度让我从内心害怕,你的训斥让我无地自容。

最后我想问:亲爱的妈妈,你为什么一直把分数看得如此重要?难道分数才是你们的宝贝,而我只不过是个考试的机器吗?

看完这个故事,相信每个妈妈都会有所触动。就像故事中的钟瑞所问:到底是分数重要,还是孩子重要呢?妈妈们爱了半天,到底爱的是孩子还是分数呢?面对孩子提出的这样的质疑,作为妈妈是不是感受到一丝悲凉?

当然什么时候我们都可以肯定,每个妈妈爱的肯定是孩子,但是孩子却不这样认为，他们会觉得妈妈爱的是考试的高分，不是他们本人。

而分数又是什么呢？它只不过是记录孩子某个阶段学习状况的标志，不能说明什么，也不能代表孩子的将来，更不是孩子的"命根儿"。如果妈妈过分强调分数，那么势必会给孩子造成巨大心理压力，让孩子的内心饱受伤害。这又是何苦呢？

好妈妈教子锦囊

1.耐心地给孩子帮助和指导

生活中常有这样的现象：每当孩子将他糟糕的成绩单拿回家找妈妈签字的时候，妈妈的眼睛往往只是盯着分数的高低，分数高就乐得眉开眼笑，分数低了就火冒三丈，轻则训斥、羞辱，重则打骂。从科学教育的角度来讲，这样的做法显然是不妥的。

作为妈妈，应该理智地对待孩子的分数，好好分析孩子考试成绩差的原因，而不是不分青红皂白就是一顿"狂风暴雨"。这样容易引起孩子的反叛情绪，以至于对学习失去兴趣，甚至进入恶性循环——你越是打骂，他的学习成绩就越差。

所以，当孩子在学习上遇到困难时，妈妈应该和孩子一起面对成绩不如意的事实，一起承受孩子的学习压力。在帮助孩子分析失败的原因时，要肯定他的优点和长处，调动起他的学习积极性，激发起他的学习兴趣，让他有坚定的信心学下去。

2.培养孩子学习的兴趣

一个负责任的妈妈，在对待孩子学习方面，首先要做的就是善于发现和培养孩子的兴趣，比如，也许你的孩子对数学一点也不感兴趣，但是一定会有一道题或者某一类题型是他很喜欢或者很擅长的。这时候，妈妈可以从这里入手，让孩子多做一些，逐渐地，孩子就会发现有很多类似或相关的题目，如此顺藤摸瓜，他就会学会很多东西了。

3.帮助孩子分析试卷

老师考试的目的，主要的不是看学生的分数，而是从中找出每个学生在什么地方存在不足，自己教学上存在哪些疏漏。所以，妈妈们也不要单纯地用分数来评价孩子，而是用平和的心态让他从中找出不足，并加以改正。要知道，让孩子发扬自己的优点才是根本，这样才能让他渐渐地体会到学习的快乐，从而爱上学习。

兴趣很重要，顺其自然地培养更重要

现代家庭中，大多数妈妈都是有一定文化素养的知识分子，因此对于孩子的培养和教育也很注重科学的方式和方法。大多数妈妈都知道，要想让孩子学好某一项技艺，或者某一个科目，培养其兴趣是关键所在。

可是还有一些妈妈太过于急功近利，望子成龙心切，她们为了培养出高素质、高层次的孩子，不惜花费很多金钱和精力来让孩子上各种"兴趣班"，却没有考虑孩子是否有这方面的兴趣和潜质。

于是，很多孩子就会因为被逼迫去学习而无法投入状态，结果必然是令妈妈大失所望。

所以，我们要对这些妈妈说，虽然望子成龙、望女成凤是人之常情，但若是违背孩子的天性，去强迫孩子接受一种"技能"，就等于在无意之中扼杀了孩子自身的兴趣。如此一来，是不是就有"舍本逐末"之嫌呢？

于佳乐的妈妈前些日子给他报了钢琴班。可是上了不到一个月的课，于佳乐就说不想学了。他说自己根本不适合弹琴，倒不如学习下棋什么的。

可是，他的妈妈却认为弹钢琴是一项很高雅的活动，而且有助于孩子左右脑的开发。所以，她坚持让儿子学琴。在外地出差的爸爸回来后听说了儿子学琴的情况，便对妻子说："你不必着急，还是顺其自然一点吧！孩子如果没兴趣，你急也是白急呀！"

于佳乐的妈妈虽然还是心有不甘，但她想想丈夫的话也对。于是，她转变了自己的看法。她分析了儿子学琴失败的原因，认为自己应该以理性的态度去面对孩子的行为。同时，她还通过阅读有关家庭教育的书籍，调整了自己的教育观念，决定在家庭中营造一种家庭艺术氛围，让孩子在温馨、愉快的气氛中学一些知识，这总好过强迫孩子去养成什么兴趣。

由于于佳乐的爸爸爱好绘画和书法，每到空闲的时候都会临摹、画画等。原来于佳乐的妈妈是不同意让孩子学这个的，她说这个不实用，即使学了将来也没发展。可于佳乐却时常在爸爸画画或写字的时候停在他身边观看。久而久之，爸爸所做的事逐渐引起了他的兴趣。终于，于佳乐主动向爸爸提出："爸爸，我想学写字，你教我吧！"

对于儿子的这一反应，爸爸妈妈虽然很高兴，但也没当一回事，只是抱着试一试的态度让他跟爸爸学。出乎意料的是，于佳乐学写字非常成功。两个月后，他的隶书便写得很像样了。练字虽然是枯燥的，但是于佳乐却乐此不疲，他对于书法的兴趣始终未减，在 9 岁和 10 岁那两年还拿了好几个书法奖呢！

"兴趣是孩子最好的老师"。从于佳乐的事例我们可以看出，一个孩子如果能做他感兴趣的事，那么他就会充分发挥自己的主观能动性。就算是此间的过程充满辛劳，他也会兴致勃勃、心情愉快地去做；即便是困难重重，他也绝不会灰心丧气，而是积极地想办法，百折不挠地去克服它。

换句话说，如果妈妈们能让孩子学习他感兴趣的东西，那么就算是充满苦和累，孩子也不会觉得太辛苦，反倒觉得是在玩游戏。

有人说，天才的秘密就在于强烈的兴趣和爱好及由此产生的无限热情。说的也是同样的道理。伟大发明家爱迪生就是一个很好的例子。

据说,爱迪生几乎每天都在他的实验室工作长达 18 个小时,他还在里面吃饭、睡觉。尽管如此,他却从不觉得有丝毫苦累,他甚至说:"我一生中从未做过一天工作。"他说自己"每天都其乐无穷"。如此看来,爱迪生取得举世瞩目的成就也就不算什么稀奇的事了。

有一位专写儿童教育图书的美国作者,她很注重顺其自然培养孩子的兴趣这一点,比如,在与儿子洛克一起逛商店、公园,或者一起到树林里散步的时候,她都会留心洛克对什么感兴趣。比如在商店里,她会观察洛克喜欢在哪些区域逛,会在什么商品面前驻足停留,仔细观察;在公园里,洛克会对哪种植物感兴趣,对什么景物比较喜欢;在树林里,洛克听到什么鸟儿的叫声时会有比较敏感的反应,等等。不仅如此,他的妈妈还会和他一起写字、画画、读书、做手工、修理日用品、做家务,等等。

通过与妈妈的共同活动,洛克的兴趣指向就较为明显地体现出来,而洛克的妈妈也就从中发现了儿子的天赋所在。

此外,洛克的妈妈还会创造条件培养孩子多方面的兴趣,比如为了培养孩子对于语言文字的兴趣,她经常和洛克一起玩成语接龙的游戏;为了培养儿子学习数学的兴趣,她会和孩子一起玩一些数字游戏。

在妈妈的引导下,洛克在很多方面都有了浓厚的兴趣,知识也丰富起来。

可见,兴趣对于孩子的学习可起到很强的促进作用,它会使之不自觉地就对自己感兴趣的事物深入钻研,还能够让孩子充分发挥出自己的想象力进行创造性的思维。

当然,对于兴趣的培养不可以以妈妈们的意志为转移,而应遵循孩子自身的条件和情况。如果要培养的兴趣正好与孩子原本的兴趣巧合,那就如鱼得水,被孩子所接受,获得极佳效果。倘若这种硬生生培养出来的兴趣与孩子原本的兴趣相悖,那就会南辕北辙,被孩子拒绝,并在二者的抗衡打拼中两败俱伤。所以,妈妈们要充分尊重孩子潜在的能力倾向和意愿倾向,顺其自然地培养孩子的兴趣和长处。

好 妈 妈 教 子 锦 囊

1.避免"逼迫"孩子去养成某种"兴趣"

孩子都是有逆反心理的,如果妈妈逼着他去做某件事,那么他肯定是心不甘情不愿的,而结果也就往往不好。正确的做法是,对于孩子兴趣的培养,应在孩子"自然"兴趣的基础上,帮助孩子开阔视野,增加"纵向深度",对孩子的兴趣加以引导,让孩子尽可能地体验到成功的喜悦。

2.让孩子在娱乐中学习

现在的益智玩具如此之多,各种活动也是五花八门。那么,为了让孩子玩一些曾经没玩过的东西,妈妈们有必要多采取措施,不教孩子怎样玩,而是采取让孩子自主学习的方法。这样孩子通过自己摸索和操作,就会更有兴趣地投入到学习中去,掌握学习的方法也就顺其自然了。

3.在学习中娱乐

妈妈们让孩子在学习的时候讲究方法,让学习也变成一种娱乐,比如,让孩子自己与自己比赛,在孩子做题的时候,跟孩子说如果明天做完一套题的速度比今天快,那么明天就给他一个小礼物。或者给孩子读一些跟教科书有关的课外书,孩子在学习,又是在娱乐。

催逼无好果,应顺应孩子天性发展

正在培育着年幼孩子的妈妈们,回忆起自己的童年来,大都有一个共同的感受,就是成长比较自由,不怎么受家长的催逼。也就是说,那时孩子们自然成长的成分更多一些。

可看看现在我们的下一代呢?他们虽然在物质上享受极为丰富的状态,但是精神上却有着巨大的压力。

这些压力来自哪儿呢?事实上,压力主要是父母给孩子施加的,比如,曾有媒体报道,西部某省的一个妈妈由于儿子的考分不高硬是把儿子打死;北京的一位母亲把孩子打残,等等。

那么,为什么会有这么残忍的妈妈呢?其中主要的原因还是社会竞争激烈的加剧,还有社会上各种不良风气的冲击,给做家长的造成了一定的刺激,而他们没有把此运用到自己身上,而是转嫁到孩子身上。于是,无形中为孩子带来了不可忽视的"催逼源"。不用问,这些催逼必然给孩子的学习和心理带来极大的危害。

因此,为了使孩子健康顺利地成长,作为妈妈极有必要掌握减轻催逼、远离催逼的有效策略。

美国著名教育家卡尔·威特在自己的一本书里讲到这方面问题时,叙述了这样一个故事:

小卡尔刚出生不久,格拉彼茨牧师来到他们家。在发现小卡尔并不是一个机灵的孩子之后,格拉彼茨牧师有些担心起来。

他跟卡尔·威特说:"威特先生,您知道,我一直相信您的说法,也一直支持您的教育观点。可是现在,我真为您担心。"格拉彼茨牧师说道。

卡尔·威特已经猜到他担心的是什么,不过他还是想让牧师亲口说出来,于是就问道:"担心什么呢,格拉彼茨牧师?"

格拉彼茨牧师说道:"请原谅,我知道这样说会使你感到难受,但我不能在事实面前装作什么也没看出来。"

"哦,格拉彼茨牧师,请直说。"

"我看得出来,小卡尔显得并不那么聪明。虽然这是令人遗憾的事,但我想,我们都应该面对这个事实。"格拉彼茨牧师说道。

"是的,小卡尔的确不太聪明,但我并不认为这是决定性因素。"卡尔·威特回答。

"当然，先天不算太聪明，并不意味着他永远也不聪明。不过，这样一来，您必须付出加倍的努力。"格拉彼茨牧师鼓励说。卡尔·威特默默地点了点头，表示同意他的说法。

"我不妨给你出一个主意，"格拉彼茨牧师继续说道，"既然孩子不太聪明，现在唯有把全部的希望寄托在他的后天培养上。我的意思是从现在起，您和您的妻子，包括您的儿子都要准备做出某种牺牲。"

"牺牲?"卡尔·威特不解地看着他，等待他做出进一步的解释。

"既然孩子先天不太聪明，那么你就应该充分利用后天的教育来改变他。你应该让他受到比其他孩子更严格的训练，甚至是残酷的训练。这样虽然会牺牲他享受一般孩子那种美好童年的权利，但一定会对他的将来有好处。至于您和您的妻子，更应该为此做出牺牲，比如牺牲小家庭之间的夫妻的温情，等等。"格拉彼茨牧师认真地说。

"天哪!格拉彼茨牧师，你怎么会这么想?"听完格拉彼茨牧师的话，卡尔·威特立刻否定了他的观点，"这种牺牲有什么意义?难道还有什么比幸福的生活本身更重要吗?"

"难道孩子的前途不重要吗?"格拉彼茨牧师问道。

听完牧师的话，卡尔·威特肯定地回答道："孩子的前途当然重要，可是不要忘了，你的这种观点根本不可能使孩子健康成长。相反，它只会使孩子既没有享受到童年的幸福，也不会学到他所必需的一切知识。要知道，任何催逼和急功近利的做法只能带来一种后果，那就是毁了孩子。"

想想看，如果你站在卡尔·威特的位置，聆听了这样一段对自己孩子评价的话和建议，你会怎么想?相信有很多妈妈都会笃定地按照格拉彼茨牧师的建议去做，而不是像卡尔·威特这样反驳他的观点，坚持遵循孩子的天性，永远不去催逼。

事实上，给予孩子过度的催逼没有任何积极的意义。它不但会困扰孩子学习成绩的提高,而且还会对孩子的身心造成极大的摧残和伤害。

我们谁都不否认,正确的教育方法是极其重要的。如果实施了错误的教育法,不要说禀赋一般的孩子了,就是拥有高超禀赋的孩子也会被扼杀掉。因此,妈妈们要想让孩子成才、成功,务必需要采用顺应孩子本身发展规律的方法,而不是采取过度催逼——这一与孩子的良好发展背道而驰的教育方法。

好妈妈教子锦囊

1.不要随大流,认真而客观地对待自己的孩子

妈妈们看到琳琅满目的孩子的用品、服装、食品等,往往都会控制不住,给孩子买这买那。看到别的孩子有,自己的孩子也不能亏待了,索性掏出钱包不吝购买。

实际上,这样做纯属随大流。真正智慧的妈妈会根据孩子自身的情况和家庭条件等因素,帮孩子选择最适合他的东西。具体来讲,妈妈们可以遵循以下几点原则:

①从饮食上来讲,妈妈们最好给孩子吃绿色食品。这是防止激素等有害物质对孩子身体造成影响的重要措施。

②适当地要求孩子即可,不要超过他所达到的能力范围。

③妈妈要沉稳,不要人云亦云,不要因为人家怎么样、电视上怎么样、广告怎么样,就认为自己的孩子一定怎么样。

2.不要套用别人的模式,只让孩子做他自己

世界上没有两片完全相同的树叶,同样地,世界上也没有完全相同的两个孩子。每个孩子,不管是言语,还是行事、社交都有一套属于他自己的模式。我们不排除必要的规矩,但是也不要以大众的标准、要求去束缚孩子。

所以,为了保证你的孩子拥有轻松的心理,妈妈们应尽己所能为孩子创

造一个真正充满爱的环境，让孩子真正做一个孩子，而不是承担超出年龄负荷的心理压力。

3.多带孩子走进自然，帮他缓解内心的压力

一位教育家说过，孩子是属于自然的。在大自然中，孩子会融入其中，放飞心灵。所以，在平时生活中，妈妈们可以多抽时间走进自然，让孩子一周以来因学习而紧绷的神经得以放松。这样才有利于孩子用更饱满的精力投入创新的学习中去。

每个孩子都是一块"宝藏"，就看妈妈如何挖掘

或许很多妈妈都有这样的经历，当自己的孩子和别人的孩子站在一起的时候，总会不自觉地进行比较，常常觉得自己的孩子并不差。可是又很困惑，为什么总是做得不比别人的孩子好呢？

这时候，妈妈们会怀疑，是不是自己教育的方法错了？又或者是自己培养的方向错了？作为妈妈，我们或多或少都会为自己的错误而自责，可是，我们到底错在哪里呢？

对此，教育学家给出了非常简洁的答案，那就是：充分挖掘孩子的潜能。可是问题又来了，潜能是个看不到摸不着的东西，妈妈们为此倍感困惑，不知该如何下手。

在一个教子育儿网上，一位妈妈说："老师总说我的孩子有潜力，可是该怎么挖掘呢？"另一位妈妈说："是呀，总听大家说要挖掘孩子们的潜能，问题的关键在于这个潜能该怎样挖掘呢？"……

潜能，顾名思义，就是潜在的能力。我们先来看一下什么是潜能。举例来说，一棵白杨树，如果能够给予它充分的阳光、雨露，还有合适的土壤，那么

它可以长到 30 米的高度。相应地，如果它没能从外界得到充分的滋养，那么它就长不到 30 米。

在此，我们可以把 30 米看做是白杨树所具备的潜能；同样地，一个人如果资质得到充分发挥，那么他可以产生 100 分的能力，如果没有充分发挥出他的资质，那就低于 100 分。我们说他的潜能就是 100 分。

由此可见，当事物的发展不能处于理想状态的时候，那么潜能就会受到抑制，也就造成了本该长 30 米高的树只长到了 20 米；同样的道理，如果一个人的发展受到了某种阻碍，潜能没有被充分地发掘出来，那么他有可能只是 70 分、80 分的能力，甚至更少。

而我们教育孩子的理想目标，就是要把人的潜能最大限度地发挥出来。

一对年轻的夫妇带着他们的新生婴儿出海旅行，到非洲海岸的时候忽然遭遇了大风暴，船被巨浪打翻了，全船的人都遇难，只有这对夫妇抱着他们的儿子爬上了一个海岛。

那里是个没有人生存的荒岛，岛上长满了热带丛林。这对夫妇很快就被热带丛林里的各种疾病夺去了生命，这时候只留下了他们孤零零的儿子。

后来，一群大猩猩收养了只有几个月大的婴儿，他就跟着这帮动物父母成长着。

若干年后，一艘英国商船在那里抛锚，人们在岛上发现了当年的那个婴儿，如今他已经是个强壮的青年了。他跟一群大猩猩在一起，像大猩猩那样灵巧地攀爬跳跃，在树枝间荡来荡去，他不会用两条腿走路，也不会一句人类的语言。

人们把他带回了英国，旋即引起巨大的轰动，也吸引了科学家的浓厚兴趣。科学家们像教育婴儿那样教导着这个青年，试图让他学会人的各种能力，以便他能够重归人类。

然而遗憾的是，科学家们花费了 10 年工夫，这个年轻小伙子终于学会了穿衣服，用双腿行走，虽然他还是更喜欢爬行。但是，他始终也不能说出一个连贯的句子来，要表达什么的时候，他更习惯像大猩猩那样吼叫。

为什么会这样呢？其实，这正是因为他错过了语言潜能开发的最佳时期。换句话说，他的这部分能力已经永远消失了。

从这个在荒岛上长大的年轻人的案例，我们可以看出，潜能的开发是遵循一定规律的，有一种"过了这个村就没这个店"的味道。有关教育专家经过大量的调查研究发现，人的潜能的确遵循着一种规律，而这种能力是呈递减法则的。

因此可以说，要想挖掘孩子的潜能，妈妈们要尽可能早地采取行动。要知道，每一个孩子都与生俱来拥有一个神秘的宝藏，这就是他们的天赋才能，即使医学上认为弱智的儿童也不例外。假如你未能及时地开采这座宝藏，那么孩子的很多潜能就会随着逐渐的成长彻底消失掉，是十分可惜的事。

一位著名的人类关系学家表示，如果6岁以前，孩子的潜能被发现并得到培养，那么，他的未来更容易突破平庸，也能产生更多的自我满足感。可以说，妈妈们努力发掘孩子的潜能，就好比为他打开一扇窗，能让他未来的世界因此而充满阳光。

好 妈 妈 教 子 锦 囊

1.让孩子养成爱问问题的好习惯

孩子长到3岁左右，一般就开始爱问"为什么"。有些问题妈妈们很容易回答，但有些问题太过"另类"，妈妈都无从知晓，或者不知道该怎样对孩子讲。

我们建议，对于孩子的提问，妈妈们一定不要不屑一顾，更不要敷衍，而是尽量给孩子提供答案，并且尽可能启发孩子自己去思考。当孩子问问题多了，思考问题多了，那么他的大脑就会经常处于活跃状态，思维能力自然会更强了。

2.要塑造孩子高尚的精神面貌

高尚的精神面貌应该是包含勤奋刻苦、不惧艰险、认真踏实、追求卓越、勇于承担、关爱他人、谦虚谨慎、热爱自然、懂得感恩、乐于奉献等精神品质。在日常生活中，妈妈们要有意识地培养孩子的这些精神品质，以求让孩子以最健康、最积极的态度来面对每一天的学习和生活。

3.有意识地锻炼孩子的思维能力

思维能力不只是在课堂上接受老师讲课时才能够得到训练，其实平时生活中，妈妈们照样可以通过和孩子一起玩耍、聊天的机会，训练孩子的思维能力。只有提高思维能力，才能使孩子善于寻找和发现事物之间的联系，通过寻找联系来掌握方法。

4.充分挖掘孩子潜能的多样性

对于孩子潜能的挖掘涉及孩子身心的各个方面，这就需要妈妈能够突出重点。同时，妈妈们需要注意，想让孩子得到更为全面的发展，挖掘其潜能的重点是精神和品德，而不宜以智力为中心。

妈妈放下"神童梦"，孩子才能不寻常

很多妈妈在教育孩子的时候，恨不得把自己的孩子教育成"神童"。甚至有一些妈妈把培养神童当做自己一生的梦想。这样的结果便是，很多孩子接受了"过分"教育。

这种现象的出现有着一定的历史根源。有人说，中国人有着传统的神童情结，真是一点没错，尤其随着现代社会竞争的日趋激烈、残酷，这种神童情结似乎也与日俱增了。

看看电视上、网络上，时不时会有这种"学识渊博"的孩子们的专访活动,甚至他们还会被邀请表演某些特殊的本领,比如短时间内记住上百个数字中的某几个数字的所在位置,或者用心算的方法算出四位数的乘法。

当看到这些神童的精彩表现,很多妈妈开始"不淡定"了:人家孩子能这么厉害,自己的孩子为什么就不行呢?应该是下的功夫不到吧?好,那就想办法,决不能让孩子比别人差。

在这一心理驱使下,妈妈们开始为孩子寻找一些打造"神童"的机构,什么英语速成班、奥数一点通,等等,都成为家长们争相报名的地方。

可到头来情况如何呢?我们还是用一个事例来说明一下吧!

雨轩从小就表现出了极高的数学天赋,不到两岁就能从1数到100,而且能够做对1到10以内的加法,3岁的时候已经会做简单的乘法运算了。

在周围人眼里,雨轩是个非常聪明的孩子,甚至有人把他称为"数学小神童"。雨轩的父母见儿子这么有出息,也非常欣慰,他们希望雨轩长大了能成为一个数学家,说不定还会成为"华罗庚第二"。

在这一"目标"的激励下,小小年纪的雨轩经常在妈妈的带领下上各种各样的数学班。而雨轩也不负众望,在一场又一场的数学比赛中获得了一个又一个奖项。

可是,让所有人出乎预料的是,12岁那年,雨轩开始厌烦起数学兴趣班来,而把注意力都转移到了足球上。于是,雨轩经常趁妈妈不注意的时候和同学去踢足球,因为在踢足球的时候他感到很放松,很快乐。

雨轩的做法怎么能瞒过妈妈的眼睛?妈妈很快就发现了这一情况,她对雨轩提出了严重的警告:"以后不许踢足球!"

不久后,雨轩又要参加一场全国性的数学竞赛,如果雨轩这次能取得好成绩,有可能被某所大学破格录取。在雨轩的妈妈看来,这是孩子成长过程中具有里程碑意义的一次考试。所以,她要求雨轩一定要全身心地投入复习。

雨轩虽然不喜欢数学,但他为了不被妈妈唠叨,只得每天乖乖回来看书。虽然如此，雨轩的心思并没有全部集中在数学题上，他总会想着此时小伙伴们踢足球的情景。

最终的考试结果也就可想而知了，雨轩在这次大赛中的成绩远远低于妈妈对他的要求。

后来，雨轩对数学的兴趣越来越淡，雨轩父母的"神童梦"最终也没有实现。

或许雨轩真的是有数学天分的，但是遗憾的是，他的妈妈在发现他的天赋后，没有合理利用和保护，而是不断地"打压"着孩子，这种打压让雨轩喘不过气来，以至于丧失了学习的兴趣。

我们不否认，在这个世界上有神童存在，但是神童毕竟是极少数，而且神童也不是靠上各种补习班、强化班恶补出来的。更多的孩子还是普通人，是一步一个脚印、按部就班成长起来的。

妈妈们有必要知道，这样的过程不仅仅是简单进行学习的过程，更是让孩子培养人格道德、学习人际交往能力等多种能力的过程。这样的教育模式更符合孩子心理成长规律，可以培养孩子心理的承受能力。

如果你是一个明智的妈妈，就应该以此为鉴，不要再让那些所谓的神童梦耽误了孩子的宝贵童年！

我们都听说过世界上著名的绘画大师毕加索的名字，可不见得有人知道他有个宝贝女儿，名叫芭洛玛。

和所有希望孩子继承自己事业的父母一样，毕加索也非常希望女儿将来能够成为世界级的绘画大师。所以，在女儿还很小的时候，毕加索就开始有意识地对她进行艺术启蒙，经常让她在自己的工作室里玩耍，鼓励她在画布上涂抹。

可是，让毕加索没想到的是，在小芭洛玛 14 岁的时候，她突然对绘画产生了一种说不出的厌烦的情绪。

眼看着自己多年付出的心血就这样付之东流，毕加索心里很不是滋味。

但是他很快就想通了。他告诉自己，女儿长大了，有了自己的思想，不再是那个凡事都听父母话的时候了。这时候的她有了自己喜欢做的事和不喜欢做的事，做父母的应该高兴才是。

想到这里，毕加索不但没有责怪女儿，反而安慰她说："一个人一生的道路应该由自己去摸索。虽然你是我的女儿，也没有必要非要像我一样，你有什么兴趣和追求，就按你自己的想法去做吧！

听了父亲的一席话，小芭洛玛的心彻底地放开了。念到中学的时候，芭洛玛爱上了珠宝和服饰设计。后来，芭洛玛在自己热爱的行业取得了骄人的成绩，成了业界一位名家。

毕加索的做法的确值得妈妈们学习和借鉴。生活中，虽然大多数妈妈都知道拔苗助长的危害，但是在望子成龙、望女成凤的虚荣心的驱使下，许多妈妈长依然大兴"拔苗"之风。

之所以如此，和当前的社会竞争激烈程度密不可分。那些要强的妈妈，为了让孩子赢在起跑线上，便不管不顾孩子的实际情况，也不去问孩子能否接受，便一味地把大量知识倾倒给孩子。

相反，如果怀着神童之梦的妈妈都能像毕加索那样以洒脱从容的心态对待自己的孩子，从而使孩子也能以洒脱的心情投入到学习之中，那么，家里也一定会充满孩子童真的欢笑，充满属于父母和孩子的快乐和幸福，孩子也一定会更加健康而快乐地成长。

只有真正快乐的妈妈，才能把真正的快乐带给孩子；只有心态真正洒脱的妈妈，才能让自己的孩子以洒脱的心态投入到学习之中。

好妈妈教子锦囊

1.认识到孩子的思维方式和处事能力

孩子长大点之后，他会拥有独立意识，并且已经具备了一定的思维方式和处事能力。所以,妈妈们教育孩子的时候,一定要注意方法。因为孩子都是"好奇宝宝",他们无法接受原本不感兴趣的东西,所以要选择孩子最喜欢的方式进行引导,否则无法得到良好效果。

2.激发孩子树立起为实现自我而奋斗的理想

苏联伟大的作家和教育家高尔基曾说:"一个人追求的目标越高,他的能力发展就越快,对社会就越有益。"理想是孩子学习的重要动机和目的,只有树立了远大目标,有理想有抱负,他的心态才会积极,学习也会拥有动力。

因此,妈妈们可以适时适当地激发起孩子树立志向,比如将来要成为什么人,做什么工作,实现什么理想,然后将他的前途命运同自身命运乃至家庭、国家的命运相互联系,鼓励并支持他向着目标勇敢前行,他就能够在积极乐观的良好心态支配下,坚定不移地走下去,从而取得成功。

你懂得怎样衡量孩子的优秀吗

对于孩子的培养,"优秀"似乎成了一个高频词。妈妈们希望自己的孩子优秀,和其他父母们谈到孩子教育的问题时,也常常将"优秀"挂到嘴边;教育类书籍、论坛也时常把"优秀"作为主题,吸引着家长们的眼球。

那么,到底什么是优秀呢?什么样的孩子在妈妈们的观念中才算优秀呢?

对于这个问题,有关机构曾做过一项调查,结果显示,有六成以上的家长认为,优秀的孩子怎么说也应该是成绩比较优异,而其他方面,比如比较讨老师欢心、同学羡慕等,也都是建立在"学习成绩优异"的基础上的。换句话说,在大部分家长看来,优秀,首先必须是"学习好"、"有特长"。

上述观点虽然是一部分家长的认识,但从中也可以看出,用学习成绩好坏来衡量孩子是否优秀似乎成了这个社会的主流观点。

我们不妨回顾一下，在生活中，我们会经常听到一些父母夸奖别人的孩子在班里学习成绩冒尖，钢琴弹得好……说话间，羡慕之情溢于言表。于是，为了让自己的孩子也能像别的孩子那么"优秀"，妈妈们开始给孩子报各种班，学习各种才艺，培养各种兴趣。她们期待通过这种方式将孩子培养成"符合社会发展需要的综合型优秀人才"。

可结果却不容乐观。我们不妨看看，那些被妈妈引向"优秀"之路的孩子，活得很不轻松，甚至可以说苦不堪言。到头来，他们非但没有像父母希望的那样成为所谓的优秀人才，而且还出现了厌学、逃学、逃避生活等不良行为。

看到孩子这般光景，妈妈们开始失望了，甚至再也不敢对孩子抱有信心。

殊不知，由于受到"学习成绩好就是'优秀'"的观念的推动，孩子的成长似乎只围绕着学习进行就可以了，一个孩子只要学习成绩好，不管他精神世界多么苍白、创意能力如何差劲、心理空间多么狭窄，都会成为其他家长羡慕的对象。

在这样的教育下，很多"优秀"的孩子无非就是"考试机器"。如果人生全是顺途，那么这些孩子或许能安然度过，可要是遇到不顺，那么他们也只有崩溃的份儿了。

当这种情绪袭来，这些孩子可能就会做出危害自己、亲人以及社会的举动。这难道就是所谓的优秀吗？

在一份资料上，曾记录过一位年轻人的简历。我们一起来看一下：

此人浙江省宁波人，生于1984年。上海海洋大学经济贸易学院2001级国贸专业学生，品学兼优，英语尤为突出。

2002年6月、12月分别以96分、94分的优异成绩通过了大学英语四、六级考试，在口语考试中获B+。

2003年10月托福考试663分（满分677分）。

2004年6月GRE考试,数学部分满分800分,作文仅扣1分,总成绩为1370+5。

2004年6月参加全国大学生英语竞赛,力挫群雄,夺得一等奖。

此外,他每学期均获得奖学金,并曾获得2003年上海海洋大学"侯朝海"奖学金,学习之余,爱好广泛。

2008年秋季留学美国,在弗吉尼亚理工大学攻读农业和应用经济学博士学位。

2009年1月因求爱不成,于弗吉尼亚理工大学一咖啡厅残忍杀害一同胞女留学生,震惊世界,引起社会关注与讨论。

看完这个事例,妈妈们会作何感想呢?如果单纯以学习成绩来衡量一个孩子是否"优秀"的话,那么这个年轻人无疑是符合此列的。可是,我们也已经看到,这个年轻人因为曾经的"优秀"而湮没了才智,以至于迷失了自己。

这样的代价不可谓不惨痛!这样的"优秀"恐怕也不是妈妈们所期待的吧!

事实上,孩子真正的"优秀",并不在于他考了多么好的成绩,他会多少才艺,而根本的方面则是孩子是否具有良好的人格和健康的身心。相对于知识大于一切、成绩才是"硬道理"来说,后者当然更为重要。

由此说来,妈妈们应该从多个角度来看待"优秀"这个问题。因为"优秀"从来不拘泥于哪一种方式,更没有一个固定的模型。这就好比每一棵大树都有它们各自的姿态,每一座高山都有自己不同的形状,如果我们非要说哪一种才是最美的,那显然不合时宜。

因此,假如你的孩子没有太好的学习成绩,也不具备多项"才艺技能",作为妈妈,也千万不要因此就否定了孩子潜在的"优秀"。正确的做法是,多了解、多观察你的孩子,看看他在哪一方面有突出的"潜能",然后想办法帮孩子挖掘出来。如果这时候,孩子既让潜能得到了充分的发挥,又具备健康的身心的话,那妈妈们就没必要为难他们了。因为这样的孩子长大后,定会在适合自己的岗位上发挥自己的热量，取得令人满意的成就。这样的孩子难道不是"优秀"的吗？

在一部描写普通百姓生活的电视剧里，一个高中都没读完的男孩由于讨厌学习而选择了辍学回家，到父亲所在的机械厂当了一名车床工。

家里出了这么个不成器的儿子，父亲感到没脸见人，出门就怕和别人谈论起自己的孩子。

但是，时隔半年，事情却有了巨大的转机。

原来，这个大男孩在工厂车间里很快就找到了自己的位置，很快就脱颖而出，不到一年就当上了车间主任。

做了几年工人后，赶上下海浪潮袭来，他毅然辞掉工作，建立了自己的工厂。随后的几年，他在事业上取得了成功，成为当地一名颇有成就的企业家。

这个时候，当初因为有这样一个儿子而没脸见人的父母才认识到，儿子虽然学习不怎么样，但他同样是优秀的。从那之后，只要有人跟他们谈论起他们的儿子，老两口就会说："以前我们总把学习放到第一位，以为学习好就是好孩子，现在我们才明白，凡是能把自己最擅长的事情做好的人，就是优秀的！"

这个故事所告诉我们的道理显而易见，事实上，每个孩子都可以是"优秀"的。作为妈妈，我们在培养孩子方面要做的工作，就是让孩子轻松愉快地学习，最大限度地发挥自己的潜在能力。这样的孩子即使在班里成绩不冒尖，将来在社会上也会找到合适的位置。

所以，我们要奉劝广大妈妈们，千万不要曲解了"优秀"的含义。如果你一味地要求孩子要考高分，那么，其结果很可能会适得其反。孩子不仅不会因为你的要求而达到你所期待的"优秀"程度，而且还可能因此带来沉重的精神负担，变得缺乏自信、忧郁等不良心理反应。最终，恐怕也只有丢掉自己潜能的份儿了。换句话说，只有妈妈对"优秀"的概念有比较明确的了解，才能正确地把握培养孩子的尺度,让孩子充分发挥自己的潜能,从平凡走向真正的优秀。

好 妈 妈 教 子 锦 囊

1.妈妈们得承认每个孩子的不同

每个孩子都是独一无二的,不仅身材、长相、声音不同,兴趣爱好和性格也不同,还有每个人的能力有差异,比如我擅长数理化,你擅长文学写作,他擅长音乐,另一个人能做一手好菜,各有所长,各有所好。作为妈妈,要看到自己孩子的与众不同之处,引导孩子将强的方面充分发挥,让弱的方面有所提升。但不要拿自己孩子弱的地方去比较别人强的地方,那样不但妈妈会失去信心,也会让孩子缺乏自信。

2.妈妈要承认每种才能都重要,没有主次、贵贱之分

俗话说"三百六十行,行行出状元",不管从事哪一行,只要做好了,做精了,都是不简单的事。如果一个人音乐才华出色,他可以成为音乐家,或当音乐老师等;如果绘画才能出众,他可以成为画家,或做工业设计等;如果一个人在烹饪上有才华,他能做一名优秀的厨师。

有一位外国医生,他的孩子成为一名清洁工,他说孩子喜欢就行。能做好清洁工作也是一种才能,不信,你可以试试,并不是每个人都能胜任。

学知识,不是为了文凭那张"纸"

虽然妈妈们都在提倡对孩子进行教育和培养,但是我们发现,仍有一些妈妈在教育孩子方面存在一定的误区。比如说,不少妈妈都以为教育就是为了让孩子多学知识，将来获得一定的学历和文凭。

可实际上并不是这样。教育的目的并不是让孩子获得多少文凭，而是让他在学习的过程中获得真知，从而有助于他的生存和更好生活。

对此，古希腊著名学者柏拉图曾说过："什么是教育？教育就是为了以后的生活所进行的训练，它可以使人变善，从而高尚的行动。"

这里说得很清楚，只要能让孩子获得将来生存的技能，并变得善良和高尚，教育的目的就达到了。所以，那些持有学习是为了拿文凭的观念的妈妈需要扭转自己的思想了。我们应该带着让孩子更好习得知识技能的目的来教育他，而并非为了虚荣的学历和文凭对孩子进行指导，只有这样，我们的孩子才能学到对他将来有益的知识。

著名教育家斯特娜夫人始终反对考试这种测试孩子学习成绩的方式，她觉得那根本就是一种折磨，因为考试并不能测试孩子究竟知道些什么，相反往往还会导致他们无尽的痛苦，因为总会有些孩子由于担心成绩不理想，落在别人后面，或害怕父母和老师批评，导致精神错乱甚至自杀。为此，斯特娜夫人在她教育学生的时候，采取的就是自然教育的思想。

我们来看看相关的故事：

在斯特娜夫人创办的学校里，每天早上孩子来到学校，总要问一些他们想知道的问题。她一直鼓励孩子们将自己的问题大声说出来，让所有的孩子和老师一起寻找答案，假如没有人能够答出来，就会一起去《儿童百科全书》中寻找。

对于那些已经会写字的孩子，斯特娜夫人要求他们做成常用知识记录本，在里面记录每天所获得和掌握的知识，并标注上日期和题目。斯特纳夫人认为，这样每次孩子们翻开本子，他们就能够看到自己不断增加的知识量，并为此感到自豪，觉得很有成就。

通常情况下，这些孩子都会努力让小本子保持整洁和干净，而且即使写作的时候也不觉得缺乏目的，因为他们了解了记录的目的。每个月底，斯特娜夫人会来检查这些本子,并根据记录的准确性、完整性、洁净度等,给予他们金星作为奖励。因为斯特娜夫人知道,当这些孩子长大后,他们一定会从这些保留着的小本子中获得收益,而这些远远要比他们为了考试而学习的知识记得更加牢固。

通过斯特娜夫人的不断努力,在她的自然教育学校中,孩子们快乐健康地成长着,并在不知不觉中掌握了大量具有实际意义的知识和有用的技能,并获得了无限的乐趣。

或许在很长的一段时间内,人们对于文凭和实际水平的争论一直继续。但是事实上,学历和水平并不能画上等号,而毕业文凭也不能作为教育程度的证明;让孩子掌握更多具有实际意义的知识和技能,要比获得再多的文凭和学历都更有用。

然而,很多从事教育的人及一些妈妈却不这样想,他们将学科知识作为一堆现成的成果教给孩子,对孩子的要求局限在接受、记忆、再现这些现成的知识理论,是教育的目的所在。可是这样做的结果怎么样呢?实践证明,这样只能将孩子变成接受知识的容器,而对于实践没有任何意义。

有这样的一个实例:一位掌握着好几国语言,并受过高等教育的高材生,在波士顿被当做流浪汉逮捕。当警察问及他流浪的原因时,他对自己的母校抱怨不已,因为学校对他的实际就业没有做好准备工作。他说:"自从我接受了学校的全面教育后,我的日子还不如一个没有受过教育的修鞋匠。"

实践证明,假如我们的孩子学到的只有机械的理论知识,却无法付诸实践,那么这些知识只是别人的,而孩子将来甚至连生存都会成为问题。

因此,妈妈们要清楚的是,获得文凭,并不说明教育就结束了,而只能说明我们的孩子已经找到了通往知识世界的正确道路,让他们可以自己去探索。

总之,明智的妈妈不会将孩子取得了多少证书、拿到了多高的文凭为荣,而应将他真正掌握了多少知识作为最终目的。只有这样,孩子在将来的成长和发展中,才能更好地发挥和运用这些知识。

好妈妈教子锦囊

1.对孩子的期待要合理

妈妈希望自己的孩子高人一等，独领风骚，所以很容易对孩子产生过高的期望。当孩子如何努力也达不到妈妈的期望值时，敏感的孩子会觉得自己没用，从而丧失了继续努力的信心。

所以，我们要提醒妈妈们，你固然可以对孩子存有期待，但这必须是他实力可能达到的范围，等孩子达到第一个目标后再慢慢向上提升，才能让孩子有信心和动力，一直努力下去。

2.不要强迫孩子学习

如今，不少妈妈由于虚荣心作怪或过于好强，总希望自己的孩子比别人家的好，于是每天帮孩子排满了各式各样的特长和才艺班，却从不过问孩子是否乐意。

实际上，假如孩子并非出于主动，这些被威胁和强迫去学的内容不仅对孩子没有任何帮助，还可能造成他不愉快的学习记忆，进而影响到日后的学习。因此说来，激发孩子的学习兴趣，远比强制性的让他学习重要得多。

3.和孩子分享你的工作

如今国外的很多城市都设有"爸爸日"或"妈妈日"，这一天员工可以带着孩子一起上班，让孩子有机会体验和了解父母工作的辛苦和内容。这样的活动对于亲子关系有很大帮助，同时父母的认真态度也会成为孩子今后努力的榜样。因此妈妈们应该有意识地让孩子了解自己的艰辛和工作内容，这样更有助于孩子对知识和技能的掌握。

4.保持自己的学习热忱

不少妈妈在教育孩子认真学习的时候，自己却连书都不看，这种只"言传"不"身教"的做法很难让孩子信服。假如平时妈妈自己也能常常保持对学习的热情和新知探索的欲望,那么孩子在潜移默化中也会对学习和掌握知识更加积极和主动。

5.为小一些的孩子提供感官丰富的环境

孩子在 0~4 岁的幼年时期,感官的发展最为敏锐,此时他需要各种的感官刺激帮助其概念的发展,因此妈妈们有必要在家中为孩子提供各种运用感官探索环境的机会,这包括:听觉、视觉、味觉和嗅觉。因为丰富的感官刺激体验是孩子在未来发展抽象化概念时不可或缺的依据,这也会让孩子在将来的学习中变得更加容易。

第三章

妈妈积极乐观不苛刻，
孩子信心十足不任性

孩子就是妈妈的一面镜子，妈妈们可以从孩子身上看到自己的影子。孩子的生活习惯、个性特质、说话的表情和动作，甚至吃东西的口味，都会和妈妈有着一定的相似之处。这其中不排除遗传的因素，但更重要的还是后天的耳濡目染。

正是因此，如果妈妈们希望孩子是个信心十足、不任性的好孩子，那么妈妈自己就要成为一个积极乐观，不随意苛责孩子的家长。应该说，在针对孩子的学习和生活等问题上，妈妈是选择严厉地管教、愤怒地发火、抱怨和惩罚孩子，还是选择冷静地、温和地解决问题，帮助孩子改正错误，将会直接影响孩子今后的生活和学习的态度。

从心底赏识孩子,让孩子健康成长

心理学家威廉·詹姆斯曾说:"人性中最深切的心理动机,就是被赏识的渴望。"在教育孩子的过程中,赏识同样是一个重要的组成部分,也是父母教育培养孩子的一个重要手段。

为什么赏识有如此之大的必要呢?

这是因为,赏识能够培养孩子自我认知、道德规范和良好的行为,并促进孩子良好行为的持续发展。

可是,在我们的日常生活中,有不少妈妈在教育自己的孩子时,往往把握不住分寸,不是过多就是过少。无论哪一种做法,对孩子的成长都是不利的。

所以,这就要求妈妈们对孩子的举动留心观察,设身处地地考虑孩子的感情需要,学会从心底赏识孩子。

"妈妈,妈妈,看看我的试卷,我这次可是我们全班第一名呢!"齐齐兴冲冲地一边往家跑一边喊道。可是出乎齐齐预料的是,妈妈不但没有像他期待的那么兴奋,而且还冷冰冰地说:"有什么好得意的,你想没想过,你们班第一,那你在全校排第几。再说了,这次第一,下次呢,下下次呢?不要一次考个第一名就骄傲得不行,要永远考第一才行的。"

听了妈妈的话,齐齐别提有多伤心了,他觉得妈妈简直是不近人情。

不能不说,齐齐遇到这样一个妈妈,实在是有点可怜。自己考了好成绩,本来高高兴兴地告诉妈妈,却得到妈妈一通指责。这怎么能不让齐齐伤心呢?

可能生活中有一些妈妈,也和齐齐妈妈有类似的做法。在这些妈妈看来,总是给孩子表扬会产生副作用,滋生孩子的骄傲心理,所以她们从来不愿意当着孩子的面赞美和夸奖孩子。于是，为了让孩子具有谦虚谨慎的态度，这些妈妈便经常不断地在孩子身上挑缺点、找毛病。

岂不知，在孩子的生活中，如果只有批评，缺少表扬，那么势必会使孩子变得自卑，缺乏自信心，有时甚至会自暴自弃，任何意见也听不进去。所以，妈妈们要学会用欣赏的眼光看待自己的孩子，这是送给孩子最好的礼物。

只是，凡事都要有个度。如果认识到赏识孩子的重要性，而总是把表扬挂在嘴边，但不是从心底赏识孩子的话，那么就等于走向了另一个极端，同样不可取。

因为孩子一旦养成了只喜欢听表扬、不能接受批评的坏习惯，那么他同样会出现不健康的心理和行为。下面事例中的姣姣就是一个典型。

姣姣现在上小学三年级。为了女儿在各方面都有良好的表现，姣姣的妈妈陈丽总是不断地夸奖女儿，而从来不去指出孩子的不足，更不会去批评孩子。

在家里，不管姣姣做了什么事情，哪怕她只做了一些微不足道的小事，或者是取得了芝麻大点的成绩，陈丽也要及时地对女儿大加表扬一番。每次和姣姣打球、下棋或者玩其他游戏的时候，她也会故意输给女儿，并且还不停地给予热情的表扬："你真棒"、"你真是个聪明的孩子"，等等，反正什么最好听，什么最让女儿高兴就说什么。

当然，在陈丽的不断表扬下，姣姣的表现也着实进步了不少。只是时间一长，陈丽发现，姣姣一旦得不到及时的表扬，或者说表扬让她不满意，她就会嘟嘟着嘴，很不高兴，还大发脾气。令她担忧的是，由于姣姣习惯性接受表扬，致使她无法接受一点点善意的批评。

按说，陈丽是汲取了赏识教育的重要性，并加以运用。只是凡事都要有个度，俗话说过犹不及正是这个道理。陈丽过于盲目地赏识孩子，却不知道，只有从心底发出的赏识才是最有效的。她的赏识更多的是浮于表面，纯粹是为了赏识而赏识。这样的赏识，会让孩子无法正确地认识自己，遇到问题或者犯了错误时自然接受不了别人的意见和批评。

俗话说，"人无完人"、"良药苦口利于病，忠言逆耳利于行"。事实上，我们对孩子赏识的目的在于激励孩子向更好的方向发展。适当的表扬有利于孩子树立自信心，但过分表扬就使孩子形成了过分地依赖，而对批评，哪怕是善意的批评也会使其产生无原则的抵触心理。这样的孩子往往缺少自我意识，他们做一点小事都希望得到表扬，否则就不做。

由此可见，妈妈们在表扬孩子的时候应该讲求一些方法，从心底赏识孩子，让孩子健康地成长。

好 妈 妈 教 子 锦 囊

1.赏识要具体，不要盲目夸大

如果你的孩子勇敢地做了某件事情，比如他以前很害怕黑，但这次他独自一人走到没开灯的房间拿了点东西，这时你可以说："宝宝，你好勇敢，今天你已经不怕黑了。"

听妈妈这样说，孩子定会感到非常的开心，也会从心底里喜欢你这个妈妈。但如果这时候你说："孩子，你真了不起，你真是妈妈的好孩子。"那么，就会给孩子一种陌生的感觉，会让他无所适从。所以赏识孩子的时候要适度，更要具体，不能夸大。

2.好妈妈要了解孩子、尊重孩子

很多时候，孩子不听妈妈的话，不接受妈妈的意见，应该是有其自身的原因的。这时候需要妈妈站在孩子的角度去考虑一下，而不要总以自己的想法为标准来要求孩子做这做那。比如，有一位年轻的妈妈带着4岁半的女儿逛商场，妈妈兴致很高，可孩子却嚷着要回家。妈妈无奈蹲下来安慰女儿，这下她才恍然大悟：原来孩子看到的不是琳琅满目的商品，而是晃来晃去大人的腿。

鼓励胜于苛责，好妈妈要给孩子自信心

很多妈妈依然奉行着老祖宗传下来的古训：严管出孝子。认为只有对孩子严苛，才是最好的教育方式，才能让孩子出人头地。

可是，妈妈们可否清楚，孩子毕竟是孩子，他们的认知能力是有限的。如果我们要求他们事事都不出差错和漏洞，那样是不是太苛刻了呢？再者说，即使成人不也经常说错话、做错事吗？

因此，妈妈们要正确面对和认识孩子的失败和错误，多给孩子支持和帮助。要知道，一味地苛责和批评只会让孩子感到无助、挫败甚至绝望。相反，若是妈妈能换一种心态和方法来鼓励孩子，比如说"妈妈相信你能行"、"你做得很好"，那么每一次失败和犯错或许都能成为孩子进步的阶梯呢！

事实上，孩子的可塑性都是很强的，特别是来自妈妈的评价和态度更是能够决定孩子的心态。你给他一片阳光，那么他的天空中就充满阳光；你给他一片乌云，那么他就会生活在黑暗之中。可以说，生活中的点点滴滴都是对孩子的教育，当然也都是对妈妈们的"考验"。

策策是个非常调皮的小男孩，虽然已经是小学 4 年级的大孩子了，可还总是淘气，常把浑身上下弄得脏兮兮的。他自己单独一个房间，可每次都是爱整洁干净的妈妈来打扫。虽然妈妈也说过策策多次，让他注意卫生，让他自己打扫卫生，可策策总是把妈妈的话从一只耳朵进，从一只耳朵出，从来不见改观。

前些日子的一个周末，策策妈妈的大学同学董倩阿姨来做客。待妈妈把阿姨接到家后，看到儿子策策已经把刚才还干净整洁的房间弄得乱糟糟的一片。客厅里已经乱得不成样子：满地都是策策的玩具，沙发垫都掉在了地上,吃完的果皮乱七八糟地摆在茶几上,电视遥控器被拆得七零八碎。

这时候策策趴在地上玩玩具。董倩阿姨看见策策妈妈的脸都红了,便解围说:"小男孩都是淘气的,但是这样的孩子反而更聪明呢!我看策策就不一般,你瞧瞧他都能玩出新花样呢!"

看在董倩阿姨解围的份儿上,策策妈妈强忍着火气没有发出来,她让策策到自己的小房间去玩。

中午要吃饭的时候,董倩阿姨让自己的女儿毛毛去策策房间喊他吃饭。毛毛一进门,就喊了一句:"策策哥哥,你的房间怎么像猪窝呀!真脏真乱!"

这时候,策策的妈妈也过来了,她走过去一看,早上她刚收拾好的房间又变得脏而乱,于是忍不住拽过策策打了他一巴掌,说:"你看看你,脏得像猪一样。都这么大了也不知道羞,我都批评过你多少次了!真是烂泥扶不上墙,看见你这样我就生气!"策策抹着眼泪没有出声。

等妈妈平静一些后,董倩阿姨对她说:"孩子淘气是难免的,你不能总是这样教育他。时间久了孩子不但不听话,还会有逆反心理。"

策策妈妈说:"是啊,我每天都不止一遍地批评他,给他讲道理,可他就是不知道改正,你看看这孩子都成什么样子了,哎!"

董倩阿姨笑着说:"别太在意,小孩子都这样。你可以换个角度教育孩子,比如表扬他、鼓励他,调皮的孩子都是'吃软不吃硬'。"策策妈妈想了想,点了点头。

第二天早上,妈妈做好早饭后去叫策策吃饭,笑着对他说:"呀!我儿子今天有进步呀!你看今天被子叠得这么整齐,房间也比平时干净了,真不错,再接再厉哦!"策策不好意思地摸着脑袋,看着妈妈笑了。

从那以后,策策妈妈只要看到孩子有了进步就表扬他、鼓励他。这个办法还真有效,策策现在每天都很整洁,和以前简直判若两人。

如果不是董倩阿姨的提醒,策策妈妈或许还会像以前那样苛责自己的孩子,而她的儿子策策呢,也很可能会一直保持这种邋里邋遢的形象。幸好董倩阿姨来得及时，帮策策妈妈找到了应对孩子不良行为的方法，那就是——鼓励胜于苛责。

有一位教育心理学家曾这样说过："一个在妈妈的苛责中成长的孩子，会潜意识地认为无论做什么都得不到妈妈的认可，长此下去，孩子就会失去进步的愿望，变得消极而怪僻。因此，妈妈们要经常给予孩子鼓励和肯定，有进步就赞赏，遇挫折则引导，培养他的自尊心和自信心，造就其良好的学习和生活习惯。要知道，这些都将是跟随孩子一生的，要比获得好的学习成绩重要得多。如果父母鼓励孩子始终以积极的心态去面对学习和生活，那么孩子所取得的成绩将会是不可估量的。可想而知，习惯性地苛责孩子肯定达不到这样的成效。"

一个合格的好妈妈要做到经常地提醒自己："今天我表扬我的孩子了吗？今天我鼓励我的孩子争取进步了吗？"这不仅是一种教子方式，更是家长对孩子寄予美好期望的一种积极心态。所以说，没有不称职的孩子，只有不称职的妈妈。

好 妈 妈 教 子 锦 囊

1.当孩子有勇敢表现的时候，妈妈要及时进行表扬

通过这种方式，可以让孩子意识到勇敢是一件有魅力的事。

因此，妈妈们不要无视孩子在生活中的勇敢表现，认为这是理所当然的事情，要知道勇敢不是天生的，是在成长过程中慢慢培养出来的。因此，一旦孩子在生活中有勇敢的表现，妈妈们就要抓住时机地对他进行表扬和鼓励。

2.妈妈要理解孩子的心理，不要勉强孩子做不想做的事情

平时，妈妈对于孩子的要求不要太过苛求。正确的做法是，不威胁恐吓孩子以求得孩子一时的乖巧听话；不强迫孩子做力所不能及的事情。

3.妈妈要提供孩子锻炼勇气的机会

平时节假日或者周末，妈妈可以带着孩子一起玩有挑战性的活动，比如登山、游泳、划船、过独木桥等，锻炼孩子克服困难的勇气。同时，妈妈们还可鼓励孩子经常参加体育运动，比如跳绳、打乒乓球、篮球等竞争性强的体育活动。这有利于培养孩子的勇敢精神。另外，在保证安全的前提下，妈妈们还可以带着孩子进行一些带有小小冒险成分的游戏，在游戏过程中鼓励孩子积极解决遇到的问题，孩子在成功的喜悦中会增强自信。

4.妈妈要调整好自己的心态，少一些对孩子无谓的关心

现在的孩子都是妈妈手心里的宝，嘴里含着怕化了，手里捧着怕摔了，而妈妈对孩子这种过分保护的心理却恰恰是培养孩子勇敢精神的最大障碍。因此，妈妈们要懂得自我调节，放松紧绷的弦，不要一丁点小事发生在孩子身上就跟天要塌下来似的。如果妈妈在孩子面前表现得战战兢兢，怕这怕那，估计本来勇敢的孩子也会开始变得软弱起来。所以，只有妈妈勇敢了，孩子才能受到感染和鼓励，渐渐变得勇敢起来。

夸奖是"定心丸"，让孩子相信自己有出息

留意一下，我们会发现，有的孩子在某些时候表现得很自信，而有的孩子则表现得害羞腼腆。我们可能会想，那些自信的孩子是天生如此吗？不自信的孩子也是从小就这样吗？

事实上，孩子的自信多是在父母的不断鼓励下慢慢培养起来的。这也正是我们提倡赏识教育的重要性。父母的支持与赏识就像是孩子的"定心丸"，是增强孩子上进心的内在动力，也是充分挖掘孩子潜能的一种无形的力量。

　　妈妈们要知道,你的一句鼓励的暗示,可以为孩子塑造一个成功的人生;相反,你的一句贬责的暗示,则可能毁掉一个天才。所以,妈妈们应尽量多说一些鼓励的话,你的夸奖和信任会让孩子燃起希望之火,他会因此认为自己会有出息。

　　汤姆一直成绩很差,每次都排倒数第几名。老师都觉得他简直没什么希望了,他自己更是心情沮丧,毫无信心。

　　有一天,班主任兴奋地宣布,一位名叫罗思帕的著名学者要来班上做实验。

　　原来,罗思帕是一位研究人才学的专家,据说他有一种非常神奇的仪器,可以测出谁将来能够获得成功。

　　在孩子们的万分期待下,罗思帕终于来了,他还带了几名助手。可是,让大家没想到的是,罗思帕只是到班上转了几圈便没了踪影,他的几位助手为学生们做了一次例行体检,除了体重计、血压计、听诊器之类也没有什么神秘的东西。体检和学校平日组织的没有任何两样,只是助手多和孩子们拉了几句家常,问了些诸如"住哪儿,父母是干什么的,希望将来干什么"之类的话。

　　大家带着疑惑送走了罗思帕和他的助手们。

　　之后的一天,班主任神秘地叫了5个孩子的名字,让他们到办公室来一下。这里面就有汤姆。汤姆很是紧张,以为自己又没考好,可能又要挨训。其他4个孩子也莫名其妙,因为他们平时成绩一般。

　　几个孩子到办公室后,发现里面坐满了老师,还有久违了的罗思帕以及他的助手。"孩子们,"罗思帕和蔼可亲地说,"我仔细地研究了你们的档案和家庭以及现在的学习情况,我认为你们5个人将来会成大器的,好好努力吧。"

　　汤姆听了罗思帕的话,有点不敢相信自己的耳朵。可是看看在场别人的表情,他知道这是真的。

从办公室出来,汤姆觉得自己脚步轻松了许多,他想:"原来我还有希望,罗思帕是这么说的,他的预测一向是准确的,我要努力!"再看看其余4个人,汤姆觉得他们也全部面露喜色。

"罗思帕说我会成大器的。"汤姆一直这么激励自己,很快,他的成绩从以前的倒数第几跃居中游。又过了半年多,他居然名列前茅了。而那几个和他一起被点名的同学也成绩优异。

时光荏苒,转眼十几年过去了。此时,汤姆顺利地从一所一流大学的数学系毕业,学位是博士。在毕业典礼上,他看到了久违的罗思帕教授。这时候的罗思帕已经两鬓斑白,但汤姆还是一眼认出了他。在汤姆心中,罗思帕是他生命中的重要人物。罗思帕也依然记得汤姆,他还热烈地向汤姆表示祝贺呢!

不过,汤姆还是忍不住问了罗思帕:"您是凭着哪一点确信我一定会成功的?当时连我自己都绝望了。"

罗思帕微微一笑,说道:"孩子,我给你看一样东西。"他请汤姆到自己的电脑室去。在那里,罗思帕调出了汤姆的全部资料,其中包括10多年前的那次实验情况以及实验之后的每一次考试成绩记录。不只是有汤姆的,还有其他4个人的。汤姆困惑起来,不知道到底是怎么回事。

只听罗思帕说道:"那次实验到现在才结束,实验的题目是'语言的激励作用对人的影响',我们一直对你们5人进行跟踪调查,实验大获成功。实际上,我并不知道你们都会成功,但除了因车祸而亡的丽达,你们都成功了。我只是从花名册上随便勾出5个人名,在此之前我对你一点也不了解。实验表明,帮助孩子培养对自己能力的信心,更能发挥孩子的潜力,因为人类会经常被自己心中的信心所引导,小孩也不例外。"

看完这个故事,也许你会感到惊讶:语言的激励作用真的有如此之大!没错,特别是对小孩子来讲,一句鼓励、一句夸赞的确能让他们发生翻天覆地的变化。

上面所说的这个实验其实是心理学上一个著名的实验,其主要目的是检验暗示对于孩子的作用。实验表明，语言的暗示对于人的自信心的培养功效是十分显著的。汤姆正是在鼓励之中唤起信心而获得成功的。

可是看看我们周围的人们，很多妈妈一直秉持着"严管出虎子"的态度，对孩子的错误和缺点从不放过，一经发现了就严厉批评教育。从理论上讲，这种不姑息、不袒护、不放任的态度没有错，也体现了对孩子殷切的爱，但教育效果却不是很理想。其原因就在于只是一味地批评，不符合孩子的心理特点。

可喜的是，随着新的教育观念的不断深入人心，很多妈妈开始崇尚"好孩子是夸出来"的观点。实际上，妈妈的夸奖是孩子信心的来源和保障。"夸"不仅仅表明了妈妈对孩子的信心，同时也坚定了孩子自身的信心。一个充满了自信的孩子，还有什么事做不成呢？

所以说，妈妈们在注意到孩子的闪光点后，要及时地给予鼓励和赞赏。这可是增强孩子自信，促进孩子成长和进步的"密钥"哦！

好妈妈教子锦囊

1.不要让你的"金口玉言"成为孩子的伤痛

孩子都希望得到妈妈的鼓励，他们也许不会将这种期盼表露出来，但是却会在意你对他是否足够关注，有时候就算是一个肯定的眼神，也会给他们无比巨大的力量。所以跟你的孩子说这样的话吧："我知道你一定会很有出息，因为你一直都在进步"，"每次看到你的进步，妈妈都非常的欣慰呢"。相信你的孩子听到这样的话，一定会更加的努力。

2.放开手，让孩子自己走

当你的孩子已经学着不用你的督促都能自觉掌握好自己前进方向的时候，就放手吧。让他自己去闯，去奋斗。否则，万一哪一天，失了你的帮助，他又该何去何从呢？

3.不要总是让孩子行走在其他孩子的影子里

你的孩子其实并没有比任何人差,总是拿别的孩子来刺激他,他会产生对自己的怀疑,"我真的不如别人吗?妈妈总是这么说"。久而久之,这种暗示就会像慢性毒药渐渐腐蚀孩子原本的自信,最后甚至连他自己引以为豪的优势都会忍不住置疑,这种"串联式"的影响对孩子来说无异于双重否定。

怕停不怕慢,慢养才能育"大器"

俗话说:"欲速则不达。"在教育孩子方面也不例外。如果妈妈们急于取得教育成果,那么最终结果很可能和初衷相悖,致使孩子心灵受到伤害,难以健康发展。

近些年来,家庭教育界有人提出来"慢养"的概念。也就是说,希望孩子成才、成功的父母需要具备这样一种心态:凡事不能操之过急,要懂得等待。

或许很多妈妈听了这样的观点,会立即反驳:时间就是效率,时间就是孩子的未来呀!怎么能等待呢?

妈妈们不要误会,我们所说的等待并不是让孩子坐等天上掉馅饼,而是希望妈妈们能从自身做起,不要太过着急。因为当今社会,已经有很多孩子为"尽快"成长而付出了惨重的代价。我们来看一个案例:

有两个居士,一次居士甲要出远门,就把他在山中的庭院交给居士乙看管。居士甲是个勤快人,他把院子里的杂草除得一棵不剩,干干净净。而居士乙却是个有点懒散的人,他除了偶尔清扫一下院子里的落叶,从不拔除杂草。

第二年初春时节,居士甲外出归来。他看到院子里长了几簇嫩草,便伸手去拔。居士乙看到后制止了他的行为。居士乙问居士甲:"你知道这是什么植物吗?"居士甲摇头。居士乙对他说:"这可是腊兰,一种很名贵的花,一棵就值上万元呢!"

居士甲听了深表错愕,他说:"这几年我的院子里一直都长这种植物的,只是我都把它们给拔掉了。"居士乙听了,不无遗憾地摇摇头。居士甲也叹了口气,说:"我几乎毁掉了这些宝贵的植物呀,如果我能耐心一些,等待那些嫩草长大,几年前我就可以发现腊兰了。"

这个故事中的居士甲因为追求完美,要求苛刻,而在无意中把名贵的花草给拔掉了,实在是巨大的遗憾。

其实,教育孩子同样需要等待"花期"。教育的过程实质上就是寻找最恰当的教育方法和最恰当的教育时机的过程。孩子就好比是那些"破土而出的草芽",他们在心理、生理上都是稚嫩的、富于变化的,也是很不稳定的。因此,这就需要妈妈耐心地保护和尊重孩子的人格和自尊,静静地看他们证明自我、展示自我,这样才可以帮助孩子更好地挖掘自身的价值。

我们都熟悉的著名作家冰心在小时候所接受的教育就是一种"慢教育"。他的父亲谢葆璋非常爱女儿,但从来不去强迫她学某种东西,也没有刻意去教她要成为什么样的人。他只是通过日常生活中的点滴渗透,采取自然的教育方式,比如,他经常带着女儿在建造在半山腰上的屋子的走廊上眺望大海。面对辽阔而深邃的大海,小冰心总是心潮澎湃,感动不已。

在后来冰心回忆时说:"我和父亲一起看大海,我看父亲,也看大海,我觉得父亲的胸襟就像大海一样宽阔、坦荡,做人就应该那样。"

看得出来,通过这样毫不刻意、自自然然的教育方式,谢葆璋将宽容、坦荡的为人理念潜移默化至女儿的心灵之中。这种教养方式相对于把孩子关在房间里,给她唠叨什么是坦荡、宽容要好很多吧?

而这,正是"慢养"和"快养"的区别所在。相对于"快养","慢养"似乎显得成效不够显著,但是妈妈们不要忘了,这种教养方式并不是要求孩子学到多少东西,而是注重了对其心灵的触动和启发,是真正对孩子成长有利的正确而科学的教育。

1.妈妈耐下心来，等待孩子成长

有的妈妈迫不及待地希望孩子掌握所谓有用的一切知识；不是去教导孩子如何思考，而是希望孩子记住所有问题的现成、可靠的答案；不是让孩子去大胆尝试，感受成功和失败，而是处处提防着孩子"越界"。显然，这些做法都是和慢养相悖的。所以，妈妈们一定不要以孩子将来才能够达到的水平，来要求现在孩子实现，正确的做法是，耐下心来，等待孩子成长。

2.遵循孩子的成长规律，切勿拔苗助长

"揠苗助长"的故事妈妈们都熟知。而明明知道这样做是一种错误的方式，可还是有不少家长"知错不改"。比如，有的妈妈的选择超出了孩子在该年龄阶段所处认知阶段的范围。

实际上，这种过早开发孩子潜能的教育风气，到头来很可能是做了负功。比如，你希望孩子具有绘画才能，于是在孩子很小的时候就把他送到专业老师那里学习，结果如何呢？不用问，很可能就是孩子画什么像什么，但是同时也导致孩子丧失了想象力和创造力。

既然这样，妈妈们何不让孩子敞开心灵，自由地涂鸦，自由地想象呢？

3.为孩子创造轻松愉快的成长环境

孩子的天性实际上就是玩。通过玩，他们就能从对事物产生的感性认识中学习。因此，妈妈们对孩子的教育一定要松紧有度，不能不顾孩子身心发育的特点，过于严格地管制孩子，强行给孩子灌输知识。正确的做法是给孩子创造一个轻松愉快的氛围，这样才会更利于他们的健康成长。

4."高压"下的孩子会很累，好妈妈不应给孩子太多压力

妈妈们都知道，要想让食物快一点熟，我们可以通过加压来实现。高压锅就是采用这个原理。现在很多妈妈对孩子的教育也与此相似。我们看到，很多妈妈倾注了自己大部分精力、物力、财力在孩子身上，希望孩子快点成名成家。

可是妈妈们可否想过，正是这种高投入产生的高要求，让你少了耐心和平常心，希望自己的投入很快就立竿见影，一旦发现孩子达不到自己的要求，就会苛刻和责难。这样一来，孩子的自信心就会每况愈下，甚至破罐子破摔，再也打不起精神。

引导孩子学会接受自己的不完美

有不少妈妈，其自身性格中有着强烈的完美主义倾向，在教育孩子的时候，会不自觉地把这种倾向体现出来。在妈妈的影响下，孩子自然会将这种心理作用于自己身上。在处理问题的时候，自然而然地就要求自己做到尽善尽美，一旦某个方面没做好，就垂头丧气，自怨自艾。

岂不知，这样一来，孩子就会在这种自我苛求中产生不良心理，影响其健康地成长。

妈妈们有必要认识到，孩子的内心都是敏感而脆弱的，他们希望自己什么都好，企图让自己成为一个永远不会犯错的"神童"。可是哪有不犯错的人呢，更何况是孩子？当孩子因为犯错误而有一种挫败感的时候，妈妈千万不要指责或者对孩子的感受漠不关心，而要引导孩子正确看待挫折，这样才能帮助他们尽快走出失败的阴影，重新踏上光明的旅途。

芳芳是一名体育委员，个头高高的，身体素质又好，所以刚升入新的班级时，就被体育老师"盯上"了。就这样，芳芳成为男生"当道"的体育委员中不多见的一名女生体委。

可是女生毕竟是女生，一些重体力活还是不如男生做得好。比如，前段时间，芳芳所在的班级正在上体育课，体育老师因为有急事需要离开，就跟芳芳交代了一下，让她下课后负责把铅球、哑铃、体操垫等器材搬到老师办公室。芳芳爽快地答应了。可是当她按照老师的吩咐去搬那些体育器材的时候，却力不从心。而这时候，其他同学都已经离开操场了。

一时间，芳芳不知道如何是好。她一个人费力地搬走几样后，实在搬不动了，蹲在地上直想哭。

正在这时，体育老师从远处急匆匆走过来，看到芳芳的样子，老师就问她怎么了？为什么哭？芳芳说，老师交代的任务自己完不成了，所以感觉自己很笨，没有尽到自己的职责。

体育老师听了，哈哈笑出了声，说道："看你平时高高大大，性格也很爽朗的一个女孩子，居然因为这么点小事儿哭。你为什么不叫别的男孩一起帮你呢？我当时可没说让你一个人搬运这些东西的。好了，别哭了，老师来搬好了。"说完，体育老师动手搬了起来。

虽然体育器械最终都被安置妥当，但是芳芳心里却始终放不下，她总觉得自己的做事方法存在问题。真的像老师所说，自己为什么不提前找几个男孩子，让他们帮着搬呢？还有，自己一个女生，没有男孩子那么大的力气，还不如把体育委员的位置让给别人呢！

回到家后，妈妈发现了芳芳情绪不对，就问她为什么不开心呀？

芳芳就把搬体育器械的事情告诉了妈妈。妈妈听后不但没有指责她的粗心大意，反而安慰她道："别难受，咱们认真吸取这次的教训，下次掌握做事的技巧和方法就是了。"

"我真没用，连这么简单的事情都做不好！"芳芳非常沮丧，没了一点自信。

"傻孩子，谁都会有做事不妥的时候，妈妈也犯过这样的错误呢。"妈妈表示对女儿的理解。

"真的吗?"芳芳对妈妈的话将信将疑。

"嗯,只要你知错就改就是个好孩子!"妈妈鼓励着女儿。

听了妈妈的话,芳芳终于露出了放心的笑容:"那我以后一定注意,争取再也不犯傻了。"

幸亏妈妈的及时帮助,否则芳芳还要沉浸在对自己做事不完美的情绪中。

或许是孩子本身性格的原因,也或许是受到父母及别人影响导致,我们会发现一些孩子身上带有追求完美的成分。做一件小事,他们也要尽力做到没有什么纰漏,如果自己在某一方面考虑不周全,他们就会深深自责。

其实,这种表现固然会精益求精,但孩子的这种心理则会导致他们害怕犯错,害怕自己做不好。一旦发生了错误,他们就自怨自艾,觉得自己很不中用。这时候,来自于妈妈的引导就显得尤为重要,如若不然,长此以往,这种追求完美的心理会阻碍孩子健康地成长。

妈妈们都知道"金无足赤,人无完人"这句话,它是在告诫我们:在这个世界上,十全十美的事物是不存在的,完美的人也是没有的。一个再优秀的人也会有自身的缺点错误,也会有面对失败与挫折的时候。而对于孩子们来说,因为年纪小、阅历浅、心智尚未成熟,他们往往不能正确地看待学习和生活中的失败与挫折。

为此,作为妈妈,我们应尽力引导孩子能够正确看待生活中的挫折和失败,并适时地鼓励孩子,让孩子学会接受自己的"不完美"。

好妈妈教子锦囊

1.妈妈多加鼓励,让孩子学会自我表扬

很多孩子对于自己的认识,完全有赖于妈妈的赞许,却不知道如何认可自己。对这样的孩子,妈妈们需要及时地指出他们做得正确的事,然后提醒

他们从内心认可自己。比方说,当孩子因为做了一件错事而主动承认错误的时候,妈妈可以告诉他:"你这样做需要非常大的勇气,你应该对自己说:'我做了一件正确的事,一件了不起的事。'"

在妈妈的认可下,孩子不仅会因为自己得到表扬而释怀,更会觉得自己也可以"了不起"。

2.妈妈善用方法,防止孩子因失败而出现消极态度

孩子受惯了表扬,有时候遭受一点失败或挫折,就深感自卑、沮丧,消极态度就像龙卷风顷刻间席卷他们的内心,让他们从此一蹶不振,甚至失去生活下去的勇气和信心。

面对这种情况,妈妈千万不能责怪孩子,对他进行冷嘲热讽,而要安慰他、鼓励他、支持他。比如,孩子的考试成绩退步了,正为此感到难过,这时,妈妈可以告诉他,或许这只是偶然因素,这也只能说明前一个阶段的学习情况,虽然他暂时有点落后,但是只要他努力,下次肯定能赶超上来的;当孩子遭受小伙伴的冷落时,妈妈不要奚落孩子连个好朋友都交不到,而应该敞开怀抱告诉孩子,谁都可能失去朋友,但是只要觉得自己做得问心无愧,在往后的日子里,还会交到好朋友的。

相信孩子听了妈妈这样的话,就会将原本放在无谓的感叹上的注意力,转移到积极的方向上来,从而可以重新振奋勇气、重拾信心。

好妈妈善于从错误中发现孩子的优点

孩子由于自我认知能力有限,他们通常是在周围人的肯定或者否定的评价中认识自己,寻找方向并不断前进的。而来自于妈妈的评价则尤为重要,如果妈妈给予孩子肯定性评价,那么他就会产生愉快的心理体验;如果妈妈给予孩子的多是否定性评价，那么就会使孩子心里不愉快，并且会出现两种情况，一是孩子努力反思，想办法改正，二是减弱自信心，产生自卑感。

也许大家都看过北大第一任校长陶行知先生"四块糖教育孩子"的故事，我们一起来重温一下：

有一天，陶行知发现学生王友用泥块砸自己的同学，他当即制止了王友，并让他放学后到校长办公室。放学后，陶行知来到校长室，王友已经等在门口准备挨批了。

谁知，陶行知却立即掏出一块糖果送给他："这是奖给你的，因为你按时来到这里，我却迟到了。"

当王友惊疑地接过糖果后，陶行知又掏出一块糖果放到他手里："这也是奖给你的，因为我让你不再打人，你就立即住手了，这说明你很尊重我。"王友迷惑不解，陶行知又掏出第三块糖果，说："我调查过了，你砸他们，是因为他们欺负女同学。这说明你很正直，有跟坏人作斗争的勇气！"王友感动地哭了，他后悔地说："陶校长，你打我两下吧，我错了，我砸的不是坏人，是我的同学呀！"陶行知满意地笑了，他随即掏出第四块糖果递过去："为你正确地认识了错误，我再奖给你一块糖果……我的糖奖完了，我看我们的谈话也该结束了吧！"

面对王友的错误，陶行知既没有批评更没有打骂，而是换了一个角度，用充满赏识的心态，从错误中发现学生诚实守信、尊重师长、为人正直、敢于承认错误的优点，并及时给予赞扬。陶行知用赏识唤醒学生的良知，让学生主动承认错误、接受教育，从而在心灵深处产生改正错误、完善自己的愿望。

看完这个故事，相信妈妈们都能够得到一些有益的启示。在日常生活中，妈妈们要想发现孩子的错误并不是难事，几乎随处可见，但是能从错误中发现孩子的优点，并用赏识的态度来进行引导才是最难能可贵的。

韩冰的儿子安安是个 8 岁的小男孩，安安从小就是一个爱搞破坏的小"破坏大王"，什么东西到他的手里就没有能完好超过两天的。

面对这样一个儿子,韩冰的妻子很是"头疼"。而韩冰却很支持儿子的"破坏"行为,他乐意给儿子买很多东西,鼓励儿子拆。妻子不理解他的做法,认为这是在惯孩子,可是韩冰还是照买不误。

一开始,妻子对韩冰的做法不理解,后来,韩冰给她解释了儿子喜欢拆东西的原因。原来,小家伙在得到一个新玩具之后,总很奇怪:小车为什么能自己跑;变形金刚为什么能发出声音;甚至连钟表为什么会走都想弄明白。有一次,他居然连爸爸最喜欢的闹钟都给拆了,但是怎么也安不回去了,后来还是韩冰自己找了个修表的师傅给修上的。

虽然有个"拆弹专家"的儿子,但是韩冰却从来不生气,儿子拆完的东西,弄不明白的,他还给予指导。在他的指导下,安安变得越来越聪明了,明白了不少的机械基本原理,还说自己长大了要当一名工程师呢!

安安爸爸的这种做法有多少家长能够做得到呢?显然,他是给家长们树立了一个榜样。

其实,孩子这种喜欢探求未知事物的心理是值得保护的,不要因为一个小小的闹钟而抹杀了一个孩子的求知欲。同样的道理,孩子身上的所有优点都是需要家长来加以肯定的,作为妈妈,要善于从孩子的错误行为中找到优点。这样孩子的自信心就会大大加强。

好妈妈教子锦囊

1.妈妈有必要了解孩子犯错误的经过

妈妈们要知道不调查就没有发言权,对于孩子犯错误也是如此。妈妈们要想找出孩子在错误中存在的优点,就需要全面了解孩子犯错的经过。通过对事情全面的分析来发现孩子的优点,而不要主观主义用事,以偏概全、以点代面。

2.不要对孩子的错误行为穷追不舍

孩子犯错后，很多时候他们会自觉意识到自己的错误之处。这时候，妈妈就不要穷追不舍，过多地指责孩子。否则，在孩子下次再犯错误的时候，就不敢主动承认了，就会导致孩子形成逃避责任的缺点。正确的做法是，妈妈多鼓励和肯定孩子敢于承认错误的勇气。

3.指出孩子的错误要注意语言措辞

妈妈们遇到孩子犯错误的情况，难免会批评他，但是需要注意语言措辞，不可以用过激的语言来刺激孩子，也千万不可以使用家庭暴力打骂孩子。这样会在不知不觉中伤害孩子，会让孩子在这个家庭里产生冷漠感。而如果妈妈善于找到孩子错误中隐藏的优点，然后赏识孩子，不仅可以让孩子充分认识错误，而且还会使孩子自信起来。

合理的批评给孩子前进的动力

尽管现在人们都在提倡赏识教育，鼓励教育，但是我们也不能完全忽略了与之不同的另一种教育方式，即批评教育。前苏联的著名教育学家马卡连柯曾经指出："批评应当是教育，合理的批评制度不仅是合法的，而且也是必要的。"中国青少年研究中心的专家也说过，没有批评的教育是不完善的教育，没有批评的教育是一种虚弱的教育、脆弱的教育、不负责任的教育。

妈妈们不要误会，认为我们要大力提倡"批评教育"，其实我们所倡导的批评教育是有前提的，也就是必须是合理的适度的批评。可以说，合理的批评应该是教育孩子的辅助手段之一。因此，从妈妈们的教育方式上来说，合理的批评是正当的教育行为，这关系到孩子的自我评价、自信水平和健康成长,是家庭教育中不可替代的方法之一。

吴岩是个活泼开朗、头脑聪明的男孩,但他有一个缺点就是做事虎头蛇尾,有始无终。这让他的妈妈很是头疼。妈妈发现,儿子做事一开始都是信心十足的样子,可每当遇到点困难就打退堂鼓,所以很多时候都坚持不下来。

为了让儿子有所改观,吴岩的妈妈深切反思了自己对孩子的教育,终于找到了症结所在。原来,她一直都信奉要对孩子进行赏识教育,可结果是,儿子表面上看来是自信满满,可实际上在面对困难的时候还是只能做"表面文章",面对问题的时候,常以一副"这个问题我不行"的态度偃旗息鼓了。

意识到问题的所在,吴岩的妈妈开始找机会对儿子进行一下"批评教育"。前不久,机会就来了。这次,吴岩的英语考试成绩只有 63 分,在班里属于下游水平。回到家,吴岩把试卷拿给爸爸看。

爸爸为了让儿子保持信心,就说:"吴岩,你这次考试比以前进步很多了,以前你根本不做后面的阅读题的,这次后面的阅读题目已经能作对一道了。以后再接再厉,爸爸相信你是很棒的!"

岂不知,吴岩对于爸爸这样鼓励的话语,早就习以为常了。他垂头丧气地说:"这破英语也太难学了,我天生就不是学英语的料,哪像数学,好歹一听我都能考 90 多分。"

正在这时,吴岩的妈妈走了过来,她拿起试卷看了看,表情严肃地对儿子说:"妈妈觉得你有很多分数丢得不应该,不是你不会,而是马虎大意造成的。你看,这个单词你把两个字母写颠倒了。我看,就是你的态度不认真,太粗心大意了!"

听了妈妈的话,吴岩低下头没有出声。妈妈接着说道:"因为你的学习态度不认真,所以养成了一种消极的习惯了。"

从那之后,妈妈时常会检查一下吴岩的作业和习题,一旦发现有不满意的地方就批评他。时间一长,吴岩的英语成绩还真的提高了不少。而最重要的是,吴岩学习态度的转变,他以前遇到难题就放弃,现在遇到难题也会努力求解了。看着儿子的进步，吴岩的爸爸笑着对妻子说："你还真有办法，用批评就让儿子大变样了。看来，不能只用赏识教育呢！"

我们不否认，对孩子进行赏识教育是培养其自信心最有力的方法。但是，妈妈们还要认识到，孩子毕竟只是孩子，一味地赏识也容易令孩子的自我定位出现偏差。这样，稍遇困难挫折，孩子就会不知所措，灰心丧气。也就是说，要培养出自信的孩子，恰到好处的批评和纠正也是必不可少的教育方式。

总之，为了让孩子能对自己做出正确而客观的评价，那么批评的作用是不能忽视的。来自妈妈的恰如其分的批评，往往能让孩子更全面地认识自己，从而保持长处，弥补不足。这对于孩子建立起踏实而科学的自信无疑非常重要。所以，请妈妈们在对孩子听惯了赞誉之词的同时，偶尔给孩子"泼一下凉水"吧！

好妈妈教子锦囊

1.批评孩子要在合适的时间和场合

妈妈们应该都知道人与人之间交流，场合和时机很重要。其实，和孩子沟通也需要在合适的场合和时机下进行，尤其是批评孩子的时候。如果批评孩子不分时间和地点，那样不但不会达到批评的效果，反而可能会引起孩子心情和身体的不良反应。我们建议，对孩子进行批评尽量不要在清晨、吃饭时、睡觉前。

为什么要避免这三个时段呢？这是因为，在清晨批评孩子，很可能会把孩子本该拥有的一整天的好心情都给破坏掉；在吃饭的时候批评孩子，肯定会影响孩子的食欲，这样自然对孩子的身体健康很不利；如果在睡觉前批评孩子，那么孩子会带着被批评的懊恼情绪进入睡眠，这样对孩子的身体发育也是不利的。

妈妈们还要注意的就是批评孩子的场合。希望妈妈们不要在公共场所，当着别人的面批评孩子。要知道,孩子有着很强的自尊心,你若在公开场合批评孩子,那么会让孩子感觉很没面子,他的自信心就会受到打击。这显然不是你所期待的结果吧?

2.批评孩子之前要让自己冷静下来

几乎每个妈妈在孩子犯错,特别是犯比较大的错误时,都容易情绪激动。这时候,也就往往会说出一些"无心之言"。而正是这些本不该和孩子说的话,无形中对孩子产生了不良影响。

那么妈妈们该怎么做呢?我们建议,不管面对孩子犯下的什么错误,在批评孩子之前,妈妈自己先要强迫自己冷静下来。只有你冷静了,才能对孩子所犯错误有一个客观公正的评判,才能有利于问题的解决,从而帮助孩子找到犯错的原因和改正错误最好的方法。

3.妈妈要允许孩子做出解释

很多时候,妈妈们对孩子的批评过于武断,因为她们还没有了解全面的情况,做出的批评也就容易不符合事实。

如果你遇到这样的情况,那么请给孩子机会,让他做出解释。需要提醒的是,妈妈们千万不要强迫孩子接受自己的批评,因为那样的话孩子只能虚假地接受,而他的心里却大感委屈。

总之,当孩子犯错后,妈妈一定不要剥夺其说话的权利,而要给孩子一个申诉的机会,让他把自己想说的话和盘托出,这样你就会对他所犯的错误有一个更全面、更清楚的认识,从而对孩子的批评也更有针对性,同时也更容易让孩子心悦诚服地接受自己的批评。

无论发生什么,打骂孩子要不得

在我们传统的家庭教育当中,父母打骂孩子是天经地义的事情,在一定的历史时期里,打骂孩子是被大多数家长认可的一种教育方式。例如,"不打不成人,不打不成才"、"下雨天打孩子,闲着也是闲着"、"老子打儿子不犯法"、"棍棒底下出孝子"、"小树不修不成材,小孩不打不成器",等等,这些都体现着近似的教育模式,即"棍棒教育"。虽然现代父母打孩子的现象已远远不如以前那么频繁和严重,但气急了或者认为孩子犯错了而打孩子的现象还是有不少的。

这些父母多是采用老一辈父母的观点,他们没能认识到对孩子的教育还有这么多的技巧和方法,只是错误地认为孩子犯错时,就用棍棒教训,让他受疼,那么他就会记住皮肉之苦,以后就不犯同样错误了。

然而事实真的是这样的吗?一味推崇"棍棒教育"的父母们真的取得了预期的教育效果了吗?事实上,却并非如此。

我们来看一个现实中的案例:

曾有媒体报道:"2004 年 11 月 18 日,8 名四川南部某县初一女生因不满父母的'棍棒'教育集体离家出走。据这些女孩反映,平日在家都有被父母动辄打骂的经历。玲玲和小雨的母亲最爱打孩子的头部和脸部。她们不愿也不敢与父母沟通。有什么心里话,也只是和几个要好的同学讲。因而,这次(下半学期)考试后,当有人提出考得不好回家要挨打后,8 个孩子不约而同地选择了离家出走。"

看完这样的事例,是不是对崇尚棍棒教育的妈妈有所警示呢?事实上,通过打骂孩子来进行教育，这只不过是家长的一厢情愿罢了。对孩子来说，他们表面上可能会变得乖巧，但内心里却因为遭受这样的对待而愤愤不平，也或者丧失自信心，以至于破罐子破摔，等等。

有句话是这样说的："孩子犯错误，上帝都原谅。"那么我们做妈妈的，怎么就不能原谅孩子的过错呢？

天下没有哪一个妈妈不盼望自己的孩子能成龙成凤的，但无数事例证明，没有哪一个孩子是在家长的打骂中成才的。

妈妈们应该牢记的教子原则是：把孩子当朋友，让他和自己在平等的地位上。所以，为了使孩子能够健康地成才，妈妈们必须拒绝打骂孩子。否则，可能因为你的家庭暴力带来无穷的后患哦！

一位名叫丹丹的 8 岁女孩，由于被父母打骂经医院抢救无效而死亡。

随后，其父母被警方控制。据知情街坊称，丹丹生前曾遭母亲用擀面杖责打。知情的街坊们称，事情的经过是这样的：丹丹母亲发现卖千层饼的钱少了 3 元，认为是女儿偷偷拿去买了吃的，但女儿不认错。丹丹母亲一气之下竟拿起家中的擀面杖责打丹丹，可能是失手击中要害部位。其后，奄奄一息的丹丹被其父拦的士送往医院，但已无力回天。

看完这个案例，想必妈妈们都会对丹丹的父母予以谴责。作为父母，居然对孩子这样大打出手，实在不是合格的父母。

这不能不说是棍棒教育的悲哀，让这样的一个稚嫩的生命就这样消殒了。

妈妈们一定要认识到，打骂并不能从根本上改变孩子的行为方式。即便有效也是暂时的，只能使孩子一时表面服从，等到棍棒的威胁一解除，原来的"坏行为"很快就会复发。

因此，作为妈妈，我们一定要坚决摒弃棍棒教育的模式。

好妈妈教子锦囊

1.妈妈要多多了解孩子

很多妈妈由于忙于工作,在对孩子的了解上做得不够。在此,我们想提醒这些妈妈,一定要抽出时间来多了解孩子,我们可以与孩子、孩子的老师多多沟通,尽量对孩子在学校和家庭中的表现有一个全面把握。因为多一分了解,就会少一分误解。当孩子不听话的时候,妈妈也能比较清楚该怎样去引导他。

2.妈妈要耐心倾听孩子

如果妈妈情绪不好,那么当遇到孩子不听管教的时候,就会对孩子破口大骂,甚至拳脚相加。这样做显然是不妥当的。我们希望这样的妈妈,能够先冷静下来,尝试着多一分耐心,问问孩子这么做的原因是什么。当你用心思去了解孩子的想法,并想办法帮他解决问题的时候,或许就会发现孩子的行为其实是可以原谅的,这时候的你也已经释放掉了很多负面情绪。

3.妈妈不要摆架子,而要放下身段

不少妈妈总是摆出一副家长的威严来对待孩子。这样对于孩子,其实是内心不尊重他的一种表现。所以,我们希望妈妈们不要用命令的口气和孩子说话,而应将孩子当做成人一样给予尊重。

4.妈妈在盛怒时不管教孩子

有时候,妈妈们在情绪极其不好的时候,恰巧又遇到孩子不听话,那么这时候可能会免不了一场"大战"。妈妈们要知道,在你极度愤怒的状况下,肯定无法以理性的方式来管教孩子的。所以,我们无论如何也要等情绪平稳的时候,再来教育孩子。我们建议,妈妈们在情绪不好时,先离开现场,或者转移注意力,等平静下来之后,再和孩子谈谈。

竞争虽好，但切忌盲目鼓励

随着社会竞争的激烈，妈妈们更加注重孩子各方面能力的培养和提升。很多妈妈一想到孩子将来要进入社会参与激烈竞争，就不由自主地为孩子感到紧张。于是，为了孩子更有竞争的"资本"，她们会在孩子还小的时候，通过各种措施来鼓励孩子参与竞争。

不得不承认，对孩子进行鼓励是有益的行为，但如果盲目鼓励孩子竞争，而没有让孩子了解到竞争的意义，这种鼓励非但不会起到推进作用，还会导致孩子为了得到鼓励而恶性竞争。

这样一来，孩子很可能会因为胜利而沾沾自喜，而当遭遇失败就会怨天尤人，甚至憎恨对手。

所以说，妈妈们对孩子的竞争一定要掌握好"火候"，既认识到竞争的重要性，又不能盲目鼓励。刘娜的妈妈在这点上做得就很不好，最终结果更是令她惨痛不已。

由于深知现代社会竞争的日益激烈，刘娜的妈妈为了不让自己的女儿被淘汰，她从孩子很小的时候，就运用各种方法鼓励女儿竞争。

刘娜是个很争气的孩子，没有辜负妈妈对她的期望。从小学到初中，一直都成绩优异。可是，就在刘娜的妈妈为自己教育有方而高兴的时候，却没想到在女儿中考前发生了不幸的事。

原来，当天下午，班主任牛老师公布中考成绩的时候，刘娜只排在全班第四名。这让一直没落下前三名的她很难接受。

当看到其他比自己成绩好的3名同学，刘娜的眼里饱含着愤恨。就在她情绪最为激动的时刻，竟然拿出了书包里用来削水果的刀子，迅速地刺向了得第一名的那名同学。最后同学受伤，幸亏伤得不重，及时抢救没有什么危险。

虽说同学伤得并不严重，但是这个案例中刘娜的举动着实让我们感到震惊。但是震惊之余，妈妈们是否能够认识到，正确培养孩子竞争意识的重要性呢？

我们建议，妈妈们在鼓励孩子竞争的同时，一定要把握好尺度，不要陷入盲目鼓励的误区。那样的话，孩子可能就会像事例中的刘娜那样，一旦失败就承受不了，而且还伤害别人。

假如在竞争意识下塑造出来的孩子是这个样子，那么这样的竞争不但失去了意义，反而造成了危害。这应该是每个妈妈都不希望看到的。所以，我们鼓励孩子竞争一定要有目的、有针对性、科学地引导。

好妈妈教子锦囊

1.正确的竞争观念是孩子参与竞争的保障

有的孩子或许是受周围环境的影响，在竞争中总是采取一些不太光明磊落的方式，比如，有的孩子为得到老师的关注，就说别的同学的坏话；有的同学为了让自己的"对手"考不出好成绩，故意去打扰对方，等等。

如果你的孩子也出现了类似情况，那么作为妈妈，有必要告诉他，竞争应该是有利于社会、有利于集体和他人，而不是不择手段地战胜对方，同学之间的竞争应该有利于促进相互督促，相互学习，以竞争促进大家追求更高的目标和共同进步。

同时，妈妈们还有必要引导孩子，学会全面比较，比如和同学比学习成绩，比遵守纪律程度，比团结同学的程度，等等。这样，会在很大程度上帮助孩子懂得珍惜同学间的友谊，在竞争过程中也会避免危害他人的事情发生。

2.帮孩子消除在竞争中产生的嫉妒心理

有的孩子生怕别人比自己强，就采取"闭门思过"的方式，自己总结出来的好的学习方法，不愿意去和别人分享，有好的资料也不愿意借给别人。

如果你发现自己的孩子有这样的情况，那么请注意培养孩子在竞争中的高尚情操，让孩子知道这样做不够"君子"，让他认识到竞争不应是封闭，更不是阴险和狡诈、暗中算计人，而应是齐头并进，以实力取胜。

3.妈妈们不要给孩子施加太多压力

有的妈妈会说，自己的孩子平时成绩很好，可每到考试就"掉链子"。这是什么原因呢？

其实，之所以如此，往往是父母在引导孩子竞争的时候做得不够，比如对孩子说"你一定要拿第一"、"你一定要赢某某"等。

一旦孩子背着这沉重的包袱奔赴考场，他肩上的压力可想而知。正确的做法应该是，妈妈要告诉孩子，只要你努力了就好，妈妈就会高兴。如果孩子失败了，妈妈也不要埋怨孩子，而应根据孩子的具体情况给出一些合理化建议，引导孩子认清今后努力的方向。

第四章

妈妈宽容以待不责难，
孩子心胸豁达有担当

当孩子做错了事，常常让妈妈生气。有的妈妈会在一气之下，狠狠地教育孩子。岂不知，这种教育蕴含的是一种抱怨的情绪，传达给孩子的也是一种不被妈妈信任、了解以及在妈妈心中自己没有价值的信息。

在被指责的感受中长大的孩子，往往不会心甘情愿地去改正他的错误。他们不愿与父母合作，故意反其道而行之，甚至导致反抗和敌意。其实，孩子能否从心里认识到自己的错误，能否勇于承担责任，取决于妈妈采取什么样的态度来和孩子沟通。

毫无疑问，批评、指责只能让孩子感到受威胁，激发其强烈的逆反心理，进而产生反抗行为；而不指责孩子，仅仅表达作为妈妈对孩子行为的感受和关心，这样的沟通方式则能够让孩子感到被尊重，从而激发起其内心的责任意识，乐于主动承担责任。

妈妈的理解是最好的开始

法国著名教育家卢梭在《爱弥儿》一书中指出：儿童期的存在是自然规律。他说："大自然希望儿童在成人以前就要像儿童的样子。"

从这句话中我们可以体味到，对于孩子，我们要怀着理解和尊重的心态。正如书中所言："如果我们打乱了这个秩序，我们就会造成一些早熟的果实，它们长得既不丰满也不甜美，而且很快就会腐烂，我们将造就一些年纪轻轻的博士和老态龙钟的儿童。"

其实，妈妈和孩子之间关系出现问题，主要是由于双方沟通不够、缺乏理解而引起的。许多妈妈都有这样的体会：孩子越大，便越难与他沟通，甚至不知应该怎样去交谈。

事实上，当孩子逐渐长大，知识面、接触面增大，他会开始学会自己观察、思考，对一些问题有了自己的看法，有时觉得有些事情没有必要跟父母说。这样一来，妈妈就会缺乏对孩子的了解，此时相互间的沟通就显得十分必要了。

一天，瑞瑞哭丧着脸回到家里。妈妈问他为什么不高兴，他说因为他踢了邻居孙阿姨家的猫一脚，孙阿姨训斥他了。

妈妈听了，没有斥责他，而是给他讲了一段自己小时候的经历：

那时候，你舅舅在城里的一所寄宿学校读书，我上小学。当年，你姥爷做生意亏了很多钱。有两三年的时间里，家里总会来一些人，他们是来追债的。那年大年三十晚上，还有两个追债的人不肯离去，我当时心里难过极了。你姥爷答应年后想办法给他们，因为手头上实在是没有钱，可他们坚决不答应。

从那时候起，我养成了一种习惯，只要看到来追债的人，我就悄悄地把他们的自行车气门芯给拔掉，才不让他们好受。

后来，这件事被你姥爷发现了，他非常气恼。其实我自己也知道这样做是不对的，不能因此让家里少还人家一分钱，但是我心里的委屈需要释放和发泄。所以我一如既往地拔气门芯，直到来家里要账的人越来越少。

听了妈妈的诉说，瑞瑞心有同感。他说出自己踢那只猫的原因："我之所以踢它，是因为我发现它每天吃得好、玩得好，还不用上学，不用干活。凭什么我就得好好念书、认真做作业，这太不公平了！"

妈妈微微一笑说道："嗯，的确是不公平，不过你打猫也不起作用啊！"

母子俩对话到此，瑞瑞心里的结就这样慢慢解开了。

看得出，瑞瑞的妈妈在孩子犯了错误之后，用一种理解的方式巧妙化解了孩子心里的情绪。

可是看看我们周围，总是有那么多整天唠叨孩子不听话、不乖巧的妈妈们的声音。有的妈妈在想，自己对孩子就像母鸡用自己的翅膀保卫着小鸡一样，为了孩子，自己就是不吃饭不睡觉都可以，为什么孩子还是这么倔强？难道这样的爱还不够吗？

诚然，母鸡对小鸡那样的爱，是每位母亲都能做到的，但孩子已经具有一定的独立意识，他们更渴望的是妈妈"理解"性的爱。

"理解孩子"说起来容易，做起来难。现在的妈妈们既要忙工作，又要忙家庭，难免缺乏时间和耐心与孩子在一块儿读书、交流、玩耍。这样一来，妈妈们就没有太多机会去倾听孩子的心声和感受，而常常是喜欢以自己的意志来判断孩子的行为和想法。

在这种情况下，母子之间势必容易发生冲突。因为妈妈们很难容忍孩子自由、快乐地做他自己愿意做的事。她们觉得孩子是个大麻烦，自己都要被折腾死了。如此一来，如何谈得上理解的爱，能做到不限制孩子的行为就不错了。

因此，作为妈妈，我们应该把孩子看作独立的个体来对待，要学会尊重和理解自己的孩子。

1.接纳你的孩子,让孩子感到被认同

一个人能够被最亲近的人接纳是一件幸福的事情,孩子也是如此。所以,妈妈们必须让孩子知道,不管在什么情况下,妈妈都是爱他、支持他的。不管他说了什么或做了什么,也许妈妈并不接纳他的行为,但依然是关爱他的。有时只要简单的一句话:"妈妈也是这样想的!""真是我的好孩子!"都能够使孩子觉得受到妈妈的认同。

2.表达你的感情,让孩子感受温馨和温暖

妈妈们在孩子小的时候最突出的表现之一就是对孩子的亲昵举动。但只有少数妈妈能够在孩子长大后还会有类似的表示,甚至有些妈妈还故意摆出家长的威严架势,用冷淡的态度来对待孩子。

这些妈妈或许不知道,自己与孩子之间温暖的身体接触可令孩子切身体会你的关怀。此外,妈妈们也别忘了用语言多表达你对孩子的爱意,所以,请多亲亲孩子并常说:"我爱你!"

3.与孩子平等对话,做孩子的朋友

妈妈们要想更好地理解孩子,其实和孩子做朋友是非常好的渠道和方式。当妈妈以朋友的心态来对待孩子,那么孩子就会感受到朋友一般的温暖和信任,而这也是妈妈把握孩子心理动态的关键。如果妈妈不是平等地和孩子对话,而是采用命令和要求的口吻,那么结果只能够使孩子反感。所以,请妈妈们放下家长的架子,与孩子交朋友,站在他们的立场去考虑问题。

4.换位思考,回想自己曾经做过什么不可理解的事

每个妈妈也都有过童年,有童年自然就有过一些现在想来"很不堪"的往事。那么,当你准备因为孩子的行为而发怒时,请你回想一下自己在他这个年龄的时候,是否经历过类似的问题,而当时的你又感受如何。我们相信,当你回忆完之后,再对比孩子现在所做的事情,你就不会再责怪孩子了。

妈妈的包容是给孩子特别的爱

孩子做错了事,妈妈们的第一反应往往就是生气:又给我添麻烦了!真是让人操心的孩子!除了生气,妈妈们却不知道如何教育孩子弥补自己的过错。比如,一个孩子不小心把一碗粥弄洒了,妈妈看到后先是一通训斥。这样一来,孩子就吓得什么都不敢做,其实他若是把歪倒的碗扶起来,那么粥就会少洒出来一些。可是妈妈这一训,孩子就只能任"粥"自流了。

同样作为妈妈,在遇到类似情况的时候,你是不是也做过这样的事呢?

如果答案是肯定的,那么请你想一想,自己在生气的时候,是不是把自己当成了一个"老师"的角色,而不是作为一个和孩子平等交流的成年人?

很多孩子读完《窗边的小豆豆》之后都说:"要是我妈妈像小豆豆的妈妈那样就好啦。"小豆豆的妈妈究竟有什么优点,得到那么多孩子的喜爱?看到书中的故事,你就明白了。

有一次,小豆豆的班主任把她的妈妈请到学校,历数了小豆豆在学校时的种种劣迹。

老师毫不客气地说:"照这样下去,简直就无法上课啦!这您总该明白的吧?"随着这种情绪的带动,老师越来越控制不住自己的感情,她告诉小豆豆的妈妈,学校要开除小豆豆。

对于一个家长或者孩子来讲,这实在是天大的事,也是让人十分难堪的事,但是小豆豆的妈妈却平静地接受了。她没有为孩子辩护,也没有在老师面前声泪俱下地祈求,更没有在见到女儿后痛打她一顿。

当时,小豆豆的妈妈想的是,这样下去确实太影响其他学生了,看来是得找个学校转学了。理想的学校是,既能够包容孩子的个性,又能教育孩子和别的小朋友一起学习。于是,小豆豆的妈妈开始四处奔走,最后终于找到了一个最适合小豆豆的学校。

相信看过这本书或者看完这个故事后,妈妈都会为小豆豆的妈妈竖起大拇指。在女儿被学校开除一事上,她只字未提,她担心女儿因为这件事背上思想包袱。这样的妈妈,这样的做法,对孩子的个性是多么理解而包容呀!

可以说,如果妈妈们都能做到小豆豆的妈妈这样,那么实在是太了不起了!因为她想到的,不是自己的感受,而是女儿的感受。有多少妈妈能在孩子做错事情的时候,首先想到了孩子的心理承受能力呢?

相反,更多的妈妈会丝毫不包容、不理解孩子,其结果必然是孩子不会听你的,他会指责你,抱怨你。如果我们的孩子能够在成长过程中,像小豆豆一样得到妈妈足够的爱,宽容的爱,那么他们是不会这样的,而是会有很多的空间去成长,自我完善。这样的结局,不才是我们最期待的吗?

好妈妈教子锦囊

1.包容孩子的个性,用放大镜寻找他的优点

孩子与孩子之间没有完全相同的个性,而是每一个都有各自的特点。比如,有的孩子好胜、急躁,喜欢冒险和挑战,而有的谨慎、内向,胆小怕事。有的喜欢独处,喜欢安静。有的则喜欢人际交往,喜欢热闹……作为妈妈,我们所能做的就是爱孩子本来的样子,包容他和别人不同的个性。

我们相信,当你能够用一种宽容平和的心态来接受孩子的一切时,他就能感受到你的爱,这些爱会赋予他力量,可以帮助他应对未来生活中的各种挑战。

2.给孩子一段"关注"时间

孩子有些时候的哭闹、调皮、犯错等,实际上是在向妈妈发出一种信号:

我需要你的关注。

当然，不同的孩子渴望受到关注时的表现也不一样，而且程度也有所不同。有的孩子可以一个人玩很长时间，但这不代表这种孩子不希望妈妈关注他。对于这种孩子，妈妈可以在旁边静静地看着他，让他体会到妈妈在关注他呢。如果你的孩子很粘人，他就会每时每刻都希望你陪着。对这种孩子，妈妈可以告诉他，妈妈只能陪他10分钟，10分钟之后妈妈还有事情要做。这样你会发现，当你满足了孩子这个小小的陪伴愿望之后，再去做你要做的事，他就不会打扰你了，因为你让他的内心感到了满足。

3.给孩子为他的行为做解释的机会

孩子犯错后，也不是完全不可以批评。当妈妈批评孩子时，孩子可能会为自己的行为进行解释。这时候，妈妈应该为他提供机会，而不要专制。其实有的时候，妈妈对孩子进行批评并不客观，她们往往是凭借自己的推断进行的。事实上，孩子做某一件事是有一定原因的，这时候妈妈就要给孩子解释的机会。这样不但能够更全面地了解事情的真相，还可以引导孩子进行自我反省，帮助他更快地进步。

尊重隐私是获取孩子信任的最佳途径

每个人心里都有一些小秘密，我们通常称其为"隐私"。所谓隐私，就是人们藏在心里、不愿意告诉他人的事情。

也许你会说，隐私都是成年人才有的东西，小孩子家家的能有什么隐私可言呢？

其实不是这样的。人人都有自己的隐私，孩子也不例外。随着孩子年龄的增长，他们的生活领域、知识、情感都逐渐丰富起来，孩子的自我意识、自尊意识不断增强，原先无所顾忌敞开的心扉也渐渐关闭起来。

德国著名哲学家康德曾说过："秘密是说与不说的游戏，孩子发现自己有了秘密，意味着他有了自己的内心世界。"每个孩子都渴望自由，能拥有一个完全属于自己的世界。小小的日记本就成为了他们秘密的载体，他们利用日记发泄心中的不满，制定心中的目标和理想，倾诉那些内心的小秘密……虽然微不足道，但同样不容侵犯和窥探。

可是，很多妈妈却没有跟上孩子成长的脚步，以为还是那个依偎在自己怀里、凡事都爱跟自己聊的那个乖宝宝呢，岂不知，孩子正在长大，他们也会有自己的隐私。不妨回顾一下，当你猛然间进入孩子的卧室，他是不是会打个"激灵"，或者手上有什么藏东西的小动作之类的，也或者有时候孩子干脆告诉你说："没什么事别进我房间呀！"其实，这些都是孩子有隐私的表现。

侃侃是一个初中二年级的大男孩了。有一次，侃侃的爸爸没有敲门就进入了侃侃的房间，侃侃竟然恼怒地大声问道："有什么事？为什么不敲门进来！"侃侃的爸爸十分伤心："白养这么大了，怎么这样对待我！"

可是，侃侃在自己的日记中却这样写道："当我看书或者写作业的时候，正很投入呢，这时候忽然感到背后有喘气声，猛一回头，发现爸爸正在偷偷地看我。每当这时，我就觉得自己像做错了事，气得跟他们吵。对他们不敲门就进房间我特反感，每个人都要尊重别人的想法，父母也不例外。"

一次偶然的机会，侃侃的妈妈看到了儿子的这篇日记，她才知道儿子不希望被打扰的原因。之后，她便和老公商量，要留给孩子独处的空间，不要管得太紧太严。

其实，孩子之所以不希望父母打扰，根本原因在于他们反感父母"看"着自己。所以，这就需要妈妈们要多给孩子一些尊重和理解。如果父母为了了解孩子而侵犯孩子的隐私，这往往会得不偿失。事实证明，这样做只会伤害孩子的自尊，孩子会因为自己的隐私受到侵犯而采取更极端的措施将其保护起来，把自己的心紧紧关闭。

"妈妈,您怎么偷看我日记呢!"

"妈妈看你日记,是为了多了解了解你,怎么能说是偷看呢?我可以及时发现你有哪些需要帮助的地方,好来帮助你呀!"

"可我不需要你的帮助,你这种做法伤害了我,以后再也不要乱翻的我的抽屉,更不能偷看我的日记。否则一切后果由你自己负责!"

让妈妈没想到,一向乖巧的女儿居然变得如此蛮横。妈妈生气地说:"怎么说话呢?我是你妈妈,难道我把你养这么大,还没有资格看看你的日记吗?"

可这位女儿却哭着叫喊:"那是我的秘密,是我的隐私。虽然我是您的女儿,但是我也有人权!"

说完,这个小姑娘就一把夺过妈妈手里的日记,跑到自己的房间里躲了起来。以后的日子,她再也不想理妈妈了。

当孩子们慢慢长大后,他们会渐渐拥有属于自己的"秘密",有时,他们会把秘密写在日记里,然后锁到抽屉里。此时,他们试图宣告自己有了一个隐秘世界,不想再像童年时期那样,心里有什么话都愿意向父母"敞开心扉"。实际上,这是一种正常的心理特征,它体现了孩子的一种独立意识和自尊意识。

所以,一个真正懂孩子、爱孩子的妈妈,一定不要随意闯入孩子的"隐秘世界",更不要采取粗暴干涉的强制手段,拆信、监听、偷看日记,或者采取打骂、禁闭等手段来揪出孩子的秘密。要知道,你这样的做法只能伤害孩子的自尊心,影响他的心理健康。

其实,妈妈触犯孩子的隐私,目的无非就只有一个,就是想知道孩子在想些什么,做过些什么,以便能更好地帮助他健康成长。但是随便偷看孩子日记,不但孩子无法接受,从效果上来讲也是适得其反的。了解孩子的方式有很多种,不一定非得采取这种得不偿失的方式。

1.妈妈直截了当,和孩子坦诚相待

这是最简单最直接的方式。孩子就在你身边,有什么需要了解沟通的,直接告诉他,坦诚地说出你的想法,相信他也会对你坦诚以待。

2.找到和孩子的共同语言

孩子和父母由于所处人生阶段和环境的不同,兴趣爱好、观念思想、思维方式等都存在很大差异。所以,妈妈们也要走进孩子的世界看一下,去接触和了解一些孩子感兴趣的东西,找到更多与孩子之间的共同语言。即使工作再忙再累,也要抽出时间来做这件事,因为问题一旦积累多了,再来解决就很困难。

3.体察入微,用心发现

孩子的心就像水晶般透明,无论难过还是高兴,他的表情总能说明一切,只要稍微用心观察孩子的行为举止,就会发现他的变化,根本用不着去翻看日记来知晓了解。

4.多途径巧妙沟通

沟通的方式多种多样,传统的、新兴的都可用上。比如网络,现代许多孩子很小就学会上网发帖、Email、QQ 聊天、写博客、空间写日志等网络沟通交流方式,妈妈们也可以通过这些途径来跟孩子进行互动交流。这些新兴的方式也许更能让孩子接受,能收到意想不到的效果。

蹲下来建议和商量，而不是站着命令

很多妈妈在和孩子相处的过程中，常常以命令的口吻要孩子做这做那。可是妈妈们想过没有，即使再小的孩子也是有着强烈自尊心的。如果妈妈常用命令的口气跟他说话，他就会反感、叛逆，越发不听你的话。即使当时嘴上听了，他的心里也会不服气，甚至对你产生仇恨。

不得不说，对孩子进行"命令"教育的家长在认识上有偏颇之处。他们误以为要对孩子进行教育，就必须要板起脸孔，处处严格要求，让他事事听从自己的安排。殊不知，这样做的结果，只能是适得其反，让孩子变得逆反，或者唯命是从。

一所中学的校内局域网的论坛上，有一个栏目是关于孩子心里话的。其中有两个孩子这样写道：

我一点也不喜欢我妈说话的方式，因为她一点都不尊重我，老用命令的口气让我做这做那。每天一到家，我耳边缭绕的都是妈妈的命令口吻："你怎么还没倒垃圾呢？现在马上就去！快！""去，帮妈妈把碗刷了，你反正没事。""我都说了多少遍了，炒菜利索点！""还不赶快去学习，还看什么电视！"……

另一个署名为程程的男孩写道：

我不知道我爸为什么那么"专制"。我一点都不喜欢跟他说话，每次听到他说话，我脑袋里总是乱七八糟的。他每天不是教训我要好好写作业，就是限制我做这做那。当我稍有疏忽，他就对我横加训斥，比如我去厕所忘了关灯，他就会指责我说："年纪不大，忘性不小，你得了健忘症啊！告诉你多少遍了，去完厕所要关灯！"有时候我和同学打电话聊天，没几分钟他就大声嚷道："赶紧把电话挂掉！有什么事不能见面说。"弄得我好没面子，同学们都听到了他训斥我的声音。

作为妈妈，我们在与人相处的过程中，都喜欢温和、平等的口吻，即使和领导相处，我们也不希望对方以一种强制、命令的语气和自己说话。我们的孩子也是一样的。没有哪个孩子能忍受父母对自己经常性的颐指气使，命令自己去做这做那。

我们要知道，命令是一种单方面的交流，是只顾及自己，而不考虑别人。

相反，如果妈妈们能用一种建议和商量的语气跟孩子说话，那么就会获得不一样的效果。

今年已经7岁的娜娜有时比较狭隘、自私，她的妈妈在发现女儿这个问题后，一直在积极地帮助女儿来改变。

一个周末，妈妈准备带娜娜去她最喜欢的动物园玩。娜娜美滋滋地打扮一番后，迫不及待地拖起妈妈就往门外走，刚一开门，邻居家5岁的月月闯了进来，要和娜娜玩耍。没等娜娜发话，月月就拿起娜娜最心爱的芭比娃娃摆弄起来。娜娜很反感，拉长了脸，一把夺过月月手中的娃娃，连推带拉地把月月赶出了家门，并不耐烦地说道："你快走，我要和妈妈去动物园玩了，没时间跟你玩，赶快走！"月月眼泪一下子掉了下来，委屈地回了家。

在去动物园的路上，妈妈跟娜娜说道："宝贝，假想一下，换做你是月月，你去找她玩，她不让你玩她的玩具，还没礼貌地把你赶出家门，你心里会高兴吗？"

娜娜脱口而出："当然不高兴了！"

"那如果月月不是那样做，而是说，我早去早回，等回来了再跟你一起玩。你会怎么想？"

"那我会说，好的，我等你回来，你可一定要早点回来呀！"

"那你再仔细想想，你把月月粗鲁地推出家门，月月会不会难受？你这样做对吗？"

娜娜惭愧地低下了头，懊恼地说道："月月肯定很难过，是我做得不对。"

"那你应该怎么做呢?"

娜娜一脸认真地回答道:"我应该早点回去,找她玩,并跟她说声对不起。"

之后,娜娜果真在动物园玩了没多久就和妈妈一起回了家,找月月玩去了。

妈妈就是以这样换位思考的方式,一步一步来教育女儿去体会和感受,渐渐地,娜娜从一个小气、自私的女孩变成了一个大方得体、受人喜欢的好孩子。

妈妈用一种商量和建议的引导方式,帮助女儿改掉了自私、小气的毛病,让她成为了受伙伴欢迎的好孩子。试想,如果妈妈不加以引导,或者说引导得不正确,那么娜娜还会如此吗?说到底,要想实现教育的目的,家长对孩子说话的态度、语气是至关重要的。

我国学者于丹在与别人分享自己育儿经的时候,说道:"如果你总是认为,自己走过的桥比孩子走过的路还多,那你就放弃了被孩子影响的权利。"从孩子出生开始,于丹就不断告诫自己,作为一个独立的整体,孩子身上总有值得大人学习的地方,他成长的每个阶段都有自己的逻辑。自己在生活和学习中陪伴他,和他商量,给他建议,而不是命令他如何如何,才能给予他一个更好的成长空间,和他一起进步。

好妈妈教子锦囊

1.给孩子提供多一些选择,让他自己做出决定

如果妈妈们能给孩子多提供一些选择,那么比直接命令他做这做那,要让孩子好接受很多。例如,当孩子做完作业了,感到无聊,在房间里走来走去。这时候,妈妈千万别说:"马上给我看书去!""赶紧收拾你的房间!"而应该问他:"你不打算去看会书吗?""还是你愿意帮爸爸妈妈打扫房间?"

通过这种方式,那么孩子会自己考虑一下是听妈妈的安排,还是做点别

的。总之,他会对妈妈的话认真对待,而不会产生反感。

2.用简单的词汇来代替强迫命令

长篇大论不适合用在教育孩子身上。相反,孩子们更喜欢一些简单的词汇。比如,妈妈想让十几岁的女儿去遛狗,如果她指着狗说:"狗!"那么孩子就会想到:"狗怎么了?……哦,我忘了遛狗了!我还是现在去吧!"

3.放下权威观念,站在孩子的角度给他建议

要想让孩子跟随妈妈的意愿行事,那么首先妈妈得把孩子和自己放到一个平等的位置上,多站在孩子的立场看问题,只是给他提出一些想法和建议,然后让他自己做决定,而不是用你的想法来强迫他服从。当你的想法和孩子发生冲突的时候,不妨换位思考一下,如果有人不尊重我而只是要我听话,我会是怎样的感受呢?这样一来,你的命令话语自然减少,你也就会更加理解孩子了。

妈妈该怎样对待孩子的撒谎行为呢

澳大利亚资深记者伊恩·莱斯利在他的著作《天生会说谎》中提到:人天生会说谎,如果我们说自己从未说过谎,那这就是谎言。

他说,孩子3岁时就学会说谎是聪明的表现;7岁时还说谎,说明他内心深感不安。

但是,不管多大多小的谎言,也一定要引起妈妈们的重视。因为如果这次纵容了,就会在孩子心里形成"撒谎可以蒙混过关"的错误意识,逐渐地,孩子就会形成爱撒谎的不良习惯。

所以,面对孩子的谎言,妈妈们要采取有效的方法,及时纠正。

蒙蒙是个活泼开朗、品学兼优的初中男孩,他一直是家长和老师眼里的好孩子。

但是，有一次，蒙蒙的表现，让妈妈产生了怀疑。

这天中午，蒙蒙跟妈妈说他要去少年宫学街舞，但是妈妈知道，少年宫当天下午根本就不开门。不过，妈妈没有直接挑破儿子的谎言，而是采取了静观其变的做法。她倒要看看儿子葫芦里卖的什么药，同时也做好了教训儿子一番的准备。

晚上，妈妈找到蒙蒙，并逼问着让他讲出实话。经过再三追问，蒙蒙向妈妈讲出了实情，原来，他和班上其他几名同学一起到市中心新开业的游戏厅去玩了。

妈妈听了勃然大怒，厉声呵斥了蒙蒙。

而那天晚上，蒙蒙在日记里这样写道：今天上午，答应了和同学一起去广场的，之所以不敢和妈妈说实话，是因为她平时对我太严厉了。如果直说，很可能会被她拒绝，这会让我在同学面前很没面子，并让人家认为我是个不讲信誉的家伙。

这个故事中，蒙蒙虽然对妈妈说了谎，但是他的谎言背后存在着一份对同学的诚信。只是，妈妈的大棒政策压得他不敢说实话。毫无疑问，蒙蒙之所以有现在的表现，和他妈妈的教育有着密不可分的关系。

那么，正在看这本书的你，请问一问自己，有没有和蒙蒙妈妈类似的表现呢？

如果有，那么请及时改正；如果没有，那么恭喜你的孩子，他是幸运的。

妈妈们有必要认识到，其实孩子的谎言并没有使他的品质变坏，说谎与小偷也没有多大的联系。作为妈妈，反思自己，对症下药，才是对孩子最有帮助的做法。

苗苗聪明可爱，活泼漂亮，而且还总会有一些奇思妙想。

这不，一个周末的午后，妈妈出去办事，让苗苗一个人在家里写作业，苗苗写了会儿作业，忽然想起来一件事：妈妈刚买的一条花裙子很漂亮，自己何不趁她不在家穿一下过把瘾呢？

于是，苗苗翻出妈妈的花裙子来穿在身上，还拿出妈妈的化妆品在脸上涂来涂去。

在镜子前照来照去，苗苗别提有多美了。这时候家里的小狗乖乖来到苗苗身边，看着它的小主人美丽的样子似乎也跟着开心。乖乖在苗苗身边跳来跳去，一副讨好主人的样子。

可是，由于裙子太长，拖到了地上，而乖乖恰巧踩到上面，并用爪子和嘴巴给弄出来一个洞。

这下可糟糕了，苗苗一时没了主意。

不过机灵的她很快想到，我何不把这件事归罪于乖乖呢，再说本来就不是我弄坏的。

于是，苗苗飞快地把小狗乖乖抱进了屋里，并把身上的裙子脱下来放在了乖乖身边，自己就跑去和小伙伴们玩了。扔沙包、跳皮筋、捉迷藏，玩到天快黑了才想起回家。

"妈妈，我饿了。我要吃好吃的。"一进门，苗苗就对着妈妈喊。

"妈妈给你买了最爱吃的草莓蛋糕，不过，苗苗能不能告诉妈妈，妈妈的化妆品和裙子是怎么回事呢？"妈妈拿着坏掉的裙子微笑着问。

"是乖乖干的，我写作业的时候，看它进了妈妈的房间。"苗苗心虚地回答。

"是吗？怪不得妈妈回来时，见它趴在妈妈的房间里。妈妈不喜欢爱撒谎的乖乖，那妈妈就罚乖乖今天没有晚饭吃吧。"

苗苗看着妈妈买来的草莓蛋糕却提不起兴趣，是她自己做错了事，却连累乖乖没有晚饭吃。晚饭时，苗苗听着院子里乖乖的呜咽，心里更加愧疚。

"苗苗怎么不吃呀？不是最爱吃妈妈做的排骨了吗？不过呢，今天的骨头可不会给乖乖，因为它做错了事情。"

听了妈妈的话，苗苗忽然哇哇大哭起来："妈妈，如果苗苗做错了事，你会原谅苗苗吗?"

"妈妈当然会原谅苗苗啦。"妈妈温柔地为苗苗擦干了泪水。

"妈妈,我错了。裙子是被我弄坏的,化妆品也是被我搞乱的,不关乖乖的事。"

"真高兴苗苗能告诉妈妈实话,说真话的孩子才是最漂亮的。"

吃完晚饭,苗苗和妈妈一起给小狗乖乖送去了骨头和食物。看着乖乖开心地摇着尾巴,苗苗心里的大石头终于放下了,心想以后再也不说谎话了。

通过这个故事,妈妈们可以看出来,苗苗的撒谎其实是源于胆怯心理,她为了掩盖自己干下的一件错事,为了免受责骂,于是对妈妈说了谎。不过,好在苗苗的妈妈用巧妙的方式,让女儿"招"了。试想一下,如果妈妈在苗苗把责任推给小狗乖乖时,严厉斥责孩子的说谎时,孩子心里会怎么想呢?当孩子再次做错事的时候,会不会更加惧怕说实话呢?所以说,面对孩子的说谎行为,妈妈一定要选择正确的方法来纠正,而万不可一味地责骂和体罚。

好妈妈教子锦囊

1.给孩子下台阶的机会

教育心理学研究表明,妈妈的语言会决定孩子对自己的评价,从而决定孩子的努力方向。所以,妈妈们不要轻易地给孩子冠以"撒谎"的罪名。你这样做,不但会使孩子的自尊心受到沉重打击,而且会使孩子产生负疚感。

正确的做法是,妈妈们在面对孩子撒谎行为的时候,给孩子一个"梯子",让他顺着台阶走下来。比如,某一天孩子说谎被你识破了,你可以给他讲一个关于诚实的小故事,通过这种方式来启发孩子做一个诚实的人。这种方式可比你直接训斥甚至打骂孩子好很多呢!

2.妈妈言行一致,为孩子树立榜样

有一句话是这样说的:两个民族的较量实际上是两个母亲的较量。由此

可以看出,妈妈对于孩子的成长作用何其重大。事实上,妈妈的行为的确会对孩子产生深远的影响,孩子会下意识地模仿妈妈的动作,吸收妈妈的思想,学习妈妈为人处世的态度。所以,妈妈在要求孩子诚实的同时,自己要注意做到言行一致,犯错后要及时承认错误,为孩子树立一个正面的榜样。

3.学会信任自己的孩子

父母要慎用"谎言"字眼,不能因为孩子一次撒谎,就认定孩子永远撒谎,否则很容易让孩子背上心理负担,导致他以后习惯性的撒谎,形成恶性循环。信任可以增进孩子与父母的亲密感,父母的充分信任会使孩子自觉地进行自我约束、自我监督。

解决问题,莫用争吵这种糟糕的办法

成年人与成年人相处,往往会因为认识不同、观念差异等而产生矛盾,甚至争吵。而和孩子相处呢,妈妈们同样会遇到意见相左的时候,特别是随着年龄的增长,孩子的自主意识会越来越强,这种情况就更难以避免。这时候,如果双方没有有效控制,那么争吵就不可避免。

争吵的范围很广,包括学习、休息、玩耍、吃饭,等等,"争吵"有时也会演变成"冷战",严重的还导致了"家庭暴力"和"离家出走"……

孩子们对此满心的委屈,觉得家不是家,是一个牢笼。他们时常抱怨:

"我妈给我的压力太大了,而且还总是对我大喊大叫。"

"我觉得我妈妈就是河东狮,太霸道了,你要反驳她,她总说:'我是你妈,你就得听我的。'这话也叫讲理嘛!"

"她每天都是让我学这学那,不停地催促我,好像除了学习根本就不关心我。"

孩子们满腹牢骚，而妈妈们呢，对于孩子的表现则是满腹伤心，觉得孩子不是孩子，是一个忘恩负义的"白眼狼"。"争吵"要到何时结束，能不能有效果，她们看不到尽头⋯⋯

在此，我想问一下妈妈们，你可否知道，自己的一句话或者一种行为，都有可能给孩子带来重大的影响。所以，希望妈妈们在处理与孩子争吵的问题上一定要慎重，并保持头脑清醒和理智。

硕硕从小就是个爱思考的孩子，而他的妈妈也是个有着好的教育方法的妈妈。我们一起来看看他的故事：

由于喜欢思考，硕硕总是会有一些问题和妈妈讨论。随着他越来越懂事，想法和观点也就多了起来，时常与妈妈意见相左。

不过，硕硕的妈妈却对此持支持态度，她一直鼓励儿子和自己争论。因为她认为，每个人都有权利和自由发表自己的观点和看法，这有利于孩子的知识运用。不过，他们也偶尔会有"过火"的时候，好在妈妈能够及时采取"降温"的方式，让争吵避免。

有一次，硕硕在外面和小朋友们玩到很晚还没有回家。妈妈非常着急，因为硕硕从没出现过这种情况。妈妈出去找硕硕好几次，也没有见到他的踪影，别提有多着急了。

直到晚餐的时间过后，硕硕才回到家里。一看到他，妈妈非常生气，虽然是关心孩子，但说出来的话还是充满了火药味："你还知道回家吗？你回来这么晚，有没有想过妈妈为你担心？真是越来越不听话了！"

见妈妈气得这么厉害，自知理亏的硕硕没有吭声。

尽管如此，硕硕的妈妈还是越想越气愤，继续数落起儿子来："你怎么不说话，为什么不说话？外面好玩是吧，那就一直待在外面，不要回家了！"

没想到，硕硕这时开口了，生气地说："不回就不回，我现在就走！"

此时，碰巧爸爸从外面应酬回来，他看到这种局面，知道再这样下去就没办法收场了。他连忙平静地对儿子说："硕硕，你先回房间待 10 分钟。"

此时,硕硕的妈妈也意识到自己刚才的失态,于是对儿子说:"先按照你爸爸的话做吧,我们待会儿再谈。"

10分钟后,硕硕和妈妈的情绪都稳定了下来。妈妈去厨房给儿子做了他喜欢吃的鸡蛋饼,叫他出来吃饭,并且对他说:"硕硕,请原谅妈妈,我刚才的确太激动了,只是因为妈妈太担心你了,太希望你早点回家了。"

听了妈妈这番话,硕硕心里已经完全没有刚才的对抗情绪了,他对妈妈说:"对不起,妈妈,我不该回来那么晚的,都怪我没有考虑到您会为我担心。请您原谅,以后我再也不回来这么晚了。"

就这样,"10分钟"让一场濒临爆发的争吵顺利避免了。

看了硕硕的故事,或许妈妈们也会有类似感受,自己和孩子也经常发生硕硕和妈妈这样的争吵,可是,我们是怎样处理的呢?有没有和孩子"死磕到底"呢?

请妈妈们记住,在处理与孩子的关系时,重要的一点就是避免争吵。假如关系紧张,你和孩子的每次争吵都会加重本来僵持的关系。这就好比是一根琴弦,你们多一次争吵,琴弦就会绷紧一些,长此以往,琴弦必定会崩断。

至于如何避免矛盾发生,如何使已经发生了的矛盾不再扩大,那就需要妈妈们对孩子的理解和尊重,这样就会换取孩子的信任。请记住,不管什么时候,发生什么事,争吵都不是好的解决方法。我们不妨学习一下故事中硕硕的爸爸妈妈采取的方法,用暂时的回避让孩子的情绪平静下来,然后再和孩子沟通,这样才有利于把问题解决。

好妈妈教子锦囊

1.认识到孩子是一个人,独立的人

作为妈妈,对于孩子首先要抱着尊重的态度,把他看做是一个"人",一个独立的人。我们只有尊重他的人格,尊重他的意见,尊重他的爱好,尊重他的

隐私，尊重他的选择，才能为避免与孩子之间的争吵和分歧架起一座桥梁。

2.严格对待，但不是严厉对待

很多妈妈常常把严格和严厉混淆，其实二者大为不同。在对孩子的要求方面，严格是很有必要的。如果不严格，放任自流，是对孩子不负责任。而严厉，则是个方法问题。当孩子犯错误的时候，妈妈切忌用家长制的那一套，任意训斥、打骂和惩罚，而应坚持分清是非，宽容待之的态度。

3.不在气头上说些"赌气"的话

我们常说"生气无好话"，妈妈们有必要注意这一点。因为你在气头上的情绪难免不理智，说出来之后，既伤了孩子的心，还给了孩子任性的理由。这样的做法后果很不好，重要原因是妈妈没有做好充分的考虑，在情绪激动的时候无法客观地考虑问题，容易说过激的话。

4.妈妈要多和孩子沟通

很多时候，之所以发生母子之间的冲突，往往是由于缺乏沟通导致的。缺乏沟通的原因在哪里呢？从根本上说，是家长放不下架子，对孩子的思想、观点、行为不关注，而是根据自己的想法来左右孩子。

假如你也有这样的想法，不妨扪心自问，自己与孩子之间，沟通得如何？如果缺少沟通或沟通不够，那么请选择一个适当的时机，营造一个良好的沟通氛围，设计一套沟通方案，放下做家长的架子，和孩子进行一番平等的朋友式的沟通吧！

绝不使用"取笑"这一愚笨的做法

一位美国教育家这样说过："永远也不要取笑孩子，因为没有什么比取笑更能让一个孩子变得无礼、粗暴、心理扭曲了。"

由于年龄小，心智发育不成熟，缺乏生活经验，以至于孩子们常会提一些不现实的要求，或者做一些让妈妈们哭笑不得的事。当面对这样的情况，有的妈妈不是耐心地说服教育，而是挖苦取笑自己的孩子。岂不知，这将直接给孩子造成沉重的心理压力，对于孩子的健康成长极其不利。

苏联教育家马卡连柯曾说："取笑会使人失去自尊，没有自信。对于正处在培养自尊和自信关键时期的孩子来说，家长在任何时候都不要取笑自己的孩子。"

航航的妈妈是从事家庭教育方面工作的专业人士，在对待儿子的教育方面，可以说"才"尽其用。一直以来，她始终将儿子的感受放在第一位，并时常鼓励他说出自己的想法，因为航航的妈妈认为，在孩子逐渐产生自信心的阶段中，自己能否尊重他的观点和想法将对他的成长起着至关重要的作用。

尽管上帝并没有赐给航航嘹亮的歌喉，但为了让儿子保持热爱唱歌的兴趣，妈妈还是鼓励他唱出喜欢的歌曲。有一次，航航自信满满地大声唱出跑了调的歌曲，他的妈妈忍不住笑出了声，敏感的儿子马上停了下来，问："怎么了，妈妈，是我唱得不好听吗？"

妈妈赶紧说："不，宝贝，你唱得很好，感情很丰富，我还以为自己听到了天籁之音呢，所以忍不住笑了起来。"

后来，航航的妈妈反省了自己的过错，孩子唱歌是因为他快乐，而且唱歌本身可以让孩子的肺活量得到锻炼，并有助于他保持好的心情，跑调儿是正常的事情，因为天生的音乐家原本就不多。

过了一段时间，航航的妈妈为儿子请了一位音乐老师，并这样告诉航航："你唱歌唱得越来越好，都比我强了，我们得请位专业的老师来教你才行，这样你就能唱更多好听的歌曲了，你说呢？"航航开心地答应了，他十分喜欢自己的音乐老师，不仅从老师那里学到了很多音乐知识，还和音乐老师共同度过了很多快乐的时光。

正是因为航航妈妈正确地对待了孩子并不完美的歌喉，航航的歌才越唱越好听，而且非常喜欢音乐，尽管他将来或许不会在这一领域上有所建树，但音乐带给他的将是无限的乐趣和各种各样丰富多彩的知识。

梅子是个从小很有画画天赋的小孩，并且在幼年时代就获得过奖项，但是她后来却没在绘画的路上继续走下去，这一切只因为妈妈的取笑。

原来，梅子获得奖项后，她的妈妈开始提出越来越高的要求，并始终觉得女儿的画离自己想象得还有很大一段距离。于是，她天天指责孩子的画作，甚至对她冷嘲热讽，说她根本不是画画的材料，该着不吃这碗饭。

在妈妈的取笑下，梅子的绘画热情迅速冷却，甚至宁可生病也不愿意拿起画笔。

不得不为故事中的梅子而感到悲哀，就因为她有一个取笑她的妈妈。一个孩子即使有再高的天赋，再勤奋的努力，一旦遇到这样一个妈妈，那么被毁掉也就是必然了。

所以说，妈妈们一定要认识到取笑这种教育方法对孩子来讲危害何其大。既然如此，那么我们就应该在日常生活中避免取笑孩子，这不仅会打击孩子的积极性，而且有可能使他一生都挥不去心理上的阴影。

好妈妈教子锦囊

1.善于赏识和激励孩子

前面我们提到要赏识孩子。在此我们要特别强调一下，赏识和激励是不应该存在分别心的，也就是孩子做得好要赏识，孩子做得不好也要赏识。你的赏识都会让他们变得更好。

2.让孩子拥有获得成功的机会

一些妈妈常会对孩子提出很高的要求，就像上面案例中梅子的妈妈那样。岂不知，这不会让孩子感受到成功的快乐，反而会让他逐渐丧失信心。一个明智的妈妈，会适当降低标准，让孩子时刻尝到成功的乐趣。因为这样做，不但会让孩子重获自信,还会让孩子愿意尝试其他方面的挑战。

3.适当给孩子的进步"注点水"

我们不提倡对孩子的夸奖言过其实,夸大其词,但是若能够适当地"注点水",那么孩子往往能被调动起更多的积极因素,使他取得更大的进步。

别让"冷暴力"把孩子的心打碎

随着社会的进步,"棍棒底下出孝子"的教育理念已被更多的人认识到是一种欠妥的教育方式。现在的妈妈们都知道,严厉的体罚会对孩子身心造成巨大伤害,所以当孩子犯错的时候,他们会采用另外一种非暴力的手段来惩罚孩子,这种方式就是我们常说的"冷暴力"。

冷暴力主要体现在对孩子的错误进行责骂,有时候还会用到一些过激的词语来打击孩子的心理,或者有的妈妈就用减少关爱的方式来惩罚孩子。

如果说家长的体罚能让孩子有所反应的话,那么冷暴力简直让孩子无所适从,因为冷暴力是一种精神上的折磨。当你用过激的言语来对待孩子的时候,他的内心是会对这些言语产生很大反应的。一旦你的孩子心理承受能力不强,那么他就容易被打击得一蹶不振,并在生活中把父母的气话当成事实,继而会自暴自弃,萎靡不振。如果你的孩子自尊心很强,那么这种冷暴力就会激起他的逆反情绪,什么事都故意和你对着干。

想想看,如果孩子一直保持着这种扭曲的心理,那么他们做的每一件事还会如期待的那样吗?

徐放是一个生性好动的男孩,也经常犯一些错。起初他的妈妈也尽量帮助儿子去改正,但时间久了,徐放的妈妈就失去了耐心。她知道体罚打骂孩子对孩子的成长不利,所以她采用另外一种方式来惩罚孩子,每当孩子犯错的时候,她就从侧面对孩子进行批评,气愤的时候还会感叹几句"你没救了"、"你笨,没办法"之类的话。

然而,她并没有意识到,孩子在她这样的惩罚下,渐渐朝着软弱发展。

慢慢地,开朗活泼的徐放变得胆怯了,遇上什么事都不自信。其实这正是由于他妈妈的"冷暴力"造成的。因为他从妈妈的话中意识到自己很失败,他将妈妈的话当真,认为自己真的如妈妈说的那样无能,于是他对自己都失去了信心,每次遇到事情都畏首畏尾,生怕自己能力不济。

壮壮也是个遭受妈妈冷暴力的孩子,但是他与徐放不同的是,他并没有变得软弱,而是变得逆反。

壮壮一开始听到妈妈的气话之后,也曾有过一段时间的消沉,时间久了,他对这些来自于妈妈的否定感到麻木,长期积压的不快转变成无理的反驳,经常在家里和妈妈发生"战争"。

因为壮壮本身就比普通孩子要强,他的妈妈越是用冷言冷语打击他的自信,他就越是反抗得激烈。到后来,与妈妈争吵成了他宣泄情绪的一种渠道。

不管是徐放,还是壮壮,他们因为冷暴力带来的危害都是巨大的,甚至终生都会受到影响。妈妈们千万不要以为,对犯了错的孩子冷嘲热讽没什么大不了,他们还小,没有什么自尊心,没有廉耻感。实际上,孩子的自尊心是很强的,有时候甚至比大人还敏感,只是他们自尊心的表现方式与大人不同,很多时候会容易被妈妈忽略罢了。

归根结底,孩子表现得软弱或者倔强,实际上是父母"冷暴力"的结果,要避免孩子出现这样的情况,那么妈妈们首先要转变自己的教育态度。正确的做法是,孩子犯了错,妈妈可以通过安慰、鼓励以及正确的引导来帮助他们走出失败的阴影。看到孩子的长处要加以表扬,对孩子的缺点要耐心平和地教育,告诉他们问题出在哪里,但绝不全盘否定孩子,更不能说一些嘲讽的气话,给他们讲道理比打骂更能让他们领悟。

总之,在陪伴孩子成长的过程中,妈妈们要学会用和善的态度对待孩子,只有这样,你的孩子才能真正健康、快乐地成长。

好妈妈教子锦囊

1.妈妈需要学习教子知识

很多妈妈对于孩子的教育还或多或少地沿袭了自己从父母那里学到的方式方法。可事实上,现在时代不同了,教育也不能想当然。妈妈们要始终铭记:教育孩子是一门科学,需要系统学习教子知识,提高自身的素质。

2.夫妻情感要和睦

在家庭中,如果夫妻关系和谐,不大吵大闹,彼此交流顺畅,能够相互体谅和关心,那么孩子就会直接受到影响,他会感受到爸爸妈妈很恩爱,对自己也很好,感受到家庭的温馨和温暖。在这种环境里长大的孩子,即使爸爸妈妈暂时不理会自己,他也能够理解父母,而不会有被冷落、被忽视的感觉。

3.约定一些特殊的方式,让彼此理解

有时候,妈妈们会很忙,不能及时陪伴孩子。这种情况下,妈妈可以事先和孩子约定,贴不同颜色的卡纸,比如红色代表妈妈有事情要做,请勿打扰。蓝色代表妈妈有些疲惫,需要休息;绿色则代表你可以找妈妈,但是需要等一会儿。

这样一来,孩子就能随时感知妈妈的情绪变化,他就不会因为你某个时候对他的冷落而感到害怕,或者对妈妈产生误解了。

第五章
妈妈平等以待不轻视，
孩子人格独立不依赖

人的年龄有长幼之分，地位有高下之别，生活有贫富之差，但是任何人在人格上都是平等的。如果妈妈们在教育孩子的时候，把孩子当做自己的"附属品"来看待，时常对孩子流露出轻视、淡漠的态度，那么孩子的心灵必然会受到隐性伤害。日积月累后，妈妈们所得到的只能是自己压根不希望出现的结果。

但遗憾的是，在与孩子相处中的不平等是很多家庭教育的通病。妈妈们要从自身做起，坚决改正这一错误的教育方式，不要在孩子面前摆家长的架子，显示自己"高高在上"的长辈身份，而要把孩子当朋友。只有这样，才会让孩子知道他对你多重要，你有多么的爱他。这样的孩子其内心必定是充满了安全感的，他会因此而更加自信、独立地去完成一些事情，而不必因为妈妈的"看不起"而畏首畏尾。

不做强势妈妈，别把自己当成家里的"统治者"

在我们生活的周围，出现了一种和"溺爱型"教育相反的教育形式，即"专制型"教育。也就是，凡事由家长说了算，孩子无权决定自己的事。看到这里，或许你已经在对号入座了。

如果在你对孩子的教育过程中习惯用自己的意愿设计孩子的一切，用自己的标准去塑造理想中的孩子，自认为这是让孩子少走弯路的做法，那么，这些表现就是比较典型的"专制型"教育。

秉持这种教育模式的妈妈，对孩子来讲就是最高"统治者"，孩子没有自己的时间和空间，没有为自己的失误申辩的机会，甚至连交朋友的权利都没有。不难想象，在这样的家庭教育中成长起来的孩子，内心该是多么无奈、沮丧，甚至叛逆、堕落。

实际上，这样做多是由于家长对孩子认识的不充分。他们总是以静止的眼光看待自己的孩子，对孩子一百个不放心，把他想象得那么娇嫩，弱不禁风，很显然，这是作为家长在认识方面的误差；也有的家长脾气暴躁，动不动就发火，轻则呵斥，重则"拳打脚踢"，这是家长个性缺陷所致。

岂不知，孩子是没有定型的正在成长中的人，他们处于弱势地位，但他们又有思想，有感情，有个性，并且有巨大的潜能，这种专制武断的教育势必给孩子带来深深的伤害。

琪琪是个 15 岁的女孩。虽然有着优越的家境，要什么有什么，但是琪琪一点也不觉得幸福。因为家里有一个处于统治地位的老爸，他俨然是家里的皇帝，说一不二，琪琪和妈妈都得听他的吩咐，否则就会遭到责骂甚至殴打。

爸爸经常对琪琪说的一句话就是："我是你老子，一切都听我的！"每当听到从爸爸嘴里说出来这句话，琪琪都感觉一个头两个大，心中无限苦闷。

爸爸的专制体现在方方面面，最明显的要数琪琪的学习成绩了。他要求琪琪每次期中、期末考试，各科成绩都必须在 90 分以上，有一次琪琪考了82 分，结果遭到爸爸一顿毒打。有一次她趁爸爸不在家，偷偷地看了一会儿动画片，结果碰巧赶上爸爸回家，又是对她一顿训斥，还罚她晚上不准吃饭。

渐渐地，在爸爸的权威统治下，琪琪的心里埋下了深深的阴影，导致她心理扭曲，以至于有几次有了自杀的冲动。

如果一个孩子遇到琪琪爸爸这样的家长，实在是大不幸。这种不幸远远超过没有充裕的物质，只能过俭朴生活的不幸。

可是，这些强势的家长却认识不到这种教育方法带来的危害。他们只是觉得，好好管教孩子，让他顺着自己的意志行事，按照自己安排的道路行进，就是最好的教育方法。

然而，我们却不无遗憾地告诉这些家长，这样的教育方法是行不通的。因为专制式的教育并不能给孩子带来幸福和快乐，更不可能带给孩子美好的未来。作为妈妈，我们只有放低姿态，尊重孩子，为孩子营造一种民主、和谐的氛围，才能达到培养优秀孩子的目的。

著名教育家斯特娜夫人在培养女儿的过程中，就有过这样的经历。我们一起来看一看她是怎么说的：

有一段时间我发现女儿小维妮弗里德逆反心理特别强烈，无论我让她做什么或是教她如何做，她都会反驳几句，有时候甚至是顶撞。从她的话中，我发现了她顶撞的原因，其实是因为她对我产生了怀疑，失去了从前那种绝对的信任。事后我仔细回想，才发现事情的源头是我对她的一次"失信"造成的。

我在假期的时候答应小维妮弗里德，只要她能够提前完成假期的学习任务，我便用剩下的时间带她去郊游。她对郊游有着浓烈的兴趣，因此当我提出这么一个想法时,她的积极性大大提高,开始认真完成她的假期学习。

但最后整个假期我都没有带她去郊游,并不是因为她没有按时完成任务,而是我那段时间没有空闲。小维妮弗里德多次"质问"我为何不带她去郊游,忙于其他事务的我无心跟她解释太多,只是随口说了几句。

对此,我认为,在这之后,小维妮弗里德因为没有得到一个合理的解释就被妈妈否决,心里面产生了巨大波动,从此之后便抓住我的这一"把柄",不断反驳我对她的安排。

为了转变孩子的这种心理,我开始转变自己。每安排孩子做一件事,我都会详细告诉她每一个细节,包括为什么要这么做、为什么不能那样做,等等。这样一来,她的疑问便被消除,做起事来也就不会东想西想。除此之外,我还改正了之前对女儿的态度,所作的承诺也都一一兑现。女儿从中感受到了前所未有的尊重,她的逆反心也就慢慢被淡化了。

看得出,故事中的小维妮弗里德因为妈妈的失信而耿耿于怀,故意和妈妈作对。看完这个故事,妈妈们应该明白,孩子也是需要被尊重的。对他们粗暴的干涉或者随意的敷衍,都会让孩子感觉到自己没有被尊重,由此产生的抵触情绪对孩子的成长以及家庭关系有很大危害。

妈妈们要认清,自己和孩子之间是平等的,孩子不是我们的附属品。他是一个独立的、有生命的个体,他有自己的思想和意志。这就要求我们,不管面对的是多大的孩子,都要摒弃居高临下的心理,做到以平等的姿态与孩子对话。只有如此,我们才会赢得孩子的信赖。

好妈妈教子锦囊

1.放下家长的架子,蹲下来和孩子说话

蹲下来和孩子平视对话,不但拉近了与孩子的物理距离,更拉近了与孩子的心理距离。它体现了妈妈和孩子之间的一种平等关系,从而使孩子更愿

意听从妈妈的教诲。

2.以孩子的思维方式和年龄特点来理解孩子

有的妈妈总喜欢从成人的角度去打量孩子的内心世界，而不去从孩子的思维方式和年龄特点去理解他。这样很容易出现一些亲子矛盾。因此，妈妈在教育孩子的时候，要注意站在孩子的立场去思考事情。比如，安静而专心地倾听他的倾诉，并且在适当的时候用一些简单的词语回应他的感受，例如"嗯，是这样……哦……"只有我们把自己当做他，才更容易体会他所经历的事情对他的影响。

3.有事情要多和孩子商量

想让孩子听话，"统治者"式的暴力手段肯定是不奏效的。妈妈们可以尝试将事情与孩子一起商量，听取孩子的意见与看法，这样才能得到孩子的认可和信任。比如，全家要去春游踏青了，不妨和孩子商量一下你们的目的地。你可以先问孩子，他最想去的地方是哪里？他想看到什么样的景观，想玩些什么，征求孩子的意见后，确定一个让你和孩子都满意的地点。

给孩子一个独立、自由的空间

前面我们就曾提到过，每个孩子都是一个独立的个体。他们需要拥有一个相对完整的、属于自己的世界，这个隐秘的世界是他的自由王国，不希望有外人侵犯。

对此，妈妈们不必担心，更没必要想方设法去获知孩子的心思。我们应该做的，是给他留一点自由的空间，让他在自己的"地盘"里尽情舒展。这样，他会感受到妈妈对自己的尊重和信任，进而更愿意和你沟通，把自己的真实想法告诉你。

一家公司的前台处摆放着一个漂亮的鱼缸,鱼缸里养着 10 多条产自热带的杂交鱼,这些鱼每天尽情地嬉戏。它们身长约 3 寸,脊背上一片红色,头非常大,长得也很漂亮。凡是进出公司的人都会为这些美丽的鱼儿驻足。

转眼,两年的时间过去了,小鱼们的身长没有什么变化,它们也依旧在小小的鱼缸里悠闲畅游着。

周末的一天,公司有一些同事在加班,董事长也带着自己的儿子来了。孩子看到这些长相奇特的小鱼,很是好奇,于是非常兴奋地试图抓出一条来。可是由于小鱼不好抓,慌乱中鱼缸一下子被推到了地上,刹那间碎了一地。顿时,十几条热带鱼可怜巴巴地趴在地上。

这时候,正在工作着的同事们连忙把鱼一条条捡了起来,但是鱼缸碎了,怎么安置它们呢?大家四处看了一下,发现只有院子中的喷水泉可以暂时安放它们。于是,大家把这些鱼放了进去。

两个多月后,公司重新购置了一个新的鱼缸。这时候,大家跑到喷水泉边准备捞出那些漂亮的小鱼。然而,当这些鱼被捞出来的时候,人们惊呆了,仅仅两个多月的时间,它们竟然从 3 寸长长到了近 1 尺的长度。

见此情景,人们七嘴八舌,议论纷纷。有的说喷水泉里可能含有某种矿物质,是它促进了鱼的生长;有的说可能是因为喷水泉的水是活水,最有利于鱼的生长;也有的说那些鱼可能是吃了什么特殊的食物。但不管怎样,都有一个共同的前提,那就是喷水泉要比鱼缸大得多!

这个故事正是"鱼缸法则"的由来。有一些教育家将这个法则引申到了家庭教育之中,并将这种由于给孩子更大空间而带来孩子快速进步的现象称为"鱼缸法则"。

然而,看看我们周围,有多少父母能遵循这一理念,更多的家长时时刻刻都用爱包裹着孩子,借着爱的名义将孩子拘泥在小小的"鱼缸"里。

　　要知道，孩子作为自然的生命，本身具有自由的天性。如果没有独立的自由的空间，孩子的创造力就会被束缚，很多有意思的想法和创意都不会得到发展。

　　所以，妈妈在培养孩子的过程中，应给孩子可以"为所欲为"的地盘，不管是物理意义上的空间还是精神层面的空间，孩子只有在自由的天空下，才能充分发挥他所具备的创造力，才能成长为一个独立自主的成熟的人。

　　克罗非常的乖巧，他的父母也把他照料得很好。只是他们对克罗有比较多的限制，比如不能爬高上梯、不能吮吸手指、不准哭闹、不准大声说话、大人说话的时候不要插嘴，等等。

　　这一系列的"规章制度"刚"颁布"的时候，克罗总是不小心就违反了，他不愿意父母设定的这些条条框框束缚在自己身上。

　　可是，每当他违反了这些规定，他就会遭受到严厉的惩罚。比如他玩耍时把衣服弄脏了，父亲就直接给他一巴掌。渐渐地，在如此严厉的管教之下，克罗学会了完全按照父母所划定的范围来生活和做事情。

　　当然，偶尔克罗也会反抗，他的反抗方式往往是哭闹、绝食甚至离家出走。可是这些对他的父母来讲都无济于事，克罗反而会因此遭受更为严厉的惩罚。

　　随着克罗慢慢长大，这些规定已在他身上留下了深深的烙印，每一条他都能够严格遵守，父母也因此深感自豪。

　　但是，这样一来，克罗本身具有的自由天性和创造力完全被束缚了，他的许多有趣的想法和创意，都被父母的教育方式生生扼杀掉了。

　　长大后的克罗在学习上非常用功，但成绩平平，也没有什么特殊的爱好和特长。

　　独立自主是健康人格的表现之一，它对孩子的生活、学习质量以及未来事业的成功，乃至整个人生都有着重要影响。

　　所以，要想培养出一个优秀的孩子，我们首先应该先培养孩子的独立性,这其中包括独立思考能力、独立做事能力及与他人独立相处的能力。一位知名教育家这样表示,一旦给了孩子独立、自由的空间,就相应地要给孩子一定的独立做事的权利,让孩子去把自己心里所想的做出来,并做得对,做得好。

好妈妈教子锦囊

1.妈妈要尊重孩子的意愿

孩子应该是和父母平等的人,同样需要尊重。作为妈妈,一定要充分认识到这一点,所有任何涉及孩子的事情,都尊重或听取他的意见。如果孩子的意见和我们相左,也要以商量的口吻和孩子进行沟通,以示对孩子的尊重。

2.放手让孩子自己做决定

只要不是原则性的问题或危险的事情,妈妈们都可以放手让孩子自己作决定,而且要多提供孩子自己作决定的机会,比如穿什么衣服,玩什么游戏,讲什么故事,听什么歌曲,等等,都要多听听孩子的意见和想法。只有这样,你的孩子才能成为一个具有独立思想,遇事有主见的人。

3.给孩子行使权利的自由

作为妈妈,有必要了解日常生活中孩子应有的权利和职责,他作为家庭中的一员,有发表自己意见的权利,同时也有不同意父母的意见的权利。任何一件对他们有影响的事,他们都有发言权。

用童心·对待童心，以平等的姿态和孩子说话

一个孩子和一个大人均保持站立姿态时，显然孩子是屈居下风的。这时候两者对话，就很容易形成视线上的距离。特别是大人因为某件事而训斥和批评孩子的时候，这种视线距离无形中拉大了孩子和家长心灵的距离。

妈妈们可以回顾一下，当我们送孩子去幼儿园时，迎接孩子的老师微笑着蹲下来从我们手上接过孩子，和老师站着接过孩子相比，给我们的感受是不是会不一样？前者的做法会让我们感到温暖，而孩子自身也会因此感到更多的温暖和关爱。相反，后者却不会让我们有这样的感受。

那么，对照一下我们自身呢？作为妈妈，我们在和孩子交流的时候，是否习惯了站着说话，习惯了对孩子发号施令？

事实上，每一个孩子，他们非常渴望妈妈的爱，喜欢用语言来表达自己，希望能在与妈妈的交流中来获取爱的信息。

细心的妈妈会不难发现，当孩子还在摇篮里的时候，他就开始渴望与这个世界交流。如果你长时间不搭理他，不冲他微笑，不给他拥抱，那么他就很容易哭闹。可当你凑近了，笑眯眯地叫几声"宝贝"，并在他身上轻轻拍打，那他就会立即停止哭闹，并咯咯地笑出声来。

可是随着孩子一天天长大，妈妈们总是感觉孩子的要求越来越多，"毛病"也越来越多，渐渐地，我们失去了曾经的耐心，每当面对孩子提出问题和要求时，我们总是不耐烦，或者干脆以居高临下的姿态，要求孩子按照自己的想法去执行。我们这样做，对孩子的成长是利多还是弊大呢？

一天，杨女士在接女儿苏苏放学回家的路上，两个人边走边聊着，苏苏

悄悄地说:"妈妈,我想问您件事情。"

杨女士开始还很耐心地说:"问吧,什么事啊,这么神秘。"

苏苏看着妈妈说:"您小时候听老师讲课会犯困吗?"

"有时候会啊,怎么了?"妈妈回答说。

听到这里,苏苏的眼睛立马放光,说:"真的呀?原来妈妈也跟我一样,听老师讲课会犯困啊?!"

杨女士一听女儿这么说就急了,立刻甩掉女儿的手,低下头,用手指着比自己矮很多的女儿说:"你还好意思说,你上课犯困还好意思说!老师上课你睡觉,怪不得成绩一直不好呢!原来你一上课就睡觉啊!你知道,妈妈为了你花了多少心血吗?你简直太让我失望了!"

听着妈妈一通数落,苏苏的眼睛噙满了泪花。而杨女士也在一阵训斥后,气得坐在路边的板凳上。苏苏抽泣着说:"妈妈,你为什么生我的气?我的话还没说完呢,我今天就是在数学课上犯困了,但是我没睡着,我还狠狠地掐了自己一下,下课后,我怕自己没听清楚老师讲的试题,还特意向老师请教了呢?难道我错了吗?"

这时候,杨女士站了起来,盛怒的表情变得温和而内疚,她很后悔没听完孩子的话就横加训斥,她为自己的做法感到懊悔。

同样作为妈妈,在和孩子交流的过程中,你有没有犯杨女士这样的错误呢?其实,交流本身就是一门不难掌握的艺术,只需要我们在和孩子说话的时候,设身处地地站在孩子的角度,耐心地听他把话说完,然后再教导孩子该怎样做。

其实,对于孩子来说,他的要求并不高,只需你耐心地听听他的话,并且给出你的意见,他就满足了,他就觉得你是爱他的。如果作为妈妈,连最起码的交流都不给孩子,他将如何认可你,把你当成一个好妈妈呢?

一天,阿哲的妈妈接到学校老师打来的电话,说阿哲在学校和人打架了,被扣在学校,让家长到学校领人。妈妈听完电话当即火冒三丈,决定这次一定要狠狠教训教训这个调皮鬼。

在去学校的路上，妈妈有了一个想法：如果我打阿哲一顿，难道就真的能收到预想的教育效果，保证他以后不再打架了吗？有了这样的念头，在学校见到阿哲之后，妈妈没有发火，而是平静地将阿哲带回了家。

回家之后，妈妈同样没有发火，而是耐心地帮阿哲在伤口上贴上创可贴，并让阿哲的姥姥下厨为他做了可口的饭菜。当阿哲一口一口地吃着饭菜时，妈妈才开始说，自己是如何担心他，自己是如何盼望他早点回家。听着听着，阿哲的声音哽咽了，哭着扑进妈妈怀里，说自己错了，对不起妈妈，以后再也不打架了，再也不让妈妈担心了。

听了阿哲的承诺，妈妈会心地笑了。

这个故事中，阿哲的妈妈能够从孩子的角度出发看待儿子的过失，使阿哲感受到了妈妈对他人格的尊重，感受到他与妈妈在地位上的平等。

如果你也希望自己的孩子能有同样的感受，那么在他发生状况时，请收敛起你的怒气，以平等的姿态和孩子交流吧！

好妈妈教子锦囊

1.妈妈们要在心理上"蹲下来"

我们所说的"蹲下来"，并不一定是形式上的，更重要的是要求妈妈们能够和孩子站在同一个心理高度上，以平等的态度和眼光，用认真而亲切的态度，把孩子看成一个需要尊重的独立的人。

换句话说，蹲下来和孩子说话，就是从孩子的思维方式和年龄特点，去理解包容你不能接受的事情，同时作恰当的引导和处理。这才是用童心对待童心的最佳典范。

2.让孩子知道，凡事均可与你协商

妈妈们都知道肢体语言的重要性，其实"蹲下来"跟孩子讲话就是一种

非常有效的肢体语言。它能让孩子感受到，妈妈尊重自己的独立人格，遇到事情愿意跟他协商，而不是施以粗暴的命令和简单的指责。

长此以往，孩子就会从内心产生独立感，并能够对事情本身做出合乎情理的判断，而不是要么叛逆、要么过度依赖妈妈。

3.不要否认孩子的体会

作为妈妈，我们不要驳斥孩子的感受，不要贬低孩子的主张，不要污蔑孩子的人格，不要怀疑孩子的经历。相反，所有这些，我们都要承认。

别忘了，孩子也有选择的权利

由于深知当前社会竞争的激烈，妈妈们都恨不得为孩子设计好未来的人生之路，让孩子以最轻松、最简洁的方式成才、成功。

妈妈们的心情无可厚非，哪个父母都希望自己的孩子将来能够出人头地，有一个美好的前程。

带着这样的思路，妈妈们开始提前为孩子勾画一幅幅理想蓝图：小学到哪里去上，该学哪些特长，高中学文科还是理科，大学该上哪一所，专业该选哪一类……

可是，妈妈们是否想过，你在为孩子设计这些美好蓝图的时候，征求了他的意见吗？是从他个人的兴趣和理想出发的吗？

当然，我们不否认，适时适当地给孩子一些学习和生活上的指导是很有必要的，但是如果你什么都干涉，把孩子管得死死的，那么孩子可能都不知道自己要做什么，什么样的生活才是自己想要的。这样的孩子，还怎么会有独立生活的能力呢？这样的做法，又和"代替孩子生活"有什么两样呢？

妈妈们要知道，孩子的人生不是我们的人生，而是他自己的人生，"代替孩子生活"其实是对孩子最大的不尊重。

萧萧一直是个品学兼优的孩子，从小到大，成绩优异，而且一直担任班干部。虽然紧张忙碌，但是萧萧乐此不疲，她觉得这样的生活锻炼了自己的能力，让自己感到充实。

到了初三，萧萧依然是班长。可是，妈妈听说女儿又被评选为班长后，一点也不开心，而是表情严肃地对萧萧说："明天你去和班主任说一下，马上要中考了，这是个关键的时刻，不要当班长了。"

萧萧说："当班长并不影响我的学习呀，不但不影响，还能够让我得到锻炼呢。我不和老师说。"

妈妈听了，更生气了，她不顾女儿的反对，硬是给老师打电话，强行让萧萧辞去了班长职务。

中考的时候，萧萧的妈妈又强迫女儿按照自己的意愿填报志愿，可萧萧并不想上那所高中。

面对着一次又一次被妈妈强迫改变，萧萧感到无比压抑。可是她的妈妈却没有丝毫改变，依然不停地唠叨，说这样做都是为了她好。后来，萧萧再也不像从前那样什么话都和妈妈说了。

到了高考的时候，萧萧不顾妈妈的再三阻拦，毅然选择了一所离家很远的外地大学。

一些父母和故事中萧萧的妈妈很像，总觉得自己是家中的权威，说话是一言九鼎的，做孩子的不得反驳，并且总以为这样是为了孩子好，但却很少顾及孩子的想法。其实，孩子也需要有自己的选择。

我们再来看看峰峰的妈妈是怎么做的吧！

峰峰是个6岁的小男孩，正是"猫也嫌狗也嫌"的时候，他时常表现出来的任性让妈妈很是头痛。

比如，有一天早上，妈妈给峰峰准备了一双黑色的棉袜，峰峰却哭着不肯穿;妈妈又给他换了一双黄色的袜子,他还继续闹,仍然不穿。妈妈只好强行给他套到脚上,并告诉他,再闹下去就该迟到了。

到后来,峰峰闹够了,也哭累了,妈妈让他自己挑到底穿哪双。结果他还是选了原来那双黑色的袜子。

那段时间,峰峰几乎天天这样,对此,峰峰的妈妈苦恼不已。

所幸在一次无意之中,妈妈发现了儿子的秘密。当时,为了省事,妈妈特意准备好了两双袜子,并没有强行给他穿上,而是问了一句:"峰峰,你想先穿黑色的袜子,还是黄色的?"

"黄色!"峰峰很干脆地回答,并没有出现任何不合作的举动。

峰峰如此的配合让妈妈很是不解,她本来预留出 5 分钟和儿子"战斗"的时间的,结果仅仅几秒钟就搞定了。既然如此顺利,妈妈就顺势多问了一句:"峰峰,你准备先穿左脚,还是右脚呢?"

"右脚!"峰峰又是很爽快地回答。

通过这件事,妈妈知道了给儿子选择权的重要性。此后,她都有意识地为儿子创造选择的机会,母子之间再也没有出现以前那样"兵不血刃"的状况。

峰峰之所以做出了让妈妈惊讶的改变,其实根本就在于他得到了选择权。同样是穿袜子,妈妈直接命令他穿哪一双和拿出两双袜子让他挑选,给他的感觉是大不一样的。他潜意识里认为,大人能同意他的选择,就是尊重他,从而产生一种孩子特有的成功感和满足感。

我们知道,现在的孩子接触外界的机会很多,对于很多事情他们都有自己朦胧的看法和态度,这其中包括"选择"这种自我意识的逐渐萌发。

也许有的妈妈会说,孩子的选择未必是正确的呀,他们毕竟还小嘛!

没错,我们尊重孩子的选择,并不能保证他们的每一次选择都正确。说到这里,就有必要再次提醒家长,在给孩子选择权的同时,我们还要培养他们的辨别能力。当然,孩子的辨别能力也是需要在不断地选择实践过程中培养出来的。所以，要想孩子具有很好的辨别能力，妈妈们一定要多提供给孩子自主选择的机会。例如，给孩子购买玩具时，可以问问孩子喜欢要奥特曼还是金甲兽神，是喜欢芭比公主还是米妮；周末的时候，征求孩子是去海洋馆还是科技馆，是乘坐地铁还是公交车；当孩子学习上遇到困难的时候，妈妈只负责帮孩子出出主意，真正解决的办法还是让孩子自己做主……

我们不否认，在孩子选择的过程中，可能会"摔跟头"，走弯路，但是这种尝试，会让他们的辨别能力、认知能力获得提升。

好 妈 妈 教 子 锦 囊

1.妈妈动动脑，换一种方式向孩子提问

当妈妈询问孩子"你想穿什么颜色的毛衣"时，孩子可能会说出一种根本没有的毛衣的颜色。而如果妈妈动一动脑筋，换一种方式问，比如"你想穿这件黄色毛衣，还是那件蓝色毛衣"，这样，妈妈自己既不会感到为难，更重要的是，让孩子体会到一种被尊重的感觉。

2.妈妈要多学习一些儿童心理学和教育学知识

每个孩子都像一个小宇宙，他们的小脑瓜里藏着数不胜数的奥秘。并且，在不同的成长阶段，孩子都会有不同的特点。这就需要妈妈们悉心关注。

在现如今这个以知识为主轴的时代，什么事都讲求专业性，教育孩子亦不例外。作为妈妈，我们不能仅凭常识或过去的那套经验来教育孩子，而需要对如何当妈妈的理论知识多一些了解。为此，我们建议广大妈妈们，我们可以在儿童心理学、家庭教育学等知识的基础上，适时适当地对孩子采取符合其年龄特点的教育方式。

3.在日常生活中让孩子养成"自己想办法"的习惯

前面我们提到过让孩子承担责任的问题。作为负责任的妈妈，我们要让孩子明白，任何人都别想推卸自己的责任，让别人替他收拾残局是不可能

的。当然，我们可以帮助孩子进行分析，也可以在他遇到类似的事情时引导他去主动处理，以帮助孩子提高自主能力。但是，真正的"办法"还是交由孩子自己来想吧！

面对十万个"为什么"，认真回答责无旁贷

每个孩子都是上帝派来的天使，而且每个天使又都是带着"任务"来到人间的，他们需要弄清楚很多很多的问题。这也正是为什么我们的孩子总是充满着对认识世界的满腔热情，表现为对什么都感到好奇，总有问不完的问题：这是什么？那是什么？怎么会这样？为什么那样？

可是小天使们在人间待得太久了之后，他们勤学好奇、大胆提问的情况却少了很多。这是为什么呢？

说到这里，我们不得不反思对孩子的教育：对于孩子的好问，我们都保护他们的积极性了吗？我们是否为孩子们提供了积极提问的环境？我们意识到孩子提不出问题是有什么困难吗？

事实上，由于教育的重结果而轻过程，造成孩子的思维依赖于家长、老师的暗示，喜欢做出简单的判断，习惯于回答选择性封闭式的问题。思维活动逐渐缺乏主动性，懒于思考。当我们反思这一切的时候，或许已经清楚，需要改变曾经的做法，来重新培养孩子"十万个为什么"的劲头和习惯了。

悦悦是个典型的"好奇宝宝"，总是喜欢问个不停。比如，她经常问妈妈：为什么男孩进男厕所，女孩进女厕所；为什么我是从妈妈肚子生出来的，而爸爸不是；为什么小鸟可以在空中飞；为什么天空是蓝色而不是红色，等等。

这些层出不穷的问题，时常让妈妈无从招架，她想不通女儿为什么会有这么多的问题，简直是一个"问题宝宝"！更让悦悦妈妈想不通的是，为什么女儿总是对一些所有人都习以为常的事情感到困惑，于是每次她都会这样回答女儿："小笨蛋，天空本来就是蓝色的"、"小鸟当然要在天上飞啦"、"我是你的妈妈，不是你爸爸的妈妈呀"、"你这脑瓜怎么回事，哪来那么多问题呀，长大你就知道了"……

就这样，在妈妈不耐烦的情绪中，悦悦越来越不爱提问了，从"问题宝宝"变成了"沉默宝宝"。

发现女儿的变化之后，妈妈还以为孩子终于长大了。可是经过一段时间后，妈妈开始觉得不对劲儿了，她发现女儿不但变得沉默，而且在任何问题上也不爱与自己交流。更让妈妈惊讶的是，以前对于学习有较强兴趣的女儿居然有了厌学情绪。

或许悦悦妈妈意识到问题时还不算晚，还有补救的机会。但是我们也不无遗憾地说：是她扼杀了女儿强烈求知的天性，进而让孩子变得沉默寡言，对学习也提不起兴趣。

事实上，孩子天性都比较脆弱，也很敏感。人家好不容易有了兴趣，将"问号"抛给妈妈，结果却碰了一鼻子灰，这样一来，孩子的心里能不难受吗？更严重的是，孩子很可能因为害怕再次受到类似的"伤害"，而不再有好奇心，甚至逐渐地疏远妈妈。

在某教育类书籍里，一个妈妈讲了这样一个故事，告诉重视我们孩子提问的重要性：

寒假期间，我去美国探亲，在那里我结识了表姐的邻居索菲亚。索菲亚是个以色列人，她性格开朗，热情大方。索菲亚的丈夫是美国一家公司的经理，经常在美国与其他各国之间往来；索菲亚独自一人带着女儿安吉尔在美国生活，承担着抚育孩子的重任。

一直以来都听说犹太人非常有智慧，做生意很成功，不知道能不能在教育孩子上找到"蛛丝马迹"?我开始不知不觉地观察索菲亚和安吉尔,希望能够发现精明的犹太人在幼儿教育中的秘密。

没多久,我就发现了。那天,安吉尔从幼儿园回到家,正和我聊天的索菲亚马上就迎了出去。进门之后,索菲亚问安吉尔:"今天你提问了吗?"安吉尔连连点头。"那么,你都问了些什么呢?"索菲亚继续追问。安吉尔开始复述她在这一天中所提过的问题,有的是问幼儿园老师的,有的是问同班小朋友的……问题的内容也是千奇百怪:为什么树叶有红的也有绿的?为什么有的蚂蚁会有翅膀?为什么我不能拿牛奶换你的饼干……我粗略地数了数,这个小丫头一天居然问了二三十个问题。听完安吉尔的话,索菲亚满意地点了点头。

"这是怎么回事?"我向索菲亚道出了心中的困惑。

"提问啊,"索菲亚笑眯眯地回答我,"安吉尔就是个问题篓子,她总是有这样那样的问题,喜欢问个不停。"

随着索菲亚的讲述,我终于明白了。原来,每个犹太人在小的时候,几乎都会被长辈提问。在索菲亚小时候,她爸爸就常会问她,为什么今天与其他日子不同?刚开始时,她认为今天和昨天、明天并没有什么不同。爸爸没有责备她,而是让她每天都问别人10个她不懂的问题;如果没有人回答她,就自己去找出答案。从那以后,索菲亚觉得日子的确不一样了,因为每天都是那样新鲜……

"这没什么。"索菲亚说,"几乎每个犹太家庭的孩子,都是在提问中长大的。"

提问!

我忽然理解了我一直探寻的秘密所在:永远的探求心境!犹太人崇尚创新,认为学习应该以思考为基础,要敢于怀疑,敢于提问,自己所积累的知识自然就越来越多。

看完这个故事,想必我们都会有所启发,"几乎每个犹太家庭的孩子,都是在提问中长大的"。这是多么了不起的教育！

事实上，孩子喜欢问问题，正说明他求知欲强烈，而这样的孩子也就善于思考。所以当孩子向你提出问题时，你首先要表扬他的提问，比如告诉他："这个问题提得好"，或者"你是怎么想到这么好的问题的"，等等。

这样一来，孩子就会很自然地把求知作为自己的欲望，他就会积极主动地通过各种渠道和方式来获取知识，积极地进行思考里面蕴含的问题，并通过亲身体验或者动手操作等来验证自己所学的知识。

好妈妈教子锦囊

1.不要敷衍孩子，不要批评孩子

当孩子提出问题，有的妈妈为了省事，便随意应付一下孩子，或者批评孩子不着边际的提问。实际上，这都是非常错误的做法。

这些妈妈不知道，自己这种对待孩子提问的方式，一方面可能给孩子留下错误的答案，而这个答案会形成一种偏见根植于孩子的观念之中，在以后的日子里孩子很可能会按照错误的道路行走，其中的危险应该是显而易见的。另一方面，有些孩子因为敏感而聪明，他们发现了妈妈的不耐烦后，会产生对妈妈的不信任感，之后遇到什么事要也不愿意再向妈妈询问，而保持一种缄默、沉闷的生活方式。所以，当孩子向你提出问题后，不管他的问题听上去有多离谱，也不管你能否马上给他答案，你都不要用敷衍的态度来对待孩子的提问，更不应该批评他。

2.即使简单的问题也不要认为"没价值"

有一些妈妈在遇到孩子提问时，觉得问题实在可笑，于是便以"没价值"而冷淡处理之。其实，问题是简单还是较为深入，这与孩子对事物的观察程度与平时积累的认识经验有着密切的联系，而且孩子在简单问题的思考中常常能发现更多深层次问题。所以，作为妈妈，有必要不厌其烦地听取孩子提出的简单的问题。当孩子拥有了一个积极宽松的提问环境,那么他才会更容易养成良好的思考和学习的习惯。

3.在问题面前,引导孩子自己去思考

孩子通过问问题,可以培养其独立思考、探索新知的能力。不过,面对孩子的提问,妈妈们可以和孩子一起寻找答案,偶尔遇到难以解决的问题,妈妈也最好引导和鼓励孩子,让他自己有思考的空间,这样孩子对于问题会有更深入、更深刻的认识。

打击孩子是无比恶劣的事

妈妈们总是希望自己的孩子凡事做得都很完美,可是实际上这种可能性基本是不存在的。孩子降临到这个世界上,对事物的了解是一片空白,他们正是通过实践,经过一个个错误,才逐步认识了世界,积累了经验,学会如何去做人做事。

因此,面对孩子的过错,妈妈们要认真分析其做错事的动机,采取正确的方法来对待。而不应打击孩子的积极性,逮住孩子就一顿责骂,甚至由此"判定"孩子一无是处,将来也"没出息"。这样不是引起孩子的反感,让孩子和你对着干,就是扼杀了孩子探究事物的兴趣,从此以后做事畏首畏尾。这样的结果恐怕是每个妈妈都不希望看到的。

苏岩年轻时的梦想是成为一名优秀的舞蹈演员,可是由于种种原因,最终没能实现。

当有了女儿后,苏岩便把舞蹈演员的梦想寄托到了孩子身上,希望让孩子来替自己实现梦想。

苏岩的女儿彤彤是个可爱、听话的孩子,从 5 岁起就被妈妈送进了舞蹈班。但由于对舞蹈缺乏兴趣，彤彤不止一次地哭闹说不愿意学习舞蹈，想学钢琴。

可是苏岩却严厉拒绝了彤彤的要求。她说："你看看电视上那些舞蹈家的舞姿多么优美啊，气质多么高贵呀，你不羡慕吗？才吃这么点苦你就受不了，将来肯定没出息。如果你不继续学，或者学不好的话，以后我就当没你这个女儿。"

在妈妈的压迫下，彤彤勉为其难地继续学着。可是彤彤8岁那年，她的身体发生了较大的变化，短短半年之内，体重增长了10斤，而个头却没有增高太多。苏岩看在眼里急在心上，因为她很清楚，学舞蹈的人是最忌讳发胖的。于是，为了让女儿赶紧瘦下来，苏岩每天都费尽心思给彤彤"减肥"，让她每天早上跑400米，并限制她的食物量和食物种类。

尽管如此，彤彤的状况并没有好转，她比同龄孩子高大、强壮很多。为此，舞蹈老师告诉苏岩，说彤彤这孩子可能不适合学习舞蹈。

听了老师的话，苏岩垂头丧气地带着彤彤回家了。彤彤看见妈妈黯然的神情，安慰地说："妈妈您别生气了，我学不成舞蹈，还可以去学别的嘛，比如钢琴呀，绘画呀。再说我本来就不喜欢学舞蹈嘛！"

听女儿这样说，苏岩气得直瞪眼，她激动地说："你看看你，整天就想着吃，都快胖成猪了！你还学什么钢琴啊？看看你这不争气的样子，什么都学不成！"

妈妈的话深深刺伤着彤彤幼小的心灵，她边听边掉着眼泪。

从这次被妈妈打击之后，彤彤就像变了个人似的，以前那个开朗活泼的女孩不见了，取而代之的是一个沉默寡言、怕见生人的腼腆孩子。

通过这个故事我们可以看出，来自妈妈的打击对彤彤有着多么惨痛的影响和教训！

很多妈妈也和苏岩一样，一旦发觉孩子做某件事达不到自己的标准，就表现出极大的失望，于是就开始打击孩子，用言语贬低孩子，让孩子觉得自己真的一无是处。

但是这些妈妈不知道，等孩子长大以后，这些压抑的情绪就会在各方面反映出来，他在爱情、工作以及同他人的关系中都会受到影响。越是那些妈妈投入精力多的孩子，这种表现就越明显。

蒋婉云学习成绩一直不太好，而且不光是学习，其他方面她的表现也很少能让父母满意。比如她从来都不知道做家务，也根本就不会做。妈妈经常批评她说："你看看你，都10岁了，还什么都不会做，吃完饭就把碗筷一推，从来就不知道帮助妈妈做点家务。"

也许是妈妈的批评真的起了作用，蒋婉云有一段时间真的知道帮妈妈做家务了。那段日子每到吃完饭的时候她都很积极地收拾碗筷，帮妈妈打扫卫生，甚至能自己洗袜子了。看到妈妈欣慰的样子，她也觉得美滋滋的。

不过好景不长，那次期中考试，蒋婉云的数学没有及格，其他几科分数也都不高，妈妈看了她的成绩单之后长吁短叹，没有说话。吃过晚饭后因为害怕妈妈批评，她显得小心翼翼，轻轻地收拾着碗筷。妈妈说："你别收拾了，过来说说你的学习情况吧。"蒋婉云说："等我收拾完吧，很快。"妈妈生气地站了起来，大声地说："你还有心思收拾饭桌！哪用得着你了？学习成绩这个德行，你干什么都不行！"蒋婉云当时就愣在了那里，红着脸低下了头。从那以后，她再也没帮过妈妈做家务。

妈妈们都知道，溺爱会给孩子的成长带来种种负面影响。但是，我们也要知道，孩子的心理是脆弱的，特别是在依赖父母的鼓励和指导方面，他们往往需要父母的大力支持和正面的暗示。所以，妈妈要注意，既要做到不溺爱，又要懂得孩子需要什么，切忌打击到孩子的自信心和积极性，否则孩子会在幼小的心底埋下阴暗、自卑的种子。

有一位教育心理学家曾这样说过：一个在父母的苛责中成长的孩子，会潜意识地认为无论做什么都得不到父母的认可。长此下去，就会失去进步的愿望，变得不自信，没有自尊，消极而怪僻。因此，妈妈们要经常给予孩子鼓励和肯定,有进步就赞赏,遇挫折则引导,培养他的自尊心和自信心,造就其良好的学习和生活习惯。

好妈妈教子锦囊

1.妈妈要以亲切、活泼、愉快的言语激发孩子

妈妈们要注意的是,你的态度是极其重要的,要站在孩子的角度,以理解孩子的语气,肯定孩子的成绩,继而提出新的要求,这样就会很自然地激发出孩子做事的积极性来。

2.妈妈多引导孩子积极活动

当孩子参与到某种活动或者游戏中时,妈妈的积极参与同样能够激发孩子做事的积极性和主动性。因为你的参与,能让孩子从中获取更多的满足和快乐。

3.妈妈一定要尊重孩子的自尊心

如果妈妈用讽刺或者训斥的语气来对待孩子,那么孩子的自尊心和自信心会受到极大挫伤,从而做什么事也就缺乏动力和积极性,甚至产生畏惧、逃避的心理。相反,来自于妈妈的鼓励却能使孩子产生一种良好的"连锁反应",激发孩子对新知识的学习欲望,或对旧知识继续努力巩固的愿望。

第六章
妈妈知足常乐不攀比，
孩子谦虚谨慎常进步

当下，在一些美国学校里有一个新的流行词汇："中国妈妈"。这一称呼居然是专门用来指那些拿自己的孩子和别人攀比、对孩子的事情喜欢包办的家长。专家指出，虽然这种说法有妖魔化中国妈妈形象的倾向，却一针见血地指出了目前很多中国家长依然存在的教育问题。

当然，我们知道小孩子都有胜过别人的心思，这是天性使然。为此，妈妈们应该多肯定孩子，尽力让他们在各方面获得成就感。不过这个度一定要把握好，不要事事都去评价，批评要尽可能地少，表扬也要有所克制。让孩子无忧无虑地去做一些事情，既不在乎别人做得如何，也不在乎自己做得如何，这是最好的。即便孩子自己主动去跟别人比，妈妈们也要一笑了之，不用给孩子讲大道理，因为你无所谓的态度实际上是孩子谦虚谨慎、不断进步的"助推器"。

孩子，不是拿来比的

或许是现代家庭多是一个子女导致关注焦点过于集中的缘故，也或许是因为社会激烈竞争的残酷，很多妈妈都将那句"不能让孩子输在起跑线上"奉为圭臬，时时处处怕自己的孩子落于人后。由这种心理状态直接衍生出了一种行为模式，即攀比。

如果注意一下，我们会发现这样一些现象：在与别的孩子比较的过程中，如果自己的孩子更优秀，妈妈就很得意；如果自己的孩子不如其他孩子，妈妈们就严厉地要求自己的孩子向别人看齐，而丝毫不在乎孩子的心理感受。

实际上，在孩子们的心中，是有着好胜的天性的。对于周围熟悉的同伴，孩子往往比妈妈更了解对方，知道那个孩子有妈妈不知道的缺点，甚至觉得对方并不值得自己向他学习。这样一来，孩子很可能不为所动。更何况，孩子本身也不是很希望自己总被妈妈拿来和别的孩子比较，他们从内心里十分厌恶这样的做法。长此以往，孩子的逆反心理也就油然而生了。

一家教育机构曾做过一个相关的调查，让我们听听孩子们是怎么说的吧！

孩子甲："我妈妈从来不考虑我的感受，总是拿我和她的同事、同学家的孩子们比。有一次，她同事家的孩子在一个著名儿童刊物上发表了一篇文章，她回家就冲我嚷嚷：'你不是也爱写作文吗？你怎么没像人家一样发表一下让我看看？'有一次，她同学的孩子在奥数比赛中得了第二名，她回家后便说：'人家奥数能得第二名，将来选择中学就容易很多，这是资本呀！可你呢？学什么都不像什么，真是愁人！'在多次这样的情况发生后，我终于抑制不住了，冲妈妈吼道：'妈妈，你也在政府部门工作，怎么就没能当个市长书记的呢？'"

孩子乙："我妈妈从小学习成绩好，但因为高考失利而错失了好的大学。没想到，她没实现的愿望居然成了我的包袱。她一心想让我考清华或者北大。我虽然成绩不错，但是整天被妈妈这样逼迫着，也真够累的。为了所谓的鞭策，妈妈总是拿那些成绩好的孩子和我比，即使我考了全班第一，她也会说，你知道全校第一是多少分吗？你知道全区第一吗？你知道全市第一吗？天哪，每当听到妈妈连珠炮般的比较，我的头都大了。"

孩子丙："妈妈每次都只会拿我和别人比，而不是想办法教导我怎么做。比如，她看到朋友的女儿自己叠衣服，自己整理书包、玩具等，她就数落我：'你看看人家多勤快，自己就能把这些事做好，可你总是依赖妈妈，你什么时候才能长大呀！'一开始，我对妈妈的话还有些在意，也会尽量去改正和完善自己。但是当她这样三番五次地说，我的耳朵都起茧了，所以，对她的话，我也渐渐不在意了。"

从孩子们的这些内心"独白"中可以看到，如果妈妈没有设身处地地站在孩子的角度，对孩子内心的想法是无从知晓的，如此一来，也就永远不会理解孩子。

事实上，孩子各不相同，家庭环境也不同，妈妈们对其教育的方式和理念也不尽相同，所以，我们没有必要拿自己的孩子当做炫耀品。这样无休止地和别的孩子来比较，对于孩子的成长是没有什么正面作用的。

我国民间有句俗谚："一畦萝卜一畦菜，自己的孩子自己爱。黄鼠狼养的孩子是香的，刺猬养的孩子是光的。"排除溺爱和偏爱，通过这句话，妈妈们可以懂得维护孩子自尊的必要性，我们应该看到的是自己孩子的长处，而不是和其他孩子进行不对等或者刺激性的比较。

1.纵向比较,而不是横向比较

每个孩子都会有自己的潜力和特质,随着一天天的成长,这些潜力和特质会更多地体现出来。妈妈们需要做的,不是去和别的孩子做横向的比较,而是让孩子和他自己进行比较。看看曾经的他是什么样,现在比当初有了多少进步。这样一来,不但妈妈能感受到孩子的进步,孩子自己也会因此而更加自信。

2.相信自己的孩子是独一无二的

人外有人、天外有天,如果家长要拿自己的孩子和每个孩子都来比较的话,不可能总是自己的孩子是最优秀的。但是,妈妈们需要认识到,每个孩子都是有自己的长处和短处的。盲目地攀比只会抹杀孩子的个性、打击孩子的自信,对孩子的成长是绝无好处的。

3.不拿成绩做"参考"

妈妈们还需要清楚的是,孩子的成长和进步并不完全体现在成绩上,如果在这方面盲目攀比,其结果必然是孩子的个性消失,甚至是个性的扭曲。

无谓的攀比只能使孩子失去信心·

不得不承认,攀比似乎是人的通病,大到升职加薪,买房买车,小到谁家生了孙子,谁家的宠物狗更温顺,等等。

同样地,生活中我们也可以见到很多妈妈喜欢拿自己的孩子和别人的孩子作比较。她们常以充满赞叹的口吻对自己的孩子说"你看看某某多聪明"、"你看看你的同桌"、"楼上王叔叔家的佟佟比你有礼貌"之类的话。这种说法假如作为一种教育策略，合理引导的话，可能有利于激发孩子的上进心。因为小伙伴作为正面榜样会对孩子带来积极的影响，但如果妈妈们出于严重的攀比心理，忽视孩子之间的个性差异的话，那么孩子就很可能成为模式化教育的牺牲品。

我们来看一个案例：

孔女士是一位教子有方的妈妈，她的儿子穆尔不但综合素质较同龄孩子高，而且学习成绩也非常优异。即使有时候遭遇失败，穆尔也能够很快振作起来，分析失败的原因，寻求解决的方法。

而他的两个邻居小朋友，就没这么幸运了。

那两个女孩子是同班同学，两个人从小一起长大，各方面的成绩都比较出色，而她们的妈妈经常暗地里"攀比女儿"。当对方的孩子取得了比自己孩子优异的成绩，她们就会教训自己的孩子。

这在孔女士看来，实在是极为愚蠢的做法。她从不会拿别人的孩子来和自己的孩子做比较，即使穆尔做得不如其他孩子好。

或许正是妈妈的这种做法，穆尔一直都很自信，即使遇到挫折也不会轻易放弃。

孔女士认为，作为妈妈，应该从内心深处杜绝"攀比孩子"的想法，不要用别的孩子作例子来给自己孩子压力，要用一颗平常心来对待孩子暂时的不足，对孩子多一些鼓励，多一些赏识。良好的教育意识与能力应该成为每一位家长的自觉追求。

可以说，爱攀比的妈妈都有一颗望子成龙的"痴心"。然而，那些无谓的攀比，所起的作用无非是慢慢毁掉孩子的自信心。

因为哪个孩子都不愿意被别人说差，他们都希望得到周围人的认可和肯定，尤其是来自他们最信任的妈妈的肯定。孩子们会从成人的评价里，获得对自己的认识。如果妈妈总是强调孩子比别人差，那么就会使孩子经常自我否定,以至于让孩子在成长中遇到困难就恐慌、退缩。如此,孩子的心理必然会受到伤害。

前面我们提到过,没有两个完全相同的孩子,每个孩子都有其各自的性格、天赋和能力。如果妈妈们一味地攀比,看不到自己孩子的长处而只看到其短处,那么最终教育的效果可能会和你的初衷背道而驰。

事实上,妈妈们盲目的攀比是一种对自己的孩子缺乏信心的表现。我们应该做的不是攀比,而是认真地研究一下自己的孩子为什么不如别人,自己的孩子有哪些地方是比别人强的。如果你不希望自己的孩子在挫折面前丧失信心,觉得自己不如别人,甚至对妈妈产生憎恨,那么就按照我们建议的去做吧!

好 妈 妈 教 子 锦 囊

1.尊重孩子的天性

前面已经提到了,每个人有每个人的特点和优势,妈妈们要尊重自己孩子的天性,不要盲目跟风,人家孩子学这个我就让自己的孩子学这个,人家孩子上北大我就让自己孩子上清华,这样的做法都是不可取的。其实,做妈妈的只有找到适合自己孩子的发展道路,按照孩子的天性去培养,让孩子按照他自己的规律去成长,孩子才可能获得幸福和成功。

2.培养孩子的个性

事实上,每个孩子都是独立的个体,和其他人没有太多的可比性。让孩子学习别人的优点固然重要,但是成长为一个有独特个性的人则更重要。无论如何,妈妈们都要鼓励孩子在生命的交响乐中演奏属于自己的乐章,而不要人云亦云,盲目跟风。这样才能够使孩子的潜能发挥到最大,使孩子的自信心增强,孩子也才更容易取得成功和获得快乐。

3.妈妈要保持一颗平常心

如果想让自己做一个称职的妈妈，那么首先我们应该做的就是坚定地杜绝自己心里存在的"攀比孩子"的想法，不要企图用别的孩子作例子来给自己孩子施加压力，而要用一颗平常心来对待孩子存在的不足，另外还要告诉自己，这种不足是暂时的，孩子终有一天会赶超上来。

让孩子明白进步比分数更重要

在孩子们中间常出现这样的声音："分分分，学生的命根；考考考，老师的法宝；罚罚罚，家长的家法。"

通过这句话，我们可以看到，应试教育导致分数成为了衡量孩子的"唯一标准"。不管是老师，还是家长，抑或学生，既是"考试"这场看不见硝烟的"战争"的参与者，又是这场战争的受害者。

当然，这不能怪老师，也不能怪家长，因为这是应试教育所带来的结果。从上个世纪80年代起，虽然素质教育应运而生，但到实际操作过程中，分数依然是衡量孩子学习好坏的重要标准，甚至是唯一标准。

我们从下面这对母女的对话中，看看分数的重要性吧。

"闺女，这次考试考得怎么样？"

"妈妈，我发挥得不好，对不起哦。"

"说'对不起'有用吗？成绩单拿来给我看看！"妈妈迫不及待地从女儿的手里夺过成绩单。

"怎么连这么简单的题都做错，你都是怎么学的呀？我真怀疑你的脑子是用来吃饭的！"

女孩使劲低着头，很难过地说："妈妈，以后我会改正的，下次我一定努力。"

"你就知道下次，下次能好到哪里去！你这样下去，怎么能考好学校，考不上好学校怎么能有好工作，好前途。你能不能有点出息呀，考个 100 分让我瞧瞧！"

"妈妈，我的科学实验课得了 100 分呢。"

"那又不是主课，得 1000 分又有什么用？"

女孩小心翼翼地解释，换来的却是妈妈更加严厉的责骂，一场由"分数"引发的战争让整个家里不得安宁……

类似的场景或许在你的家里也曾经上演过。诚然，受教育体制的影响，妈妈们一点不重视自己孩子的分数也不现实。这样的心情是可以理解的，毕竟分数是当前一个阶段孩子学习状况的重要反映。但是，如果妈妈们不能客观看待孩子，而只顾了追求高分，那样只会伤害到孩子，让孩子感到恐慌，产生厌学心理。

因此，作为妈妈，我们有必要在适当重视分数的前提下，认清分数到底是个什么东西。

其实，分数只是对孩子一个阶段学习状况的记录，是学习效果的一个衡量尺度。考得分数高，说明对之前一段时间所学内容掌握得比较好；考得分数低，说明之前这段时间学习的内容没有把握好，仅此而已。分数不能作为划分"好孩子"和"坏孩子"的标准，不能说明什么，更不能代表孩子的一辈子！

如果你过多强调分数，而忽视孩子情感的教育，往往会给孩子造成巨大的心理压力，影响孩子精神与情感的健康发展。那么，妈妈们应该怎么做呢？

我们建议，妈妈们最好客观地看待孩子的分数，帮助孩子分析他失利的原因，并寻求合适的方法，争取让孩子在以后的考试中取得好的成绩。

其实，妈妈的理解和关爱，更容易让孩子带着放松的心情投入到学习和

考试中,这样孩子取得好成绩的可能性反而更高呢!一位妈妈曾经讲过这样
一个故事,我们一起来看一下:

我有一个女儿,现在在上四年级,回味起她期末考试前后的一些片段,
我有很多想法。

考试前一天晚上,女儿突然告诉我:"妈妈,中午的时候我做了一个梦,
梦见我数学考试的时候做错了好多题目,结果只考了 50 分,连及格线都不
到!"随后,她又对我说:"明天早上,我要拿一根油条,两个鸡蛋做早餐。"

我明白她做这样的梦是因为她经常在考试中粗心大意,使数学成绩总
也提高不上来,内心过于紧张而导致的不安情绪的反映,而她提出来的吃油
条和鸡蛋的要求无非是寻求心理上的安慰。我当然毫不犹豫地满足了她。

另外一次和考试有关的对话,则让我体会到她是因为太想考好而说出
来的。

那是放暑假的前一天晚上,女儿对我说:"明天就要知道考试成绩了,好
期待呀!妈妈,如果我考得不好你会不会骂我啊?"

我对她说:"如果你考得成绩不理想,妈妈是不会骂你的;可如果你每一
科全都考 100 分,我也不会使劲地表扬你。因为一次考试没考好,不能抹杀
掉你身上的优点;如果全考满分,也不能掩盖你身上所存在的缺点,只能说
明你对卷面上的这些知识掌握得还行。你的那些缺点:做事马虎,学习缺乏
条理性及坚持性,平时有点好逸恶劳还是得改掉的。分数不是最重要的,重
要的是你不断取得进步。"

第二天上班的时候我接到女儿的电话,电话里,她告诉我,期末考试的
成绩出来了,数学有一点小的失误,但总体来说,分数还行。

故事中这位妈妈的观点很值得我们学习。的确,分数并不是孩子的全
部,我们没必要因为孩子的一次考试而把他视作宝贝或者笨蛋。要知道,孩
子学习的目的是为了掌握知识,并在学习的过程中养成不怕困难,敢于直面
挑战的良好习惯。这些才是孩子成长过程中最重要的元素。

1.别把分数看得太重,应该全面看待孩子的发展

钱钟书先生是众所周知的文学界的泰斗人物,但是当年他的数学却考过零分。如果按分数的标准来衡量,他连及格都不算。可是,他在中国文学界却是泰斗级别的大师,他的文学水平到现在也鲜有人能及。如若当年他的父母单纯强调他的成绩,让他必须考高分,那么很可能,我们中国就丧失了这位大师级别的人物。所以说,分数不是考评孩子的唯一标准,妈妈们要全面看待孩子的发展。

2.正确看待考试成绩,及时总结,查漏补缺

孩子的考试是对前面一个阶段学习状况的反映,考试的目的是考察其对于所学知识的掌握情况,帮助其找到容易疏忽的知识点,查漏补缺,以便在将来的学习中能够有的放矢,为将来更好地学习打下基础。

如果考得好,那么妈妈就可以帮孩子找出成功的原因,再接再厉,继续前进;如果考得不理想,妈妈们要结合试卷,和孩子一起分析原因,找到今后努力的方向。

3.对于成绩不理想的孩子,要多关注其身体和心理

根据孩子们的心理反应来看,越是成绩不理想的孩子,越害怕听到类似"快去学习"、"作业写完了吗?"这样的话。因为听得多了,他们会感到厌烦,进而将学习看作是一种负担,产生厌学的情绪。但是,如果妈妈们换一种思考方式,改关注孩子的学习为关注其身体和心理的健康,情况就会好很多了。因为妈妈这样做的话,孩子就能够在一种轻松的环境中意识到学习是自己的事情,他就会因为妈妈的关心和鼓励而变得自信,也会在学习时更加努力。

犯错是允许的，但要在错误中学会成长

一些妈妈在对待孩子时非常严厉，不允许孩子犯错。每当发现孩子有做得不对的地方，或者做得不够好，就横加斥责。还有的妈妈受传统教育思想的影响较为严重，认为"严管出孝子"，于是她们时时处处拒绝孩子的所作所为。在这种理念支配下，她们不分青红皂白地对孩子所有的要求都进行否定，这个也不行，那个也不能。例如，滑梯很高，不准滑；厨房有火，不许过去；老实坐着，不许乱动……

岂不知，这样长期下去，很容易导致孩子出现缺乏自信的不良个性，他会认为自己什么都做不好，而且心理上也会因妈妈的这种"特殊"的爱而发育不良。换句话说，妈妈们这样的做法很容易扼杀掉孩子对生活和学习的自发性、主动性和积极性。到头来，孩子会因为害怕犯错而不敢主动尝试新鲜事物。那时候，孩子的求知欲和探索欲就会被扼杀掉，后果当然不堪设想。

因此说来，即便你面对的是一个经常犯错的孩子，也不必太过担忧。你需要做的是善加引导，让孩子从错误中学会一些东西，而不是坚决杜绝他犯错。

周末的一天，莉莉的妈妈准备拿出织了一半的毛衣继续织，可是当她找到织了一半的毛衣后，顿时呆住了。原来，毛衣针已经被抽掉两根，而且织好了的部分也因为毛衣针的抽走而脱线了。

妈妈想了想，就想到肯定是女儿莉莉干的。

妈妈把莉莉叫过来问："莉莉，毛衣针是你抽掉的吗？"

莉莉看到事情败露，虽然心虚，但是还是不敢承认，她战战兢兢地说："我不知道。"

妈妈没有生气，而是继续保持平静地说："是你弄的也没关系，妈妈不说你，只是想知道是谁把毛衣弄坏的。"

莉莉低下头说："是我弄坏的，我那天觉得织毛衣很有趣，就拿过来看了，结果不小心……就把毛衣针给抽掉了。可是，我不知道该怎么才能恢复原来的样子，所以就放在那儿了……"

妈妈点点头，说："承认了就是好孩子，弄坏了东西没关系，妈妈不怪你。不过，如果你感兴趣，不妨考虑一下，自己学着织一点简单的毛线活。"

听了妈妈的话，莉莉别提有多高兴了，她连忙让妈妈教自己怎么织东西。

妈妈趁热打铁，对莉莉说："宝贝，你把毛衣针抽掉了没关系，但是如果你哪天把水管弄坏了，流了很多水，你怎么办？如果你点了火，家里有东西烧着了，你怎么办？所以，犯了错误首先要告诉妈妈，我们会帮你解决，如果你自己能解决呢，那就最好了。"

莉莉煞有介事地点点头说："妈妈我知道了，如果我以后犯了错，我一定先告诉你的。"

莉莉的妈妈做得很好，她没有指责孩子，而是循循善诱地引导孩子承认错误，并认识到不告诉妈妈事实的危害。

试想，如果莉莉的妈妈对孩子严厉呵斥，会得到怎样的结果？

事实上，在孩子漫长的成长过程中，不犯错是不可能的。如果让孩子体会到你对于犯错的"厌恶"，那么当他一旦犯错，心里就会产生恐惧感，蹦进脑子的第一个念头就是："完了，妈妈知道了怎么办？她会打烂我的屁股的。"所以说，不允许孩子犯错，往往会造成一定的负面影响。

这些妈妈们没有认识到，从古至今，社会的进步过程都遵循着错误——学习——尝试——纠正这样一个规律。正是通过不断地循环，我们人类才得以成长，世界才得以进步。而孩子的成长过程又何尝不是如此？如果我们把错误这个使之进步的源头彻底消灭，那么孩子也就难有成长的机会。所以，我们不应该对孩子的过错横加指责，而是要尽量把孩子的错误当成学习的过程。允许他犯错误，让他在错误中得到真理，得到做事的正确方法才是明智的选择。

去年暑假，萍萍跟随爸爸妈妈一起到夏威夷游玩。那天，正当他们一家在著名的黑沙滩上散步的时候，萍萍忽然高兴地跑到妈妈身边说："妈妈，你看，这是什么？"

原来，萍萍用自己的纸船跟一个俄罗斯小朋友换了一只模拟的玩具船。

很显然，萍萍用纸折成的船的价格和俄罗斯小朋友的玩具船的价格相差甚远，一个顶多值 3 美分，而一个却要 20 美元左右。

妈妈了解了情况后，对萍萍说道："萍萍，这就是你的不对了，怎么能这么爱占别人的便宜呢？赶紧去跟人家换过来！"

萍萍只好满脸沮丧地走向那个俄罗斯女孩。萍萍的妈妈也跟着走近女孩，并对一旁的女孩的妈妈说："对不起，我的女儿不懂事。"

她的话让那位俄罗斯妈妈感到很是诧异。她说："玩具是我孩子的，她完全可以做主，再说她们俩做好的约定，是要遵守的。待会儿我会带她再去买一只，让她知道这条船值多少钱，能买多少纸船，下次她就不会再犯这样的错误了。"

这位俄罗斯妈妈的一席话，让萍萍的妈妈有些无地自容。这位妈妈不但一句都没有批评孩子，而且非常尊重孩子的权利，并通过有效措施，让孩子认识到自己的错误。这一点是同样作为妈妈的自己所不具备的。

正在看这本书的你，同样作为妈妈，假设你是那位俄罗斯女孩的妈妈的话，你会像她这样做吗？

还是那句话，孩子不犯错是不可能的，但是我们不能因孩子的一两次错误而将他"一棍子打死"。我们应该像故事中那位俄罗斯妈妈那样，在允许并尊重孩子犯错行为的基础上，采取可行的办法，让孩子认识到自己的错误，并从错误中学会更多的东西。

1.把孩子的错误当成促进学习的过程

很多时候，孩子犯错的原因是因为不够专心、缺乏耐心，或者能力不足导致的。这时候，妈妈们要耐心地给予指导和支持，而不是胡乱批评孩子，否则很容易让孩子产生自卑甚至罪恶的感觉。我们应该利用孩子犯错的机会，让他认识到自己的不足和失误，以免在以后的生活和学习中再犯同类错误。

2.让孩子为自己的错误付出一点代价

任何人为自己犯下的错误付出代价都是天经地义的，即使是孩子也不例外。如果没有因为犯下的错误受到相应的惩罚，那么很可能他的错误还会延续下去。如果留意一下我们会发现，有很多妈妈在看到孩子犯了错后，就马上帮孩子纠正，就像上面那位中国妈妈一样。虽说这样会让孩子意识到自己的错，但是由于没得到相应的惩罚而不会留下太深的印象，以后犯同类错误也就在所难免了。

引导孩子学会接受不可避免的事实

在压力面前，有的人坚持顶住，有的人选择逃避。很多心理建设不完善的孩子，当承受的压力太大时，他们会用逃避现实的方法来化解，比如，通过幻想、想象为自己营造出一个理想化的、美好的"自我世界"，把现实生活中的压力拒之于外。

岂不知，理想的、美化的东西总是容易破碎的。当孩子的心思、意念长期被这种想象中的美好浸泡，那么当回归到现实中时，他的内心就会脆弱得不堪一击，甚至被现实彻底击倒。

诚然，每个妈妈都希望自己的孩子能够学会接受现实，承受压力，只有这样，孩子才能在逆境中不退缩，将来才会有出息。

有些妈妈大概听说过塔克斯这位科学家的名字。塔克斯常说这样一句话："人生加诸我的任何事情，我都能接受，只除了一样，就是瞎眼。那是我永远也没有办法忍受的。"然而上帝似乎真要和他开一个玩笑，就在他年逾花甲之际，患了白内障，他最害怕的事情终于发生了。

之后，他不得不在一年之内做了 12 次手术。虽然经受着无法想象的痛苦，但是他知道没有办法逃避，唯一能减轻痛苦的办法就是欣然承受。

但是，塔克斯并没有一直沉浸在痛苦里，在自怨自艾了半年后，他突然醒悟道："我发现自己能承受失明，即使是我五种感官完全丧失了，我还能够继续生存在我的思想里，在思想里观察，在思想里生活。"

经历过这场灾难，使塔克斯了解到生命所能带给他的没有一样是他不能忍受的，对于现实他自己是这样说的："瞎眼并不令人难过，难过的是你不能忍受瞎眼。"

看完这个故事，我们不得不佩服塔克斯的勇敢和顽强。但是诚如他所领悟到的，任何人的一生都不会是一帆风顺的，正所谓"人生不如意事十之八九"。当厄运来临，我们能做出的最好行动就是积极面对残酷的现实，然后寻求解决的办法。所以，作为妈妈，为了我们的孩子将来能够在坎坷的人生路上走得坚韧，我们就必须教会孩子正确面对生活中的挫折，学会接受不可改变的现实。

有一位国外女演员，深受观众的喜爱，后来她跨入商界，把公司经营得如日中天。可到了古稀之年不幸降临，她遭遇了公司破产的窘境。

更为不幸的是，祸不单行，几乎与此同时，她的医生告诉她必须得锯掉那条因为摔伤而患有静脉炎的腿。

医生告诉女演员病情的时候，心里捏着一把汗，他担心她无法承受。然而，事实却出乎他的意料，女演员只是平静地看了他几秒钟，然后很平静地说："如果非这样不可的话，那就按您说的进行吧。"

听到女演员这么说，医生顿时眼光放亮，这实在出乎他的意料。他万万想不到，一个美了一辈子的女演员居然能如此平静地接受从一个完整人到一个残疾人的手术。

在女演员将被推进手术室的时候，她的儿子痛苦得泪流满面，而她却温和地告诉儿子："孩子，不要走开，我马上就回来。"

手术顺利地完成了。虽然她失去了一条腿，但是让人们意想不到的是，她开始了环游世界的伟大创举，而且还在一些特定的地区特定的场合进行演说，让喜欢她的人们又为她疯狂了近10年的时间。

看了这位女演员的故事，想必每个妈妈都会深深为之震撼。对于一般人而言，能够接受截肢手术已经是难以想象的痛苦了，而这个女演员不但平静地接受了，而且在手术后还游历各国。事实上，正是她这股厄运面前勇于面对的积极心态起到了决定性作用。如果没有这样的心态，她或许不敢接受截肢手术；如果没有这样的心态，即使接受了手术，她也很难再环游世界。

而这一切，都是因为心里那个接受现实的顽强信念。因此，在经历经济打击和疾病打击的双重折磨下，她依然乐观地对待生活，投入工作。这是多么了不起的壮举！

位于荷兰阿姆斯特丹的一座古老的寺院里，有一座石碑上刻着这样一句让人过目不忘的题词："既已成为事实，只能如此。"说的就是要人勇于接受不可改变的现实。

实际上也的确如此，我们每个人的生活中都充满了不可捉摸的变数，即使一个正在成长中的小生命也不例外。如果这些突如其来的变化能为我们带来了快乐，当然是很好的，我们也很容易接受。但事情往往并非如此，有时，它带给我们的会是可怕的灾难，比如可怕的疾病，比如车祸，比如亲人的离去……这时如果我们不能学会接受它，反而让灾难主宰了我们的心灵，我们的生活就会一下子陷入到黑暗之中。

我们的孩子其实也一样，说不定会遇到什么样的挫折和困境。这就需要妈妈们多加引导和鼓励，让孩子学会接受现实。只有这样，孩子才能具有战胜困境的勇气，才能创造和迎接明天的希望。

好妈妈教子锦囊

1.没必要期待孩子是"常胜将军"

每个妈妈都希望自己的孩子成为一个"胜利者"，很多妈妈更是对于孩子永远处于胜利者的位置而欢喜不已。可是妈妈们是否想过，没有哪个人可以永远站在最高处，谁都会有"失手"的时候。如果你不希望孩子去经历失败，那么他怎么去体验逆境的滋味呢？万一哪一天他陷入了困境，势必会手足无措，甚至一蹶不振。所以，常胜将军固然诱人，但我们没必要期待自己的孩子成为这样的角色，还是适时适当地让他经历些磨难，这对他的成长和成熟才是最有益处的。

2.做个"狠心"点的妈妈，不要太"优待"孩子

妈妈们对于孩子的爱可以说是最无私的，我们都希望尽自己的努力给孩子创造好的生活和学习条件。但是妈妈们也要认识到，这种无私背后，很可能造就一个自我意识很强、缺乏积极进取精神的孩子。

聪明的做法是，我们要有意识地让孩子面对"得不到"的现实。这样，孩子就会慢慢知道，并不是想要星星就有星星，想要月亮就有月亮。在此基础上，他就会明白，优厚的条件不是与生俱来的，而是必须得经过努力创造才可以获得的。

具体到怎么样创造"得不到"的感觉，妈妈们可以参考两种方式：一是让孩子感受"别人有而自己没有"的现实；另一种方式就是我们前面提到过的延迟满足，也就是不要"太爽快"答应孩子的一些要求。

3.妈妈稳坐"钓鱼台"，让孩子自己想办法

很多妈妈不但是孩子饮食起居上的"保姆"，而且还兼任着参谋之职，一旦发现孩子深陷困境，就赶紧伸出援手予以帮助。

殊不知，这对孩子的独立成长丝毫没有用处，反而害处很大。

在孩子遇到问题的时候，我们要做的不是帮他解决，而是做一个"钓鱼台"上的"看客"，鼓励孩子自己去想办法。因为孩子通过独自去面对和解决困难，才会体验到"无法解决困难"的无奈，从而历练其面对困难的心态。

告诉孩子，朋友间应互相学习而非盲目攀比

人的天性中，似乎就带有攀比的成分。看看孩子的表现就可见端倪，当孩子渐渐长大一些，他们喜欢追求新鲜事物、喜欢猎奇、不希望落后于他人的心态就会体现出来。其实，这只不过是他们希望自己好胜心得到满足和不甘落后的一种表现。

不过妈妈们要认识到，如果孩子长期沉浸到这种攀比中无法自拔，就很容易招致一些不健康的心理上门。所以，当发现孩子出现攀比心理的时候，妈妈们还是有必要及时给予孩子一定的限制和教育，将他引导到正确的生活道路上来。

前不久的一个周五，燕燕回到家就和妈妈说，周末两天都要去书店。

妈妈听女儿这样说，感到有点奇怪，就问："上周不是刚刚买了两本书，你还没有读完，怎么又要买啊。"燕燕却不理妈妈的疑问，娇声娇气地说："我买书，你还不支持啊？"

第二天，妈妈带着燕燕来到了书店，看了一圈后，妈妈只买了一本烹饪的书，而燕燕则买了从学习资料到儿童读物，从文学名著到金庸小说等一大

摆书。

看见女儿的表现，妈妈百思不得其解，不禁问道："燕燕，你怎么一下子买这么多书呀？"

只听燕燕回答说："班级出现了一股买书热，大家都在比谁的书多、谁的书好，所以我不能落后。"

妈妈听了，觉得问题有点严重，她温和地对女儿说："原来是这样啊，可是你要知道，买书不是用来摆样子的，是用来学知识的，如果把买书当成比阔气，那就偏离了买书的意义，而且还浪费钱。我们不要和别人做这样的比较，这种比较是没有意义的。同学之间不应该比谁的书多，而应该比谁掌握的知识多才对！"

妈妈的及时提醒让燕燕意识到了这种不正常的攀比心理，她顺利地退出了疯狂购书的行列。

燕燕妈妈的话的确有道理，买书是为了学知识，如果把这当成摆阔气，就失去了买书的真正意义了。如果任由孩子为了比阔而攀比图书的多少，那么这样的书即便再多，也顶多是个摆设。

所以，聪明的妈妈会教育孩子懂得好朋友要互相学习，而不要互相攀比。这样的意识如果扎根于孩子的头脑里，那么他就不会轻易地盲从他人，而是能够客观地进行自我评价，客观地评价别人。我们来看看关于林肯的故事：

由于小时候非常贪玩，林肯的妈妈为此忧心忡忡，并再三告诫儿子。可是妈妈的话对小林肯来讲就如同耳旁风。

直到林肯16岁那年的一天上午，他正要去河边钓鱼，妈妈拦住了他，并给他讲了一个故事。正是这个故事，改变了林肯以往的做法，甚至影响了他的一生：

妈妈说："前两天，你爸爸和咱们的邻居帕克大叔一块清扫附近工厂的那个大烟囱。要爬上那个烟囱，只能从里面踩着钢筋踏梯。你爸爸告诉我，当时帕克大叔在前面，他在后面。他们俩抓着扶手，一阶一阶地终于爬上去了。待下来的时候，还是帕克大叔在前面，你爸爸在后面。两人钻出烟囱，你爸爸发现一个奇怪的事情：帕克大叔的脸上和后背上，全蹭上了烟灰。"

小林肯耐心地听着，越听越觉得有趣。这时候，妈妈继续说道："你爸爸说，当时他看到帕克大叔的样子，以为自己也和他一样，脸上脏成了一个小丑。于是，他就赶紧到附近的小河里去洗了好多遍脸。而帕克大叔呢，他看到的却是你爸爸钻出烟囱后干干净净的样子，他便以为自己也是如此了，于是就只是草草地洗了洗就大模大样地上街去了。结果，被街上的人看到，人家都笑得肚子疼了，还以为帕克大叔是个疯子呢！"

小林肯听完，也禁不住哈哈大笑起来。等他笑完，妈妈郑重其事地说："其实，其他人谁也不能做你的镜子，只有自己才是自己的镜子。拿别人做镜子，白痴或许会把自己照成天才的。所以，你要谨记不能盲目地与别人相比较。"

听完妈妈的话，小林肯顿时满脸愧色。从此，他不再和那群顽皮的孩子一起打闹玩耍了。他时刻将自己作为镜子来审视自己，而最终，他终于成了熠熠生辉的伟大人物。

实际上，每个生命体都有各自的特性，彼此之间是无法比较的。作为妈妈，我们应该教会孩子养成正确的心态，不管是他比别人优秀，还是不如别人，都要客观地看待自己和他人，从他人身上学习长处，弥补自己的不足。同时，妈妈们也不要生出比较的心理，即使你的孩子还不能让你满意，也请你不要着急，只要你以一颗谦卑的心来感谢生活，感谢孩子给你带来的幸福和快乐，那么你就会更多地发现孩子的好处。当孩子不会因为攀比而让自己不快乐时，那么他的心情就会达到放松的状态，学习、做事、做人都会以更轻松的姿态进入角色。这样的结果，不正是你想看到的吗？

好妈妈教子锦囊

1.注意培养和提升孩子的观察能力

一个人的观察能力对其自身的学习、发展都是非常重要的。但是妈妈们需要明确一点，培养孩子的观察能力，要给孩子明确的任务。如果让他漫无目的地去观察一切，那么孩子就不能把自己的注意力很好地集中起来，就会对许多事情和现象熟视无睹，结果只能是一知半解，发现不了问题。相反，如果目标明确，那么孩子的观察就会持之以恒，这样才会得到收获。

2.引导孩子改变攀比兴奋点

当孩子出现攀比心理，则可以表明其内心有竞争倾向，他想达到别人同样的水平或者超过别人。此时，妈妈们要抓住孩子这种上进心理，改变孩子攀比吃穿、消费的倾向，引导孩子在学习、才能、毅力、良好习惯方面进行攀比。例如，当你的孩子埋怨某个老师总表扬班上的哪位同学时，你可以引导孩子说出这个同学所具备的优点，让孩子暗中努力和同学比一比，看看能不能超过他。或者，当你的孩子和同学比穿衣要穿名牌时，你可以从整洁的着装、颜色的搭配和布料的舒适程度来引导孩子，想办法改变其攀比的兴奋点。

3.提高孩子的独立分析能力

很多孩子之所以盲目攀比，与其独立分析能力差是有直接关系的。所以，要想让孩子不盲目攀比，妈妈们应该帮孩子提升其独立分析问题的能力。

让孩子认识到对手的可贵

一说到对手,我们很容易想到针锋相对,暗自较劲,以至于多数人都会视自己的对手为敌人,谁都不愿与一个敌人合作。但是实际上,对手根本没有那么可怕,相反,他可以成为一个人成功的一面镜子。这是因为,正是对手带来的巨大的压力,才让自己有了不断前进的动力。

这一观点对于孩子们而言同样适用。因此,作为新时代的妈妈,要不断地培养孩子养成与对手合作的好习惯,让他认识到对手的可贵。

放学回来后,王梓气呼呼地对妈妈说:"妈妈,上周语文考试前,玲玲把我的《英语同步训练》借走了,后来考试的试题里面就有类似的题型,她都答对了。今天,她说她妈妈不肯给她买,要拿我的书去单位复印,过一个星期才还给我,你说我该同意吗?"

妈妈听儿子说完后问他:"那你想借给她去复印吗?"

"玲玲很自私!我不愿意。上次我看她有一本新买的《数学精选 100 题》,就向她借来看,说好看两天的,可是才一天,第二天早上她就要了去,而且在学校也不让我看,自己偷偷看。"王梓一口气说完这些,等着妈妈的回答。

只听妈妈说道:"孩子,对手比朋友更可贵啊!对手越强你就越强啊!不借给她书可不算什么本事。"王梓眨眨眼说:"我本来就借给她了啊,是她要求过分,但是您这样说也有道理,不过我可以让她快点还给我吧!复印能要一周时间吗?"王梓一边回答,一边自言自语地走到门口,歪着的脑袋冲妈妈扭扭屁股,逗得妈妈忍不住笑了。

王梓的烦恼,让我们看清了孩子也有着较强的竞争心态和成功欲望,但往往由于缺乏正确的竞争观、人生观的理论引导，再加上他们正处于心理发育不够完善的特殊期，对竞争容易产生错误的、片面的理解。有的孩子会认为竞争就是不择手段地战胜敌人，过分看重每次竞争的结果，或不能正视竞争的结果，致使竞争恶性化，引起心理障碍，损害身体健康，甚至造成事故。

看看我们的现实生活，更多的人往往会抱怨："对手太强大了，真恨不得他马上消失，越快越好。"难道生活中的对手一点都不好吗？不，绝对不是这样，对手对我们来说是一种帮助，是一种挑战，一种战胜自我的渴望，不信，请看：

在非洲某部落有这样一个商人，他需要经常在世界各地经商，将非洲当地的特产鱼销往世界各地。

可是，让他郁闷的是，在每次运输途中，装在船箱内的鱼开始都是活蹦乱跳，条条精神得很，但是随着时间的推移，鱼们就会慢慢地停下来，开始昏昏欲睡，无精打采。过不了多久，就出现了死亡现象，直到抵达目的地，鱼死亡大半。

对于这一颇为不妙的现象，商人疑惑重重，百思不得其解：为什么天天换水，饲料充足，氧气也充足，还出现这种情况呢？但是，他始终没有找到答案。

一天，商人来到部落里向一位老者请教了这个问题。老者笑了笑说："这个简单，你只要在这些鱼当中放入这些鱼的天敌就可以了。"

听老者这么说，商人有些半信半疑，不过他还是按照老者说的来做了。结果，那些鱼果然存活了下来。

这是为什么呢？

原来，鱼箱内的鱼为躲避天敌的追杀，不得不加速游动，整个鱼箱内闹哄哄的。时间一天天过去了，鱼儿还是保持原先的活蹦乱跳，四处游动，最后到达目的地，鱼的死亡数竟少了很多。

当看到这一情景后，商人大喜，而他也悟到了"对手的重要性"。

的确,是鱼的敌人激活了鱼的活性,让这些原本缺乏敌人的鱼努力寻找了活路,也使得大多数鱼坚持到了最后。

而在我们的现实生活中,也正是有像天敌一样的对手才使得我们更加坚强。所以,妈妈在培养孩子竞争意识的同时,一定不要忽略了孩子与他人交往和合作的重要性,因为这会在很大程度上开拓孩子的发展空间。

好妈妈教子锦囊

1.要培养孩子形成合作技能

很多妈妈大概都有这样的感受,现在的孩子虽然什么也不缺,但是却越来越小气,越来越"独",越来越自私,不愿与他人分享,独占意识很强。这样的孩子怎么能够与人合作?

对此,妈妈们不要着急,只要适当做一些引导,孩子就会有所变化的。我们一方面要为孩子创设宽松、和谐、理解、平等的交往环境,一方面还要让孩子学习一些语言或非语言的交往方式,比如拉拉手、拍拍肩、点头微笑等动作来表示"我们一起玩好吗?你愿意和我一起玩吗?"并引导孩子学习正确地使用合作用语:"两个玩具我们每人一个吧"、"谢谢你帮了我",等等。当孩子在这种轻松、愉快的环境中待久了之后,他就自然而然地学会谦让、等待、共享、分工合作等技能。这样一来,孩子不就学会与人合作了嘛!

2.让孩子学会悦纳别人

所谓悦纳别人,是指自己从内心深处真正地愿意接受别人。从实质上来讲,合作是双方长处的珠联璧合,也是双方短处的相互遏制。因此,只有相互认识到了对方的长处,欣赏对方的长处,合作才有了真正的动力和基础。所以,妈妈们要常和孩子讲"金无足赤,人无完人",不能因为别人有这个缺点或那个毛病,就嫌弃他、疏远他。为此,妈妈们要教育孩子多看并善于发现别人的长处,并诚心诚意地加以赞美。同时,妈妈们自己平时在工作和生活中,也应坚持这种态度来对待他人，成为孩子的榜样。

3.要创造机会，让孩子体验合作的快乐

在陪伴孩子的过程中，妈妈们可以多创造机会，让孩子体验合作的快乐，比如同样一个游戏，让孩子体验独自玩、合作玩的不同感受，从而激发他乐意与人分享的愿望，让孩子体验合作的意义，享受合作带来的乐趣。

第七章

妈妈温柔冷静不暴躁，
孩子性格沉稳脾气好

父母是孩子的"第一任老师"，而妈妈则是影响最大的老师。如果妈妈性格不好，敏感的孩子会马上察觉出来，他的情绪也就容易受到影响。长期如此，孩子也会变得和妈妈一样性格暴躁。

妈妈们要知道，教育孩子，一定是"种瓜得瓜，种豆得豆"，尤其是陪伴孩子较多的母亲，对于孩子性情的影响，是多于父亲的。所以我们经常说找老婆看丈母娘，丈母娘修养好，一般女儿也差不到哪里去；如果丈母娘挑剔厉害，那么女儿脾气也不会太好。

为此，我们有必要提醒妈妈们，要时刻注意提高自己的情绪管理能力，这不光为我们自己，更是为了孩子。请妈妈们始终铭记：脾气暴躁一定会影响孩子，所以要注重情绪管理这门"妈妈必修课"。

妈妈的怨言是孩子成长的"绊脚石"

妈妈们可曾有这样的体会:孩子各个方面一直表现不错,可是说不定从某个时候起,他开始变得叛逆,变得"不乖"。你让他往东,他偏偏往西;你让他马上吃饭,他却一直躲在自己的房间半天不肯出来……类似的情况出现多了之后,妈妈们的心里就会生出这样的念头:孩子真是越来越不听话了。接踵而至的,便是你的无奈,你的埋怨,可最终情况并没因此而见好转。

此时的你,有必要思考一下自己的引导方式了。

儿童心理专家认为,妈妈的一个无意的举动,一句未经思索脱口而出的话,都可能在孩子的心灵上留下难以抹去的印象,并有可能影响其一生。那么在此,我们要问一下正在读这本书的妈妈们,要想让孩子向我们所期待的方向发展,那么我们在教育孩子时应该多给他鼓励和表扬呢,还是一看到他的缺点就抱怨不停呢?

事实上,孩子毕竟是孩子,很多地方还存在着不足。如果我们一味地抱怨,那么长此以往,孩子的心里就会产生抵触情绪。换句话说,妈妈的抱怨非但不能实现理想中的效果,反而会让情况更为糟糕。这样的结果应该不是妈妈们所期待的吧?

9岁的君君一直是妈妈眼里的乖巧宝宝,可是从今年开始,妈妈明显觉得这个孩子有点"难对付"了。

原来,以前君君什么事情都会听从妈妈的安排,而现在却总是爱和妈妈唱反调。比如,以前只要妈妈上街,君君总会像个小尾巴似的跟在后面,有几次不让他去,他还很不乐意地撅着个小嘴巴。可现在即使叫他,他也会不耐烦地拒绝。君君以前还很开心帮妈妈跑前跑后地干这干那，忙得不亦乐乎，如今他宁可坐着发呆，也不愿意动一下。

有一次，马上要吃饭了，妈妈让君君把餐桌擦一下。可他却只顾看电视，装做没听见。妈妈又叫了他一声，他依然如故。妈妈不耐烦了，就说这孩子现在怎么越来越懒了，在学校里的思想品德课也不知道是怎么上的，都不知道体贴一下父母。

妈妈不知道原因何在，就只好通过日常生活中的悉心观察和反思自己的教育方式来寻找答案。

终于有一天，妈妈听君君说了这样一句话，才似有所悟。君君对妈妈说："您能不能别再唠叨，我现在不是小孩子了，不要让我什么事都听你的。你在外面还经常跟别人说我笨，既然这样，那我还帮你做事情干吗；还有，每次帮你干完活，你总埋怨我做得不够好。总是这样的话，我当然不愿意听你的话了。"说到这儿，君君委屈得都要哭了。

听君君这么一说，妈妈猛然间明白了。

其实，生活中像君君妈妈这样的家长不在少数，她们总试图用埋怨来刺激孩子奋进，可是她们忽略了这样一句话："良言一句三冬暖，恶语伤人六月寒。"尤其是孩子们的幼小心灵，更易受到言语的感染。一句温暖鼓励的话语会让他们信心倍增，甚至作出令人惊异的事情；而诸如"你怎么那么笨呢"、"你怎么就不像××一样呢"、"你有没有记性啊"之类的话，很容易让孩子对自己产生怀疑，觉得自己真的事事都做不好，处处都不如别人。君君的妈妈就是之前对他说了过多抱怨的话，甚至还当着熟人的面数落他的不是，天长日久，他怎能不反感，生出叛逆情绪呢？

事实上，妈妈的怨言对孩子的成长起不到任何正面的作用，只会给孩子带来负面影响，成为孩子成长路上的"绊脚石"。因为你的抱怨只会打消孩子做事的积极性，让孩子变得畏首畏尾、止步不前，潜能得不到充分的挖掘，自信心也会渐渐地被消磨殆尽。如此一来，孩子怎能在成长的路途上顺利前行呢？

6 岁之前的萱萱一直是个人见人爱的小姑娘，周围的人们都夸奖她是个聪明懂事的好孩子，萱萱的妈妈也为自己有这样的女儿而自豪。

但是上学半年多之后，萱萱像变了个人似的，她不再像以前那样活泼开朗，而是经常垂头丧气，闷闷不乐的样子。

是什么原因让一个幼小的孩子发生了如此之大的变化呢？

原来，上学之后，萱萱在语文、外语方面都成绩不错，可是唯独数学成绩一直上不去，经常是班里"垫底"的那一个。虽然老师也下功夫专门给她做指导，回到家父母也有意地着重培养她这方面的能力，可过了好久还是没有什么起色。

最后老师渐渐放弃了对萱萱所做的努力，妈妈也有些失望了。有时候就会说一些指责和抱怨的话，懂事的萱萱知道妈妈是为自己好，在心里也不责怪她。在饱尝了妈妈一段时间的抱怨之后，萱萱终于忍不住给妈妈写了一封信，表达了她不希望抱怨的想法。

妈妈看过女儿稚嫩而真诚的信，决心改变抱怨的问题。慢慢地，她时常给萱萱以鼓励，并帮她寻找合适的学习方法。

一段时间后，萱萱的数学成绩开始提升了。看到女儿的进步，妈妈欣慰极了，也开始庆幸自己改变了对女儿的态度。而萱萱自己，对于学好数学也越发有信心了。

毫无疑问，每个妈妈都希望自己的孩子在各个方面都是优秀的，但事实上，真正样样都能出类拔萃的又有几人呢？金无足赤，人无完人。作为妈妈，与其不停地抱怨孩子这里不对那里不好，还不如及时给予他们鼓励和帮助。只有这样，才能让曾经阻碍孩子成长和进步的"绊脚石"变成"垫脚石"。

所以，妈妈们即便是怀有一种"恨铁不成钢"的心理，也一定要注意方式，莫让自己的抱怨及无意间脱口而出的话语伤了孩子的自尊心。即便他真的一时做得不够好，可你的一句"没关系，慢慢来"或"你已经尽力了"都会给孩子莫大的安慰，让他保持一份自信的本色。

所以，请妈妈们一定别让埋怨成为阻碍孩子成长的绊脚石。正确的做法是，调整自己的心绪，以春风化细雨的方式循循善诱地教导孩子，并真诚地告诉孩子："在妈妈的心中，你是好样的！"

好妈妈教子锦囊

1.寓教育于实践中

有一位妈妈经常让孩子帮她买些日常用的小东西，可是孩子总是算错账。但是，每次算错，他的妈妈都不会责备和埋怨，而是让他再去买一次同样的东西。经过几次训练之后，孩子买东西一般就很少再出错了。这种不责备孩子的过失，而是想办法让孩子反复练习、实践的方法，总能取得很好的效果。那么，我们就学习一下这位妈妈，收起埋怨，寓教育于实践中吧！

2.不要抱怨但也不要忘了适时责备

在很多事情上，孩子难免会表现得差强人意。对于孩子的错误行为，妈妈们不要抱怨，但是并不代表不去责备。当然这里的责备也是有学问的，一定要趁热打铁，不可拖拉。

相关研究发现，及时的责备能使孩子把过错和愧疚联系起来，加深对过错的记忆和认识。

3.妈妈要懂得暗示的技巧

孩子自尊心很强，如果你直接责备他，那么容易遭其抵制。为此，妈妈们不妨讲究点策略，比方用暗示的方法让孩子认识到自己的错误和不足。例如，妈妈可以借用别人的相同过错来暗示孩子。需要注意的是，这个"别人"借彼喻此地启发孩子，那么就能让孩子很快明白你的用意，也就乐于接受你的批评和教育。

在错误中看孩子的优点

作为妈妈,你是否有这样的感受:孩子小的时候,你总是给予他这样那样的夸奖,比如他可以自己吃饭,你会夸他真棒;他能自己穿衣,你也会夸他好厉害;他能自己上厕所方便,你同样会夸他不简单……可是,随着孩子逐渐长大,他们能做的事情越来越多的时候,你反而不像以前那么爱夸奖孩子了。相反,你给孩子的更多的是批评。我们不禁要问:这种现象正常吗?你的做法符合教育的规律吗?

我们需要清楚的是,孩子们都是通过周围人对自己的或肯定、或否定的评价中认识自己,寻找方向,不断前进的,特别是妈妈对孩子的评价至关重要。你给予孩子的肯定性的评价,就会使他获得愉快的心理体验,产生激励作用,促使孩子自信;你若给孩子的是否定性评价,那么就会使他心里不愉快,孩子要么会反思自身的问题,努力改正,要么会使自信心减弱,产生自卑情绪。

事实上,包括我们自己在内,任何一个人渴望被别人肯定的心理需要都大大超过被别人否定的心理需要。所以,我们要坚持看到孩子的优点,即使孩子犯了错误,我们也要在他的错误行为中看到值得表扬的地方。

诗人泰戈尔曾意味深长地说过:"当你把所有的错误都关在门外时,真理也要被关在门外了。"这句话给我们的启示就是:不要把孩子的错看得太过严肃,要允许孩子犯错。只有这样,我们才能在错误中找出孩子的长处,鼓励孩子再接再厉,让孩子获得更多的体验和更好地成长。

一对母女在公交站等车。此时,风很大,大风把妈妈的帽子撩了起来。妈妈试图用手按住帽子，可是一只手拎着包，另一只手拿着一袋东西，非常不方便。

见此情景，女儿连忙对妈妈说："妈妈，我给您拿包吧。"妈妈犹豫了一下，把包递给了女儿，然后用腾出来的手按着帽子。

这时候风不但没停，反而更大了。女孩一不小心，居然让包掉到了站台下面的水洼里。女孩赶紧捡起了包，满脸的不安。而她的妈妈脸色骤变，厉声训斥女儿："你说你，怎么这么笨！连个包都拿不住，你看包都脏了！你让我怎么拿？"

女儿惭愧地低着头，一句话也没说，眼泪却哗哗地涌出来，妈妈的训斥伤了她的自尊和自信。

看完这个故事，你是否会觉得这个妈妈做得有些过分呢？孩子本是一番好意，但由于失误而发生了不好的状况，妈妈不但没有感谢孩子的帮助，反而横加训斥。想想看，以后再有这样的情况，女儿还会主动从妈妈的手里接过包吗？

而如果妈妈的反应不是这样的呢，或许就是另外一番情景了。我们不妨假设一下：

见女儿不小心将包弄脏，妈妈没有责备，而是拿出纸巾将包上的污渍擦干净，然后对孩子说："没事的，你看，皮包擦擦就干净了。"

"我不是故意的，妈妈你不怪我吧？"孩子小声地问道。

妈妈微微一笑说道："当然不怪你。你主动帮妈妈拿包，说明你很乐于助人，妈妈高兴还来不及呢！"

这样的说法，不但会让孩子心理上放松，而且还会因为得到妈妈的理解和表扬而更具自信心。同样一件事，不同的处理方式，换来的是截然相反的结果。哪种结果更为理想，妈妈们应该一目了然了吧！

其实，在陪伴孩子成长的过程中，妈妈们发现孩子的错误一点都不难。但能够从错误中发现孩子的优点，并用赏识的态度和语言设计出充满爱的教育场景,则是比较难的。

而正是这种比较难的教育方法,才会在对孩子的赏识中完成"润物细无声"的教育,促进孩子更好更快地成长。

5岁多的菁菁见妈妈在厨房里洗碗,觉得很好玩,就缠着妈妈让她洗碗。

看着好奇的女儿,妈妈决定让她试试。妈妈先是示范给菁菁看,菁菁认真地看着,洗起碗来也是有模有样,妈妈忍不住夸奖了她。可是当妈妈转身整理冰箱的时候,突然听到"砰"的一声,菁菁叫了起来:"妈妈,我把碗给打碎了!"

顿时,妈妈很想发火,但是她努力克制着,长舒一口气后,把火气压了下去。她想:毕竟孩子还小,她能提出来帮我洗碗,是一番好心啊,虽说打破了一个碗,可是也没必要因此而批评她。想到这里,她赶紧关心地问道:"来,让妈妈看看,有没有伤到你的手?"

菁菁紧张地看着妈妈,说:"我的手没事。可是,碗已经被我打破了!"

妈妈安慰道:"没关系,打破一个碗不要紧。重要的是,我家的菁菁学会了洗碗,妈妈为你自豪。没有人很容易就学会一件事的,总会遇到点困难。不过你不要怕,妈妈收拾一下碎片,你还愿意接着洗吗?"

菁菁不好意思地说:"愿意。"

妈妈听了,笑着夸奖道:"我们的菁菁真是个勇敢的孩子。不过,在洗碗的时候,一定要小心,就像妈妈这样,好吗?"

菁菁高兴地说:"知道了,妈妈。"

案例中菁菁的妈妈做得很好,她的鼓励不仅让女儿认识到该怎样正确地洗碗,而且鼓励了孩子在遇到苦难时不要退缩,要努力去克服。同样作为妈妈的你,是不是也很期待这样的结果呢?

由此可见,我们对孩子的表扬不仅要看结果,还要看见过程。孩子好心办了坏事,这时我们如果不分青红皂白一顿批评,孩子也许就不敢尝试自己做事了。

不可否认，错误谁都会犯，更何况是孩子？作为妈妈，我们要做的是多发现孩子的优点，即使孩子犯了错，我们也要在错误中找到孩子值得表扬和肯定的地方予以鼓励，并帮助孩子把缺点改掉。妈妈们需要记住，人无完人，我们不能求全责备，要允许孩子犯错。事实上，不管是孩子，还是大人，都是在改正错误的过程中，不断地走向自信，走向成熟的。

好妈妈教子锦囊

1.看清楚孩子的动机和结果

我们判断孩子行为的对错，结果是次要的，最重要的是孩子的动机是怎么样的。因为对于孩子来说，做事情的动机是其品质的体现，我们在遇到孩子好心办错事的时候，大可以忽略结果，或者弱化结果的作用。要知道，孩子好的动机是很难得的，也是很重要的。很多时候孩子其实是出于好心而办错了事情，而这个时候我们就更不应该责备孩子了。应该告诉孩子："虽然犯了错误，但是出发点是好的。"

2.让孩子学会总结经验教训

事实上，总结经验教训就是对自我行为的一种反省。例如，一个孩子和小朋友之间产生了矛盾，如果他在打架的时候吃了亏，那么他会考虑："上次和别人发生矛盾，我用'武力'来解决问题，结果吃亏了，被人家打了。那么以后再遇到同类的问题，我是不是能找到更好的解决办法呢？"

此时，父母不必将自己的价值观强加到孩子身上，而只需引导即可。父母可以说："怎么会出现这种结果呢，你好好想一想，如果用妈妈跟你说的方法去做，结果会怎样呢？""有时候，你需要听听他人的意见，这样就会避免一些问题。"

3.引导孩子预见事物的后果

由于孩子想法单纯,有时候他们做事会很冲动,根本不考虑后果,或者说他们能够预见到的后果和成年人能够预见到的是不一样的。这时候,就需要妈妈给予适当引导,如果孩子还不能和你一样思考问题,那么你不妨让孩子尝试一下,可能会得到出乎孩子意料的结果哦。到那时,孩子就学会反省自己的行为了。

别把孩子的特点误认为是缺点

任何一个孩子都是不同于其他孩子的特别存在,他有不同的个性、不同的想法和不同的思维、行事模式,这是他独特的特点。如果妈妈们把这种特点看成是缺点并时时注意,要求孩子改正,那么势必会影响孩子的自我定位,使孩子陷入"我不好"的心理视角,从而影响孩子独特自信的形成。

所以说,妈妈要尊重孩子,不要把孩子的特点当成一种缺点,当发现了孩子的缺点后,不要惊慌失措,而是要用适当的方式加以引导,以接受的态度去看待孩子,在此基础上帮助孩子树立起一份特有的自信心。

在杨老师的班级有一位特别不爱说话的小女孩,她叫冯可儿。冯可儿的性格当然算是内向的,为此她的妈妈特别担忧,经常问杨老师应该怎么办,要不要去看心理医生。

刚开始杨老师没有理会,后来发现冯可儿的妈妈真的很担忧,于是杨老师就找她长谈了一次。杨老师首先告诉她,冯可儿虽然不爱说话,但学习成绩很好,不必过分担心。如果总是把孩子的性格当成是缺点挂在嘴边上,这必然会让冯可儿焦虑、自卑。然后,杨老师用自己的真实经历开导她。

原来,杨老师小时候也曾是一个不爱说话的女孩,从来不在公共场合说话，一说话就脸红，浑身不自在。但是，老师和同学没有因此不理睬她，其实在那时她还特别受同学们喜欢，很多同学都特别爱跟她玩，给很多人留下的印象就是童年的杨老师经常被同学包围，有点像同学中的"大姐大"。

后来考上师范学院，她还是不多言不多语，同学们照样喜欢她。她没有因为性格原因使学习成绩下降，虽然有时候因为性格原因会带来困难，但她都会想办法克服，争取取得好成绩。与此同时，她的意志力也得到了锻炼，变得更加坚强和自信了！杨老师的父母从没有因为她性格内向担心过什么，反而，还以她的稳重在其他家长面前引以为荣呢！

告诉冯可儿妈妈这些后，杨老师又把任课教师的意见告诉了她，就拿英语课来说吧！冯可儿上课认真，作业按时按量完成，口语练习更加出色，每次到英语老师那读英语都是前几名，从成绩来看就更加没必要担心了。在班级从没有人说过她的不好，一些评比奖状就能说明一切。

通过上面的这个案例可以了解，每个孩子都是不同于其他人的，每个孩子都是与众不同的。而孩子这种与众不同本身并没有优劣之分。如果妈妈一味地认为自己的孩子和别的孩子相比存在着很多缺点和弱点，那只能说明你的教育心理存在偏差和缺陷哦！

这也就是在家庭教育当中经常碰到的一个问题：许多父母教育孩子很下功夫，却也很苦恼。因为不管批评孩子多少次，他还是改不过来。比如，孩子经常犯同一个错误，父母批评时，孩子信誓旦旦：再也不犯错误了！可没过两天，又犯错误了。之所以如此，因为这是他自身的特点，而不是缺点，这让孩子怎么改呢？经常性地这样批评孩子，孩子要拿什么去相信自己，认为自己优秀呢？

1.妈妈们要承认差别的存在

每个孩子的性格和特点都是不同的。许多妈妈喜欢把自己的孩子跟别的孩子进行比较,而且总拿自家孩子的短处跟别的孩子的长处相比,这样做实际上是忽视了孩子之间的差异。妈妈应当接受并承认孩子之间的差异,帮助孩子学会取长补短。

2.帮助孩子把特点变成特长

当发现孩子的特点后,妈妈们千万不要打击和压制它们,可以针对这些特点,引导孩子不断地发挥与运用,鼓励孩子将自身的特点变成特长,这是帮孩子建立自信心的最佳途径之一。

3.妈妈要与孩子多交流

有些妈妈并不了解自己的孩子,不知道孩子在想些什么,最喜欢做的事情是什么,因而常常用自己的想法来代替孩子的想法。其实,只有妈妈了解了孩子内心的想法,了解了孩子的喜好,才能更好地理解孩子,才能正确认识孩子的特点,尊重孩子。

永远不要对孩子说"你真笨!"

一位儿童教育专家说:家长对孩子的评价对孩子来说是十分重要的,可能一句简单的口头禅就足以改变孩子的一生。家长不可对自己的孩子说会挫伤他们积极性的话,孩子的自信心建立起来不容易,而打击孩子的自信却是很容易做到的。这是家庭教育的最大弊端。

从这段话中我们可以领会到，来自家长的语言暗示对孩子的影响是十分重要的。如果我们经常用某一个词语来形容自己的孩子，那么他就会在不知不觉中去"迎合"我们所制定的标准。比如说，如果我们总是对自己的孩子说"你真笨！"那么在他的内心深处就会给自己下了一个定义：我就是笨，我就是不聪明。这样一来，那么孩子无论做什么事情都会没有信心。

下面的案例中，这位家长的做法就很不明智。

瑶瑶是个初中二年级的学生，由于学习成绩很差，所以总怕家长批评。那天，瑶瑶从老师手里接过语文试卷，糟了！只有 53 分。

瑶瑶知道，这次又要挨一顿臭骂了。她垂头丧气地回到家中，看到妈妈在家，就十分胆怯地靠在门边，把头恨不得低到脚面上，她对妈妈说："妈妈，我语文只考了 53 分。"

只见她的妈妈大吼道："什么？53 分！你居然才考 53 分！我看你刚进门时的样子，就知道你没考好。真不知道怎么生了你这么个笨孩子，妈妈小时候可是没出过前十名的。你看看咱们楼上楼下，街里街坊的孩子，哪个像你这么笨呀！"

听完妈妈这一顿斥责的话，瑶瑶禁不住流下泪来。而她的妈妈则更不耐烦了，烦躁地说："哭，哭，有什么好哭的，这么笨还好意思哭？"

或许现实生活中像瑶瑶妈妈这样的家长不会很多，但是却也不是很少见。对于摊上这样的家长的孩子，我们只能报以同情。不难想象，在妈妈的训斥和挖苦下，瑶瑶的心理一定会留下阴影。可见，如果家长只给孩子负面的评价，那么只会给孩子带来消极的影响，对孩子的成长有百害而无一利。因为你经常把孩子的"笨"挂在嘴边，就会对孩子造成一个不利的思维习惯，就会默默地接受了这样的评价，那么他们就会把不会做什么事情当做是很正常的事情，因为他们遇到难题的时候心里的自然反映就是"我笨"。

妈妈不经意的一句"你怎么这么笨"，就会造成孩子自信心的瓦解，而缺乏自信的孩子在做什么事情的时候都不会有动力。那么时间久了，妈妈们就会发现，自己的孩子离自己的期望值越来越远了。殊不知，这都是妈妈们自己在平时对孩子的语言暗示造成的结果。

所以，我们要提醒妈妈们，不要以点盖面，仅仅凭借孩子的学习不好而全面否定孩子的一切。一句"笨"容易出口，但是孩子受到伤害的心灵却是难以弥补的。

好妈妈教子锦囊

1.增加孩子遭遇挫折时的承受力

当孩子遇到困难时，妈妈没必要立刻动手，而是要把面对失利的空间和机会留给孩子自己。比如，当他用积木搭了一座高楼，可是快成功时"楼"塌了。看着他沮丧的表情，妈妈尽量不要直接替他解决问题，帮他把"楼"建起来，而应和他一起讨论，引导他去思考，然后让他自己去想办法解决问题。

2.帮助孩子创造感受成功的学习机会

为了让孩子更有成就感和自信心，妈妈们可以为孩子降低学习难度，让孩子多做些基础题和中等题。在学习时可以按先易后难、先轻松后繁重、先有趣后枯燥的原则进行。另外，妈妈们尽量让孩子树立小的容易实现的目标，使其在并不困难的情况下完成任务，实现目标之后自然会获得成功的满足感。

3.锻炼孩子的意志

锻炼孩子多从事需要耐力的活动，比如登山、长跑等。对孩子的事不要大包大揽，要允许他们自己做，相信他们的能力，允许他们出错、反复、重新开始。

4.期望和信任是必不可少的进取动力

作为妈妈，可以多与孩子沟通，把对孩子的信任和期望表达出来，并对微小的进步及时给予鼓励，帮助孩子分析、面对困难与挫折，这样不但可以愉悦心情，还可以促进进取。

给批评加点"料"，温和的态度才有效

　　回想一下，妈妈们会感觉，当孩子意识到自己犯错之后，其心情往往很低落，他们在向妈妈认错的时候，多半已经形成了自己对犯错的看法，甚至会料到会得到什么样的惩罚。

　　其实，对每个孩子来讲，他们都不希望妈妈用尖刻的言辞和严厉的态度来批评自己，那会让他们的自尊心大大受挫，甚至有的孩子还会因为叛逆而拒不改正错误。

　　其实，一个聪明的妈妈在教导孩子的时候，不会尖酸刻薄，也不会态度严厉，而是尽可能温和地告诉孩子错在哪里，如何改正。这样的做法，八九不离十，都容易让孩子接受，并很快将错误行为改掉。这样的结果，不才是妈妈们所期待的吗？

　　不可否认，孩子在成长过程中都会犯大大小小的错误，而作为妈妈批评孩子也是避免不了的。这种批评并不仅仅为了表示自己的愤怒，而是对孩子的过错进行指正，帮着孩子改正错误。孩子有过错，批评教育理所应当，但是这里面还有着很深的学问呢！如果妈妈不注意策略，常用大声训斥等不当方法，结果往往是收效甚微或适得其反。所以，妈妈们不妨试着把批评变得温和一些，可能就会收到更好的效果。

　　乐乐是个7岁多的小姑娘，暑假里，姑姑带着儿子烁烁来乐乐家小住。这可把乐乐给高兴坏了，她整天都和小自己半岁的弟弟烁烁疯玩。

　　这天，两个孩子在玩耍的时候，乐乐竟然光着脚上完厕所后直接跳到床上。顿时，干净的床单被踩上两个黑乎乎的脚印。

乐乐的妈妈看到后,很是生气,她真想伸手打女儿几巴掌,不过还是克制住了。妈妈拿起床单,放到了洗衣盆里,然后平静了一下心情,对乐乐说:"安安,你犯了错误,知道吗?"

乐乐小声应道:"妈妈,我错了。"

妈妈说:"为了避免你以后再犯同样的错误,妈妈今天要给你点惩罚,你要自己把床单洗干净。"

乐乐眼含着泪花,用小手卖力地搓起了床单,妈妈在旁边默默地看着,趁机问了一句:"累不累?"

"累。"乐乐小声回答。

妈妈继续说道:"每次妈妈洗衣服都会这么累,甚至更累,你感受到了吗?"

乐乐的小脸立马涨红了,她"哇"的一声哭起来说:"妈妈,我真的知道错了,我这么胡闹给妈妈带来了很多麻烦,以后再也不这么做了。"

乐乐的妈妈虽然给了犯错的女儿以惩罚,但是她自始至终的态度都很好,这样女儿也就不容易排斥她,产生"打死也不洗"的逆反心理。

可是,在我们的现实生活中,并不是所有的妈妈都有乐乐的妈妈这样的"肚量"。但我们要想让孩子真正做到认识错误,改正错误,那么就不要用责备的话语,而是温和地指出孩子的错误,这样便防止给孩子的心灵造成伤害。

妈妈们在责备孩子的时候,要先知道孩子犯的是什么错。如果是品质问题,那么可以适当采取严厉一点的措施,比如他因为喜欢伙伴的玩具枪,而顺手把人家的玩具"拿"走,这时候,父母就要认真告诫他,这样做是错误的行为,是不能受到别人尊敬的。

不过,对于很多小的错误,妈妈们切忌用简单粗暴的方式直接责备孩子,因为这样不但使自己心情更糟糕,而且很容意使孩子抵制父母,相反,如果妈妈对小错误能心平气和地启发孩子,那么就能使孩子很快明白你的用意,乐意接受批评和教育,而且保护了他的自尊心。

已经到了晚上休息的时间了,可是素素却开始嚷着要吃麦当劳。素素的妈妈忙了一天又累又困,不想这么晚了还去给女儿买麦当劳。可是任凭她连哄带劝,素素还是不肯罢休,最后干脆下床,跑到地板上打起滚来。

见此情景,妈妈实在压不住怒火,就拉过素素重重地打了两巴掌。素素尖声叫了起来:"你打人,你是坏妈妈!"听孩子哭闹,妈妈更无法控制心中的怒气,她干脆将素素反锁在卧室里,让她好好反省。

大概过了20分钟,妈妈从门缝里偷偷看素素的状况,结果差点气炸了:素素把平时最喜欢看的一个绘本撕得稀巴烂,自己的小床也被翻腾得乱七八糟。

妈妈冲进房间,冲着素素又是一通怒吼:"当初要早知道你这样不听话,还不如不要你!"素素丝毫不嘴软:"你打我,还凶我,为什么我就不能生气?难道只能你们大人生气吗?"此时的素素妈,已经气得浑身发抖……

素素半夜要吃东西虽然有些任性,但是素素妈的做法则着实不敢恭维。当孩子提出要吃麦当劳的时候,她不是温和地告诉孩子不能去买的理由,也未曾关注孩子到底是不是身体感到了饥饿,而是面对不听话的女儿劈头盖脸就是一顿打骂。这样一来,孩子怎么还能乖乖听从她的话呢?

诚然,孩子任性是不对的,但是妈妈对孩子的批评方式也是亟须注意的。如果你的孩子犯了错误你就用激烈的方式来解决,那么他也会像素素那样"逆反"的。

妈妈们要明白,我们之所以要批评孩子,目的是为了对孩子所做错的事予以教导,从而使他们改正,进而让他们引以为戒,以后不再犯类似的错误,而不是要惩罚甚至伤害孩子。

这就要求妈妈们,在指责孩子的过错时,千万要留意自己的用词,要"动之以情,晓之以理"。当发现孩子已经有真诚的反省态度后,妈妈就可以不必追究。相反,若是你不停地唠叨,反而使孩子产生厌烦、抵触心理。批评孩子的时候,妈妈们最需要做的是,让孩子明白他错在哪儿,为什么会遭受批评。这样一来,孩子就会从心里认识到自己的错误,并接受来自妈妈的批评了。

好妈妈教子锦囊

1.采用收缩和安抚的方式

在指出孩子错误的时候,妈妈们要做到就事论事,对事不对人;避免从针对一件事情的批评扩张到一类事情的批评,更不能由事情而扩张到对孩子本身人格的批评。

要知道,我们的孩子是非常敏感的,即便是来自家长的善意批评都有可能对其自尊心产生冲击。他们担心因为自己的犯错而失去妈妈的关爱,从而心理上会产生无端的恐惧,这对其健康成长显然是很不利的。因此,我们在批评孩子的时候,要采用收缩和安抚的方式,既让孩子认识到错误,又能够诚恳地接受妈妈的批评,而不会在心里形成什么负担。

2.避免与结果直接挂钩

绝大多数妈妈常犯的一个错误就是,对孩子将事情的结果搞得很糟而懊恼。其实,这种与结果直接挂钩的方式,并不利于孩子认识和改正错误的行为和习惯。正确的做法是,妈妈们避免与结果挂钩的批评,而是心平气和地引导孩子将自己的错误阐述出来,在潜移默化的引导语言中将规则明确,这样的教育才会让孩子感到舒服,并乐于接受。

3.不能冤枉孩子

对于孩子来说,最大的伤害莫过于受到冤枉。孩子真诚地对待每一件事,如果一旦受到最亲近的人的怀疑与冤枉,会感到十分委屈,这一事件引发的心灵阴影甚至可能会影响到他心理的正常成长。所以,不管什么情况下,妈妈们一定不要不分青红皂白就批评孩子,而应了解清楚情况,再采取正确的方式指出孩子的错误。

挫折和困难面前，让孩子做个乐观小勇士

每个妈妈都希望自己的孩子能够抵抗得了压力，战胜得了挫折。但是，其中不乏一些缺乏引导技巧的妈妈，当遇到孩子面临挫折和困难的时候，不是想办法引导，而是责怪孩子不中用。这样的教育，除了打消孩子的积极性，实在起不到任何积极的作用。

一位日本学者说："任何事情都要靠自己的努力，对孩子进行努力教育和挫折教育，让他们在失败中学到本领，将来才能自食其力。"确实，在人生这艘大船里，永远没有一帆风顺的，都会遇到挫折和坎坷。话说回来，也正是这些挫折和坎坷，让我们体验到战胜它之后的快乐和满足。因此，妈妈们在陪伴孩子成长的过程中，不要怕孩子遇到困难，只要给予正确的引导，这样，你的孩子在经历困难并战胜之后，才会感受到不一样的自信和快乐。

壮壮从小成绩优异，几乎没得过第二名，每次考试都是第一。为此，大家给他起了个绰号叫"永远的 NO.1"。

这个绰号陪伴了壮壮四五年，终于在小升初的考试中戛然而止。这次壮壮考"砸"了，凭他那点分数，根本上不了重点中学，只能上个普通中学。

从来没受过如此打击的壮壮一下子觉得天都灰了，他心想，这下一切都完了。他不由得伸出手狠劲打了自己几下。

壮壮的举动被妈妈看到了，妈妈心疼他，温和地说："你现在还小，经历得也少，妈妈告诉你，没有谁能够一帆风顺的。挫折都是难免的，妈妈相信你，只要用乐观的心态去面对这次失败，你早晚还会像以前那样的。"

壮壮认真听着妈妈的话，听完后他沉思了一会儿，想到了自己曾经在一

193

本书上看到的一句话：生活中，总会遇到许多的小失败和小挫折，但是，只要不放弃，继续快乐地生活，乐观地面对失败和挫折，那我们就称得上是生活的强者！

从那之后，壮壮更加发奋学习。就这样，他的各科成绩都进步得很快，到初一上半学期考试时，已经名列前茅了。上到初二时，校长还破例批准他直接升入高中。

如果不是妈妈的积极引导和鼓励，壮壮可能会因为一次考试的失利而一蹶不振。那样的结果，想必对于壮壮本人及其整个家庭来说都是一种遗憾和不幸。好在他有个智慧的妈妈，在他失意的时候没有责备，而是鼓励。让他很快走出了失败的阴影，重整旗鼓。

可现实中像壮壮这么幸运的孩子却不是很多见。我们看看网络上、电视上不乏这样的新闻出现：一个成绩差的孩子因为受不了老师的批评，离校出走了；一个成绩优异的学生因为一次没考好跳楼自杀了；一个孩子因为父亲凶了他两句便亲手杀害了自己的父亲……这种消息不绝于耳，这种事情令人错愕。

我们不禁要问，为什么孩子们的心变得如此之脆弱呢？究其根本的原因，其实是我们对孩子的"爱"给得太多了，以至于让孩子缺少了独自面对挫折时的勇敢与坚强，走上了不归之路。

相对照来看，壮壮的妈妈是何等智慧，正是她的引导和鼓励，让孩子找回了乐观的心态与奋进的动力。同样作为妈妈，我们应该向壮壮的妈妈学习一下她的那种培养孩子"勇敢面对挫折"的聪明与睿智。这样一来，我们的孩子也会像壮壮一样，在遇到挫折时勇敢面对，并努力找寻解决的办法，摆脱失败的阴影。

·········· **好妈妈教子锦囊** ··········

1.妈妈及时帮孩子疏导，让他正确理解挫折

不管是成年人，还是孩子，所遭遇的困难中，有一些是经过努力可以克服的，而有一些是无法克服的。

所以，当知道孩子受到重大挫折的时候，作为妈妈不应该置之不理，采取"无视"的态度，而应该及时疏导，帮助孩子认识挫折、分析挫折产生的原因，进而正确理解挫折。同时，让孩子充分认识到自己的优缺点，明白挫折本身并不可怕，最重要的是有正确的态度，这才是成功的关键。

2.妈妈多鼓励孩子，让他充满信心地战胜挫折

当孩子遇到挫折的时候，妈妈若能给孩子鼓励的话语、乐观的微笑、赞许的目光，那么孩子就会增强面对挫折的勇气和信心。因为你的表现会让他知道，面临挫折和失败，没什么可怕的，这次失败了，下次再努力就是了，只要战胜了挫折，就一定能取得成功。

巧用自然惩罚，让孩子尝尝"自作自受"

18世纪法国著名教育家卢梭，在他的教育论著《爱弥儿》一书中提出了一个著名的教育法则，即"自然惩罚法则"。19世纪，英国教育家斯宾塞在他的教育论著《教育论》中，又进一步发展完善了"自然惩罚法"这个教育法则。

具体来说，自然惩罚法则就是当孩子犯了错以后，父母可以不对孩子进行过多的指责，而是让孩子自己承担后果，给他们以心理惩罚，从而让孩子在自我反省中纠正错误。

按照卢梭的说法，"自然惩罚法则"就是"应该使孩子从经验中去取得教训"。按照斯宾塞的说法就是："当孩子犯了错误，造成一定的不良后果时，别人不去批评、惩罚他，而是用孩子自己的行为所引起的必然反应和不可避免的'自然后果'，来直接限制他的自由，使之从中得到不愉快的体验，甚至得到痛苦，从而迫使其改正过失。比如，孩子撕破了衣服，不给他换新衣服，就让他穿破的，那他下次就不会再撕破衣服了；若是故意打碎了房间门窗的玻璃，不给他安装新玻璃，就让他受冻，那他下次就不会再打碎房间门窗的玻璃了。使他在自己的过失所造成的直接后果中得到教训，从而受到教育。"

正在阅读本书的妈妈，或许未曾看过卢梭和斯宾塞的教育著作，也没有听说过"自然惩罚法则"。然而，在教育孩子的实践中，却有不少妈妈在对孩子进行教育时，都不自觉地采用了"自然惩罚法则"。这种教育方法实际上也就是我们常说的"自作自受"的方法。

很多时候，通过让孩子尝尝"自作自受"的滋味，可以有效地帮助孩子认识到自己的错误，并促进他及时调整和纠正自己。

敏敏参加一家教育机构组织的夏令营活动。临走前，妈妈问她："东西都准备好了吗？"敏敏很干脆地说："都准备好了，你就别管了。"

不过，妈妈还是趁敏敏不注意偷偷看了一眼她的行李箱，发现她的衣服带得不够，而且还忘了拿手电筒。妈妈不露声色地问敏敏："你了解那边最近几天的气温吗？衣服带得够不够？晚上活动用的东西都准备齐了吗？"

敏敏有点嫌妈妈啰唆，就说："都没问题了，你就别瞎操心了。"

妈妈接下来什么也没有说。

一星期后，敏敏回来了。妈妈问她："玩得开心吗？"

敏敏回答道："挺开心的，就是衣服带得不够，没想到山里那么冷。还有，晚上活动没有手电筒很不方便。"

妈妈说："这还真是个教训呢，知道以后再参加这样的活动该怎么办了吧？"

敏敏笑了笑说："看来我以后得像爸爸妈妈一样，临出门之前列个清单，那样就不会丢三落四了。"

如果换做你是敏敏的妈妈，在发现女儿准备的东西不充分时，会像她这样做吗？

看得出来，敏敏的妈妈是充满智慧的妈妈，她的惩罚不仅让敏敏体验到了由于自己的过失引起的后果，而且还促使敏敏想出了避免出现此类问题的具体方法。

由此可以看出，我们适当地让孩子经历一些麻烦、一些不愉快，反而是惩罚孩子的有效手段。而这也正符合了"自然惩罚法则"带给孩子的"自作自受"的感觉。

好妈妈教子锦囊

1.不要伤害孩子的身体健康

虽说我们提倡让孩子尝尝"自作自受"的滋味，但并不代表可以不顾孩子的安危。妈妈们要铭记，"自然惩罚"不能过分伤害孩子的身体健康，这是重大前提。因为惩罚的目的，是要让孩子从痛苦中得到教训，受到教育，不再犯过去的错误。如果会严重伤害孩子的身体健康，也许就得不偿失了。

2.不要伤害孩子的自尊心

毋庸置疑，每个孩子在遭受"自然惩罚"时都会产生不愉快，甚至有时候还会生出父母对自己的羞辱之心。要知道，这些对孩子来讲都属正常。但是，我们也需要提醒妈妈们，需要特别注意的一点是，不要伤害孩子的自尊心。因为，自尊心对于孩子来说是很重要的，是他们上进的动力。孩子一旦丧失了自尊心，可能就会"破罐子破摔"，情绪低落，甚至不求上进。

3.要分清孩子对待过失的态度

假如你的孩子对于自己所犯过失没有产生足够的认识，对于他的错误行为所造成的后果也没有加以重视，那么此时，你不妨利用他的行为过失所造成的后果去惩罚他。但是，如果他在行为上出现过失以后，能认识到错误，有悔改的表现，并且态度很诚恳，那么做妈妈的你，就不必再利用"自然后果"去惩罚孩子了。

不管有什么缺点，都是妈妈的好孩子

人无完人这句话早已被人们奉为圭臬，成人尚且如此，何况小孩子呢？在妈妈们的眼里，孩子的缺点可能更多一点。但是作为妈妈，我们要明白一个道理：爱孩子首先得接受孩子，无论你的孩子是优秀的还是有缺点的，我们都要爱他、接受他！

事实上，当你的孩子知道父母能够接受一个完整的自己时，他才会感受到爸爸妈妈的爱，才能感受到家的温暖，也因此才会更有自信心。

韵琪在幼儿园的时候，最不喜欢上手工课，因为她总是不能顺利地做好老师教的内容，她的手不像其他孩子那样灵巧。

为此，韵琪非常苦恼，回家问妈妈。妈妈对她说："每个人的能力是不一样的，你可能不如别人手巧，可是你也有很多他们没有的优点。再说了，妈妈小时候还不如你呢，你看我现在不也是什么都会做吗？"

妈妈的话让韵琪信心大增："对啊，我虽然不如别人手巧，但是我能唱出好听的歌曲，还会给其他孩子讲故事呢。"

等上了小学后，韵琪又开始讨厌体育课，因为很多体育项目她都做不好。比如，她不如其他孩子跑得快，不如其他孩子跳得高，甚至连一些简单的动作都不能顺利地完成。为此，体育老师也经常说她"笨"。

韵琪为此掉了好几次眼泪。她去找妈妈诉苦，妈妈把她揽在怀里，心痛地对她说："不是你笨，是妈妈和爸爸不好，把这个缺点遗传给了你，我们小时候还不如你做得好呢!"听完妈妈的话，韵琪释然了，她不禁笑了起来，原来这么优秀的妈妈都有缺点啊!

任何一个孩子都不可能在每一个方面都表现出色，那么当面对孩子那些落后于他人的地方的时候，妈妈们都该予以宽容，接纳自己孩子的不足。

妈妈们要知道，不去强求孩子，只需努力地教育他，帮他克服缺点发扬优点就足够了。当你做到这些的时候，你的孩子就会取得真正的进步，而你所做的，也才是对孩子最好的爱。

相反，如果你在对于孩子表现出来的某种不足的时候表现得不能接受，迫使孩子做出改变，甚至用暴力，那么孩子很自然地就会认为，自己是一个笨蛋，是不被妈妈所接受的。在这种情绪主导之下，孩子可能会产生抵触情绪或者极端的反抗形式，这对他的心灵将产生极大的伤害。

所以，我们奉劝那些恨铁不成钢的妈妈，尽量避免批判，而是以包容的态度去看待，这样才会使孩子相信自己的能力，才能接受自己，也才能拥有一个稳定、健康的心理状态。

好妈妈教子锦囊

1.引导孩子正确地认识自己，接纳自己

妈妈们在教育孩子的时候，有一点需要注意，就是要想办法引导孩子逐步认识自己的性格、才智等，让孩子看到自己的优势所在，也要看清自己的不足之处。帮助孩子发挥其有优势的地方，而对于他的不足，在努力弥补的情况下，更要学会接纳，尤其是那些无法改变的事情，千万不要因为自己某一方面的缺点就讨厌自己。

2.适当降低对孩子的要求

不少妈妈望子成龙、望女成凤心切,巴不得孩子什么都做得好,哪怕是超出其能力范围的,妈妈们也幻想着孩子能够做到。岂不知,这样只能让孩子产生强烈的挫败感。

与其如此,还不如适当降低对孩子的要求,比如给他确定容易实现的目标。当孩子发觉只要一努力就能实现一个小目标后,妈妈再帮他加大难度,提高目标,并在此过程中肯定和鼓励孩子,那么孩子的自信心就会越来越强。

第八章

妈妈眼光开阔不狭隘，
孩子团结友善不自我

俗话说，一个篱笆三个桩，一个好汉三个帮。毋庸置疑，让孩子们从小学会团结友善是非常重要的。只有这样，他才会受到周围人的欢迎。而孩子只有从小学会了交友，才不会被孤独的阴云笼罩，才会去享受社会的阳光雨露，长大后便能在充满竞争的社会生活中立身处世，取得成功。

妈妈们应该开阔自己的眼光，放开手让孩子走到人群中间去。同时，妈妈们还要因势利导，帮助孩子慎交友、交好友。当然，妈妈们还要关注孩子的交往方式。所谓"君子之交淡如水"的交往就是自然真诚、健康向上的交往。而那种哥们儿义气，拉拉扯扯的酒肉朋友，不但不会产生真正的友谊，反而对人际关系产生不良影响。

因此，妈妈们要在孩子的交友方面善用心思，让孩子懂得，友善是他进行人际交往的道德原则，只有树立团结友善的道德观念，才能使他在人际交往的大海中顺利前行，到达理想的彼岸。

让孩子做"笼外的鸟",享受友谊的阳光

"我是一只小小小小鸟,想要飞呀飞,却飞呀飞不高……"悠扬的歌声唱出了人们心底渴望自由、渴望飞翔的心声。可以说,渴望自由是人的天性。而如同天使一般的孩子,他们更渴望摆脱束缚,走向外面的世界。

可是,生活中有不少妈妈却不去满足孩子的这一天性中的需求。她们担心孩子受到伤害,生怕孩子遭遇挫折,于是巴不得把孩子拴在自己身边,不支持孩子和其他小伙伴过多交往。

其实,这种做法是极其不明智的。孩子需要友谊,需要伙伴,通过和伙伴的交往,他可以懂得很多在家里学不到的东西。美国著名人际关系学家卡耐基说:"一个人的成功15%是靠他的专业知识,85%则是依靠他的人际关系。"由此可知人际交往的重要性。

人是群居的动物,每个人的生存和发展都与他人有着密切的联系。人际交往能力是每个人都必须要具备的能力。

所以,我们要奉劝那些不肯撒手让孩子结交伙伴的妈妈们,适当放手吧,让你的孩子做一只"笼外的鸟",只有这样,他的心灵才能翱翔,他也才能够享受到友谊的阳光。

丽丽是个活泼开朗的女孩,她有很多好朋友。丽丽的妈妈因为有这样一个女儿而欣慰,她曾不止一次对周围的人们夸奖自己的女儿说:"我们家丽丽虽然是独生女,但是一点不缺少玩伴。她从小就是我们小区的孩子王,她喜欢的事情就是带着她手下的那一帮孩子玩,她是他们的主心骨,孩子们有了什么矛盾和纠纷总是要先找她来解决,甚至比丽丽大的孩子闹意见也请

求丽丽的帮助呢!"

在发现了女儿有较强的交际天赋后，丽丽妈妈总是有意识地引导和鼓励女儿发挥这样的天赋，尽可能地带她接触更多的人，让她招待来家里的客人，帮她去组织一些活动，让她融入更大的圈子里……

长大后的丽丽在工作上也展现了超强的交际能力，如今的她已经成为一家大型企业的老总，手下几百名员工都以她为荣;在生活方面，丽丽也是如鱼得水，她和老公的关系相处得非常好，虽然彼此忙碌，但是在丽丽的悉心经营下，两个人的婚姻生活幸福甜蜜，令人羡慕。

作为妈妈，恐怕无不希望自己的孩子能像故事中的丹丹这样，事业、爱情、友谊全面丰收。而这一切，其实都和丹丹从小具备的交往能力密不可分的。要知道，通过和朋友的相处，孩子会拥有更多的生活体验，从中他可以学会如何与人相处，如何关心和帮助他人，如何解决与他人的矛盾，如何向别人学习……而丽丽的成就正是得益于妈妈在交友方面给予的良好教育和培养。

可是，看看现实生活，能做到丽丽妈妈这样的家长并不是很多。我们会发现，有不少妈妈不仅不去鼓励孩子积极地参与人际交往，而且还会阻碍孩子和外界的往来。她们的理由是，孩子要得到周密的保护，要时时刻刻不离父母左右。

这些妈妈不知道，这种"圈养"的结果只能是孩子缺乏与人交往的能力，长大后难以融入到集体环境中去。实际上，这对孩子的成长是有百害而无一利的。这些妈妈忽略了，在孩子的成长历程中，朋友扮演着非常重要的角色，孩子与朋友之间纯真的友情甚至会影响他的一生。

1.激励孩子的交往兴趣和欲望

孩子一旦体验到交往带来的乐趣，他就会更为积极主动地融入到集体环境中去。所以，妈妈们应多鼓励孩子和同龄人聊天、游戏、交往，绝不能借口要看书学习而忽视他参与人际交往的机会。如果孩子主动表现出交际需求，妈妈就要给予积极的鼓励；当孩子表现出对与他人交往的恐惧感和厌恶感时，妈妈就要耐心细致地与孩子交流，帮他缓解紧张感，并为他创造交往的条件。

2.让孩子学会主动"推销自己"

与人交往时，任何人都喜欢面对的是那些充满自信、有着阳光气质的人，孩子也不例外。所以，妈妈们让孩子学会"推销自己"，这样等于赋予了孩子自信、阳光、乐观的性格，孩子也就更容易赢得别人的欢迎和喜爱了。

3.为孩子的人际交往创造条件、树立榜样

孩子是父母的影子，父母是孩子的镜子。为了培养孩子具备高尚的交往品质、正确的交往动机和一定的交往技能，妈妈们就要在这些方面做出榜样，从自我做起，主动积极参与健康和谐的人际交往，这样会给孩子一个努力的学习方向。

孩子自闭？妈妈想办法帮他挣脱枷锁

我们都知道，活泼开朗应是孩子的天性，可是由于种种原因，现在患有自闭症的孩子却越来越多。如果自己的孩子正好在此之列，或者哪怕只是有

自闭症的倾向，也足够妈妈们担惊受怕的了。

为了防患于未然，妈妈们要提早做好引导和教育工作。如果在孩子出现自闭症状后你才发现，那么也不要太过焦虑，而是积极想办法，力图把孩子从自闭症的枷锁中解脱出来。

浩浩出生后不到半年，就一直和姥姥生活在一起。他的爸爸妈妈由于工作忙，经常出差，一周也陪不了他几次。

去年9月份，浩浩上幼儿园了，妈妈对于这个从没离开家人怀抱的孩子很是不放心，于是破例向公司请了假，要求自己早晚接送孩子一周的时间。果然不出妈妈所料，浩浩的表现着实让人头疼，每次和妈妈分开都是满脸泪痕，大哭不止。

浩浩妈妈倍感无奈，但还是狠心将孩子留在幼儿园，适应一下或许就好了。接下来的一个多月时间里，浩浩已经不像刚开始入园时那样哭闹了，妈妈很是开心。

但是与此同时妈妈又发现了另一个问题，就是浩浩回家从不和他们交流幼儿园里的情况，问他都认识哪个小朋友，最喜欢哪个老师，他都不回答。而且听姥姥说，每天接孩子时，别的小朋友见到家长大呼小叫，高高兴兴的，而浩浩却总是默默无语；别的孩子下学后都会在操场上玩耍一阵，而浩浩却从不参与，总是要回家。

得知了这个情况，浩浩妈妈找到了幼儿园老师了解情况。老师说，浩浩在幼儿园也不怎么爱和小朋友玩，上课的时候从不举手发言，老师们为此还鼓励他，可最终也没什么效果。

这下，浩浩妈妈更着急了，她觉得像浩浩这么大的孩子在人们的眼中应该是调皮好动、天真活泼的，为什么他却这么孤僻离群呢？

在我们周围的生活中，类似浩浩这样的孩子并不少见。因为现在大多数家庭都是独生子女，孩子缺少玩伴，很多父母又只顾工作，把孩子交给老人就不管了。这样，被老人娇生惯养的孩子没有与别人交流的机会，导致他们喜欢独来独往,交往范围相对狭窄,精神世界也日益封闭,最后形成了孤僻自闭的性格。

有关机构调查数据显示,我国现在约有150万的孩子有自闭倾向,而且正在以10%到17%的比例增长,已达到人口比例的千分之一,自闭的严重程度远远超出人们的想象。

对此,儿童心理专家表示,自闭存在于孩子的潜意识里,可能是孩子在现实生活里难以达到自己的目标,产生了自卑的情绪,或是因为孩子承受着很大的压力,还有可能是因为对现实不满,但是自己能力有限,无法改变现状,进而对自己失去信心等,这些都是孩子产生自闭的原因。

不管是哪一种自闭倾向,只要妈妈们善于培养孩子的自信心和乐观态度,就能够帮助孩子摆脱自闭的枷锁,从而成为一个独立、自信的孩子。

好妈妈教子锦囊

1.尽可能抽时间多陪孩子,让他感受到妈妈足够的爱

由于忙碌的工作和生活,很多妈妈仅仅承担了生育任务,把孩子交给老人来带。岂不知,这样很容易让孩子因为体会不到父母的爱而产生自卑、哀伤的情绪。所以,妈妈要尽量多抽出时间陪伴孩子,只有多陪伴,才会及时发现孩子存在的问题,并采取正确的方法,让孩子成为一个活泼开朗的人。

2.爸爸妈妈要积极创建欢愉的家庭氛围

俗话说:"环境造就人。"事实上,我们每个人都会受到环境的影响,小孩子就更为明显。如果爸爸妈妈为孩子提供的是一个亲密和谐、互敬互爱的家庭环境,那么孩子就会感受到温馨和愉悦,心情也会开朗。相反,如果孩子每天处在一个充满了冷漠、争吵的环境里,那么孩子的内心就会自卑、封闭。所以,要想让孩子拥有一个好性格,妈妈们就要努力创造和谐、愉悦的家庭环境。

3.给孩子发泄不良情绪的机会

当遇到问题的时候，孩子也会和大人一样产生各种各样的情绪。积极的情绪自不必说，如果是那些不好的情绪，就很容易让孩子失去信心，这时候如果妈妈没有给予科学的引导，那么孩子就会破罐子破摔，越发觉得自己什么都做不好。

因此，这就需要妈妈们担负起帮助孩子准确表达自己情绪的任务，让孩子在一定范围内合理地宣泄自己的情绪。

比如，我们可以引导孩子把心里的不满说出来，或者用笔写下来，也可以大声喊出来；妈妈们还可以帮助孩子培养对某一事物的兴趣，让孩子从不良情绪中转移到感兴趣的事物上来。请相信，只要你善于运用智慧，那么你的孩子就能够及时宣泄掉不良情绪，保持心情舒畅。

4.多让孩子走出去，让他从社交活动里炼就自信心

俗话说，"读万卷书不如行万里路，行万里路不如见万个人"。的确，通过接触外面的人和环境，孩子会学会和他人联络感情，增长见识，提高应变能力和活动能力等，这些对孩子的身心健康是大有裨益的。如果一个孩子从小太过孤僻离群，长大以后会变得不爱与人交往，很难与他人合作、友好相处，甚至容易走极端，很难适应社会生活，对孩子的人生会产生极大的影响。

所以，妈妈们不要一味地限制孩子的自由，而应多鼓励孩子走出去，和外界的人多打交道。

你的孩子也可以成为"社交达人"

现在的家庭模式，导致独生子女们越来越孤单，生活在钢筋水泥、深院高楼的孩子们，如同豢养在笼子的小鸟一般，从小远离人群，缺少玩伴，陪伴他们的往往只是电视、电脑、游戏机等。殊不知,这样的生活状态导致孩子们的人际交往能力越来越弱。

为此,儿童教育专家提醒家长朋友:人际交往能力在孩子的成长中起着十分重要的作用,尤其是在孩子的"关键期",即少年时代,亲子关系、师生关系、同学关系的紧张与疏离,都会直接影响到孩子性格的发展和品质的形成。因此妈妈们必须重视培养孩子的人际交往能力,从而培养了他驾驭生活、完善自我的能力。

王思思的妈妈在女儿还小的时候就想把她培养成为一名多才多艺的孩子,于是从女儿4岁开始,妈妈就送她去学习钢琴、绘画、声乐,等等。

不负妈妈的期望,王思思学得都很不错。但是,有一个问题一直困扰着妈妈,她不知道为什么每次来客人时,让女儿表演,她总是找各种借口推脱掉,甚至干脆躲到自己的房间里不出门。

后来,王思思的妈妈看到了一幅漫画,上面画的是有一头小牛,一个老农在前面拉着牛说:"不让下田怎会耕田?"而牛的后面有一个老学究,拉着牛尾巴说:"不会耕田怎能下田?"妈妈突然觉得自己就像那位老学究一样,没有给女儿锻炼的机会,怎么能让她学会在外人面前表演呢?

从那之后,王思思的妈妈每次在适合的聚会场合都会带着女儿去参加,长此以往,王思思适应了在人群中展现自己,并且还很有表现欲望呢!

妈妈们大概都知道,身处现代社会中,只有充分展示自我,才能赢得机会,所以,能有一个敢于展示自我的能力,是影响孩子一生的宝贵财富。故事中王思思的妈妈受到一幅漫画的启发,及时让女儿获得了社交中的历练,进而改掉以前羞怯的个性,变得敢于展现自我了。

其实,这样的孩子大多都是因为不自信,怕自己做不好而不去做。还有很多是因为家长的关系,很多家长都是非常爱慕虚荣的,如果孩子在社交场合表现得好就会觉得很有面子,反之则会把很多不必要的怒气发到孩子身上,这也是孩子不敢表现自己的一个重要原因。

有一次,小陈彬跟爸爸一起去参加了一个聚会,是爸爸同事举行的家庭式聚会。爸爸的同事们也都带着自己的孩子来参加。

别的孩子都非常多才多艺,唱歌、朗诵诗歌等,可是,轮到陈彬的时候,他自己什么都不会。这个时候,他偷偷地看了看爸爸的眼神,好像有些愠怒。可是越是这样,他就越是不敢表演了。聚会结束之后,爸爸带着小陈彬回到家,对陈彬大发脾气,觉得他给自己丢人了。而陈彬本来就很内敛的性格就更加内敛了,后来就变得越来越孤僻、自卑了。

从这个故事里妈妈们应该知道,我们在教育孩子的时候,不要以自己的意愿来要求孩子。让孩子多方面发展、树立强烈的自信,才能在社交场合中游刃有余,才能在展示自我中再次地提高自我,那么这样的孩子就会越来越优秀。

好妈妈教子锦囊

1.带孩子到社交场合中去

妈妈们都知道,孩子生活在一个复杂的社会环境中,父母是其最先交往的对象,以后逐渐扩大到亲友和伙伴,这中间有一个从生到熟的过程。从上面故事中王思思的转变过程, 我们不难看出, 如果不带孩子到社交场合的话,那么你的孩子就没有可能学会在社交场合来展示自己。所以,想让孩子学会在社交场合中展示自己,就首先要带孩子到社交场合中去,这是让孩子学会展示自我的首要条件。

2.对孩子的突出表现要及时鼓励

作为妈妈,对孩子与生人交往中每一次突出的表现,都应抓住时机,给予鼓励。可用亲切的语言告诉孩子:"你今天真棒,客人们都夸你了,爸爸妈妈真为你高兴。"必要时还可送一样孩子喜欢的玩具或礼物,并明确告诉他得到奖励的原因。这样就会大大增加孩子的信心。

3.相信孩子,放手让他自己去做事

妈妈们应相信孩子的能力,放手让他们做自己能做的事,还要有意识地去锻炼孩子,这样孩子就会越来越优秀的。

人格魅力,每个孩子都可以拥有

现在的社会交往中,我们常常用"人格魅力"来形容一个人受欢迎的要素。为此,我们也都希望自己的孩子是个具有超棒的人格魅力的人。

和任何品质一样,人格魅力的形成也不是一朝一夕的事情,但它也不是只垂青少数人的优良品质。所以,只要妈妈们持有耐心,并采取正确的方法,那么让你的孩子拥有超强的人格魅力,并不是什么难事。若如此,你的孩子势必成为集体的中心,这将为他将来成为一个成功者打下坚实的基础。

去年9月份,张强以中游的成绩进入了某中学的初中一年级。虽然他学习上不是出类拔萃,但是人缘方面却出奇的好。刚升入新年级不久,张强就俨然成了班级的中心人物。上自习课的时候,他说一句"请大家安静"的话,比班主任唠叨半天都管用;班上有个调皮捣蛋的小男生,谁都不服就是服气张强,每次打扫卫生都有理由的他,可只要张强一说,他就马上很"给面子"地忙碌起来。

对于这一"怪"现象,班主任陈老师看在眼里,喜在心上。以他多年的教学经验判断,张强这个孩子很可能是一个"灵魂人物"。为了验证自己的判断,陈老师还特意找来几个班上的同学来询问究竟,果然不出他所料,几个孩子异口同声地回答:张强有魅力啊,老师!

在这些稚气未脱的孩子的脑海里,或许"魅力"还是一个有着模糊概念的词，但是由于现代通讯的发达和信息的畅通，孩子们早已通过电视、网络等媒体对"魅力"一词有了一定的感知。他们用稚嫩的心灵对"人格魅力"这个词语有了一定理解和体会，并且毫不掩饰对那些在他们看来拥有人格魅力的同学的崇拜和景仰，而且还会把他们作为自己模仿和学习的对象。

事实上，即使作为成年人的我们，对于魅力这个词也难以下一个十分确切的定义。因为它更多的是来自于我们内心的一种感受。有时候，我们和有些人即使只有一面之交，就能被对方深深吸引，让我们喜悦，让我们欣赏，而这就是对方身上存在着的那个被称作人格魅力的东西。

看上去，人格魅力似乎是个有点"悬"的东西，让人摸不着也看不到。对此，心理专家这样表示，人格魅力本身包含着极为广泛，也极其深刻的内容。一个充满人格魅力的人，可能源于他时刻散发的自信的光辉，也可能源于他幽默机智的谈吐，亦或许是他彬彬有礼的绅士做派……

如此看来，我们对孩子进行"人格魅力"的培养应该是一个相当大的话题，但最重要的一点是，妈妈们通过自己的言传身教来给孩子有益的指导和良好的影响，引导孩子学会做人、学会做事，那么他就会离"魅力"二字不远了。

好妈妈教子锦囊

1.妈妈要营造一个民主、和谐的家庭氛围

关于良好家庭氛围的概念，我们在前面的内容中提到不止一次了，但是在此仍有必要提醒一下各位妈妈。请记住，一个民主、和谐的家庭气氛，才能培养出有着积极、主动的生活态度的孩子，使孩子能自觉地参与到家庭活动中去。

那么，怎么才算民主、和谐的家庭氛围呢？比如，父母之间的互相爱护、关心、体谅，对长辈能够尊重、照顾、体贴，对孩子做到宽严适度，这些都能够

使孩子正确地认识和评价自己,形成自尊、自信、自主、自控、亲切等积极情绪。

2.适度放手,培养孩子生活的自立能力

教育孩子的目的绝非是让孩子完全听家长的话,顺从家长的意思,而是让孩子能够独立地成长,即使离开父母的庇护也能够坦然面对生活的挑战。

可是,现实生活中很多妈妈对孩子颇具牺牲精神,为了孩子自己什么都可以付出,这样虽然是一种爱,但这种过度的保护扼杀了孩子独立的要求,使本来可以成长为富有创造性、精力充沛、信心十足和勇敢无畏的孩子却变成了畏缩、举棋不定、胆小软弱的孩子。

不可否认,这样的孩子或许会表现得很乖巧,但却缺乏自立的能力。这样的孩子,又何谈人格和魅力呢?

让孩子懂得相互理解的积极力量

"理解万岁"是很多人在青春年少时喊出来的响亮口号。的确,在人与人打交道的过程中,理解的力量不可小觑,它能带来宽恕,能带来和谐。

为此,在孩子与同伴交往的过程中,妈妈们要特别注意引导孩子理解和宽容比自己强的同伴、比自己"差"的同伴以及自己的竞争对手;帮助孩子学会不嫉妒比自己强的同伴,不嘲弄比自己"差"的同伴和不故意为难自己的竞争对手。只有孩子真正学会了理解,才能真正做到向比自己强的同伴学习,帮助比自己"差"的同伴,学会与竞争对手合作。也只有通过交往,他们才能体会到宽容的意义,体验到宽容带来的快乐。

苏飞由于受到父母的良好教育和培养,在智力发育和知识层面均高出同龄孩子一些。仗着自己的聪明才智和丰富的知识，苏飞养成了一副傲慢的态度，对一起玩的小朋友经常横挑鼻子竖挑眼，经常让别人很难堪。这样一来，自然是小朋友们越来越疏远苏飞，苏飞开始感受到了冷落。

一天，苏飞无精打采地回家后，对妈妈诉苦道："我们班的同学一见到我就躲开，不知道是怎么回事。"

妈妈了解自己的孩子，也曾经措辞帮他指正过傲慢的危害，但苏飞毕竟是个小孩子，一些东西并不是大人怎么说他就怎么做。直到这次，苏飞真正感觉到问题的严重性了。妈妈也趁此机会，更加认真地和苏飞讨论起来。

苏飞的妈妈说："在爸爸妈妈和老师以及周围亲戚朋友的眼里，你一直是个不错的孩子，在各方面都取得了优异的成绩，这些的确是值得你骄傲的。但是你要知道，要是想有所成就，要想活得快乐，是离不开朋友的支持和帮助的。现在，你因为自己取得的优异成绩骄傲起来，总觉得自己比周围的孩子都有本事，这样其实挺愚蠢，会让小朋友们远离你。妈妈希望你能够融洽地和别人相处，理解别人的处境，而不是在人家面前摆出一副高人一等的姿态。"

听完妈妈的话，这次苏飞似乎突然明白了其中的道理。从此，在其他小伙伴面前，苏飞开始表现出谦虚的态度，而同时他也获得了别人的接受和尊重。

看完这个故事，我们真该为小主人公苏飞感到庆幸，因为他有一个给他正确指导的妈妈。是妈妈，让他懂得了相互理解的重要性，也让他赢得了别人的尊重。应该说，孩子懂得理解他人，这是一种非常成功的素养教育。因为理解，孩子懂得了接受，懂得了包容，甚至懂得了对别人过错的原谅。而这种感情对于孩子个性的健康发展，尤其是情感的健康发展，以及对于孩子良好人际关系的建立有着非常重要的意义。

如果把孩子比喻成优美的瓷器，那么父母对他的教育就好比是制作瓷器的"模具"。你给了他怎样的轮廓，他就照着怎样的轮廓成长。所以，为了孩子一生的幸福,妈妈们应当教孩子学会理解他人。

当然,需要说明的是,妈妈有必要告诉孩子,理解他人并不代表自己懦弱,也不是盲从和人云亦云,而是明辨是非之后对同学、朋友的退让。同时还要让孩子知道,理解他人并不是要对坏人坏事妥协,对待坏人和得寸进尺的人是没有必要报以理解之情的。

好妈妈教子锦囊

1.做理解孩子的妈妈,为孩子树立榜样

孩子小时候,陪伴他最多,影响他最多的就是妈妈,而孩子理解他人的能力也主要来源于妈妈。如果妈妈是个宽容大度、和蔼可亲、待人友善,能和同事、邻居友好相处的人,那么孩子就会学着父母的样子,和他的小伙伴或者同学们相处融洽,也会变得宽容、善良、乐于与人相处。

2.引导孩子学会换位思考

在与人交往中,我们常听说换位思考这个词。其意思即指,当双方发生矛盾后,各自能站到对方的角度上思考问题,认真考虑一下对方为什么会这样做事,这样说话。如果真的能够做到这一点的话,就能够理解对方,就能够减少很多不必要的矛盾。孩子如果能够站在父母的角度上考虑问题,就会了解父母对于子女的良苦用心;如果站在老师的角度上考虑问题,就会理解老师这一辛勤园丁培育"花朵"的艰辛;如果站在同学的角度上考虑问题,就会觉得大多数同学是可爱可亲可交的。由此可见,教孩子学会心理换位是非常必要的。

3.教孩子认识到人人都有缺点

没有缺点的人是不存在的,有缺点和不足乃是人性的必然。无论是和同学相处,还是和朋友相交,妈妈们都有必要告诉孩子,完全没有必要求全责备。正确的做法是,认识到彼此之间完全可以求同存异。

良好的修养和爱心·为孩子添砖加瓦

每一个做妈妈的，都期待自己的孩子能够以小绅士、小公主的姿态出现在别人面前。可是很多妈妈却不得要领，以至于在培养孩子这方面素养的时候走了不少弯路。

其实，要想培养孩子的绅士风度和公主气质，最重要，也是最根本的是对其良好的个人修养和爱心的塑造。当孩子具备了这两方面的素质，就会很自然地将最具魅力的一面展现出来，赢得别人的好感和赞赏。

因此，妈妈们不妨在这方面下一些功夫，让你的孩子拥有良好的个人修养和拳拳的爱心吧！

从儿子还小的时候，宁宁的父母就经常带他亲近大自然，最常去的要数离家不远的公园和动物园了。

今年春天，宁宁再一次在爸爸妈妈的陪伴下来到公园游玩。当看到绿油油的草地，宁宁一下子来了精神，就松开妈妈的手，一溜小跑来到草坪中间又跳又蹦。

妈妈赶紧喊他过来，并对他说："宁宁，小草还很小，它们是有生命的，你想啊，如果有人踩到你，或者趴到你的身上你会疼吧，而且还会长不高呢，小草也是这样。"

听了妈妈的话，宁宁认真地点点头，并表示再也不去踩踏小草了。

在那次之后不久的一个周末，宁宁和爸爸妈妈走在路上的时候，发现路边的玉兰花开得正艳，就央求妈妈给他摘一朵。妈妈却说："宁宁，如果我们每个人都觉得花漂亮，并摘下一朵的话，那么树上的花是不是很快就被摘光了呢?那样的话,树还会漂亮吗?我们也就一朵花都看不到了吧?"

听了妈妈的话,宁宁点点头,只是扬起自己的小脑袋冲着花朵闻了闻,然后满足地笑着离开了。

通过日常生活中的点滴小事,妈妈给宁宁做出了很好的引导,让他学会了爱护自然,珍惜植物。这样的教育,不是谈什么大道理,而是让孩子在潜移默化中领略到了爱的力量。

当然,爱的范畴不只是包含热爱动植物,热爱大自然,它还包含人与人之间的友爱之情。因为有爱,当一个人遭遇困境的时候,会收到来自各方的援助;因为有爱,当一个地区遭遇地震,会得到全世界人民的关心……可以说,"爱"是处理人与人之间最好的调和剂,一个心中充满爱的人,必将得到加倍的爱的回报;一个充满爱的家庭,必将幸福满溢。

对于正在成长中的孩子来讲,只有从妈妈那里接受到爱的培养和教育,才能真正成为一个有修养的、懂得付出爱和享受爱的人。如果希望你的孩子这样,那么就请朝这个方向努力吧!

好妈妈教子锦囊

1."自爱"是培养爱心的基础

我们常说"自尊自爱",其实,自爱心是人的本性,是个体生存的基本特征。只有自爱之心一点点发展,才会产生自尊心、羞耻心、责任心和自信心,只有具备这些"心",人的自我道德形象才会逐步建立和完善。

鲁迅先生曾经说过:"无论何国何人,大都承认'爱己'是一件应当的事。这便是保存生命的要义,也就是继续生命的根基。"由此说来,人若没有自爱心,生命便缺乏根基。

2.让孩子学会爱他人

自爱虽然很重要,但是我们却不能让孩子只知道自爱。如果一个人只知道自爱，而不知道把爱奉献给别人，那么这只能说是一种低层次的狭隘的爱。只有做到爱自己，也爱他人，爱他人如爱自己，才算真正有了爱人的德行，正如古人所言，"以爱己之心爱人则尽仁"。

3.鼓励孩子爱他人的行为

虽然温暖的语言能让人感受到贴心和快乐，但是我们却不能让孩子的爱仅仅停留在语言上，而是要展现在实际行动中。那么，为了引导孩子对他人爱的行动，妈妈们就要及时鼓励，以促进孩子更加以此为荣。

引导孩子了解和满足别人的情感需要

很久以来，我们常常提到"情商"这个词，它主要包括的就是人的情绪、情感等方面的品质。一个情商高的孩子，他更懂得控制自己的情绪，更懂得理解和满足别人的情感需要。而情商低的孩子则不具备这方面的能力。

一位哲人说："人们内心的情感世界，无不寻求他人的了解和满足，就像花儿渴望阳光那样迫切。"这句话告诉我们，不管是与人交往还是求人办事，了解和满足他人的情感需要都是很重要的。

所以，妈妈们有必要引导孩子，不管在什么时候，都要努力做到这一点，以此来向对方传达"我知道你的感受"或者"我很理解你的心情"。这样，你的孩子就会受到更多的欢迎和尊重，也会获得别人的理解和帮助。

有这样一个故事，充分体现了对人的情感需求的理解和满足，我们一起来看一下。

一次，印度的各大部落首领前去拜见英国王室。英国王室盛情招待了他们，宴会由王位继承人温莎公爵主持。

整个宴席间，宾主双方推杯换盏，相谈甚欢。然而，让人们意想不到的是，在宴会接近尾声的时候，发生了一件有可能引起所有人尴尬的事。

原来，服务员为每一位客人端来了餐后洗手用的水。没有这一习惯的印度首领们以为这些水是用来喝的呢，便纷纷端起水来一饮而尽。

这一情景把英国王室的成员们惊得目瞪口呆，大家一时手足无措，不知道如何是好。于是，大家不约而同地把目光投向主持这次宴会的温莎公爵。

只见此时的温莎公爵，丝毫没有慌张，而是若无其事地和客人边交谈，边端起他面前的洗手水也一饮而尽。

顿时，大家都明白了，也学着温莎公爵的样子，把本来用作洗手的水喝了个精光。就这样，一场看似不可避免的尴尬场面，被温莎公爵巧妙而得体地化解了，而这次宴会也至此取得了圆满成功。

看完这个故事，我们不得不为温莎公爵的表现而赞叹。他机智灵巧的处理智慧让人感叹，他对别人的尊重和理解让人钦佩！

毋庸置疑，每个人都有着强烈的自尊，都希望能从他人那里获得理解和尊重，正如俄国著名教育家别林斯基曾说过的："自尊心是一个灵魂中的伟大杠杆。"

因此，妈妈们在教育自己孩子的时候，不但要让他学会正确地认识自己，而且要让他认识、了解和尊重周围的人。因为只有当他对别人的心理有了一定的了解，才能了解别人的需求，并让自己尽可能地去满足对方的某些要求。这样一来，孩子的人缘就会更好，与别人相处起来自然就更加游刃有余了。

好妈妈教子锦囊

1.多引导孩子加强人与人之间的交往

现如今，那种两耳不闻窗外事，一心只读圣贤书的时代早已过去。人与人之间的交往变得日益频繁而且尤为重要，这就需要我们的孩子能够"懂"别人。为了做到这一点，妈妈们有必要多引导和鼓励孩子参加人际交往。在此过程中，孩子才会向别人敞开心扉，也才能了解别人的需求所在。进而使彼此碰撞出情感的火花，让心与心得到沟通，使彼此之间的了解得以增强。

2.告诉孩子，不要对任何人抱有成见

很多时候，我们很容易被"第一印象"或者表面印象所左右。事实上，任何人和事物都是不断变化的，我们要告诉孩子，不要因为第一印象和表面印象而将其全盘否定。

不可否认，人的职业、家庭和经历是我们判断一个人的参考依据，但却不能作为判断一个人的唯一依据。要知道，一个人由于受到环境、阅历的熏陶，现在的他可能和过去的他完全两样，将来的他也同样很可能和现在大不一样。

因此，这就需要妈妈们告诉孩子，不管所面对的交往中的人给自己的初步印象有多么不好，也不要对对方抱有成见，而应该冷静分析，做到客观地看待对方。

3.引导孩子尽量消除情绪因素

我们常说，情绪的力量非常强大。的确，情绪经常会左右我们的情感，比如，当我们开心的时候，觉得整个世界都为自己而欢乐，当我们悲伤的时候，又感觉所有的一切都暗淡无光。同样地，当心情舒畅时，我们会觉得他人的言行甚是可爱；而当心情烦躁时，又会感到别人的言谈举止着实可憎。

所以，这就要求妈妈们学会帮孩子消除情绪对其情感的影响，防止他把自己的情感色彩"涂绘"到认识对象身上去。因为这样就会让他的情感歪曲了别人的情感，对双方良好人际关系的建立将起到阻碍作用。

妈妈既要鼓励孩子，也要教孩子鼓励他人

在现在提倡赏识教育的时代背景下，多数妈妈都会尽可能地鼓励自己的孩子。孩子带着妈妈的鼓励，就会以更加自信的姿态投入到日常生活和学习中。当然，除了妈妈，来自周围人的鼓励和赞赏同样能起到良好的激励作用。在别人特别是周围小伙伴的鼓励下，孩子会树立起强烈的自信心和成就感，也就更容易获得更大的进步。

那么，怎样让孩子获得他人，尤其是身边小伙伴们的鼓励呢？其中重要的一点，就是教孩子学会鼓励和表扬他人。当别人有进步的时候，我们的孩子投之以赞赏的目光和话语，当别人遭遇挫折的时候，我们的孩子给予安慰和鼓励。这样受到鼓励和赞赏的孩子就会有更强的自信心，去面对下一个挑战。

当这种气氛，或者说习惯在孩子们中间形成起来的时候，我们的孩子也会得到他给予别人的同样的待遇，而他与伙伴之间的友谊也就越发牢固了。

丹尼弗有个经常交往的小伙伴，名字叫琳达。琳达的年纪略大于丹尼弗，但是很多方面却表现得不如丹尼弗。

当然，这并不是说琳达是个多么差的孩子，只不过丹尼弗所接受到的家庭教育比较充分罢了。

有一次，丹尼弗和琳达一起搭建城堡，丹尼弗是作为"指挥者"的身份，琳达则是个"辅助者"，可即使这样，丹尼弗对于琳达的表现很不满意，因为她不但没帮上什么帮，反而总是把丹尼弗已经建好的部分给破坏，使得这项伟大的"工程"进展缓慢。

　　丹尼弗为此非常恼火，就严肃地批评琳达。回到家后，丹尼弗把这件事讲给妈妈听。妈妈对他说道："琳达之所以没有做好，很可能是缺乏信心，你如果能够容忍她的失误，鼓励一下她，她一定能够做好的。"

　　听妈妈这样说，丹尼弗想试一试。

　　第二天，他又找到琳达一起玩搭建城堡的游戏。游戏之前，丹尼弗先向琳达道了歉，向琳达说，自己昨天不该是那种态度，希望琳达别介意。

　　接下来，他们开始做游戏。这次，在整个游戏过程中，丹尼弗没有指责琳达，而是经常表扬她做得不错。果然，琳达不仅不再笨手笨脚，而且做得非常不错。

　　通过这件事，丹尼弗明白了，鼓励的作用原来这么大。他开始准备以后对于和自己一起玩的小伙伴要多一些鼓励和表扬了。

　　可见，鼓励和表扬是孩子健康成长离不开的两样东西，这会增强他们的自信心，从而能有更大的积极性做接下来的事。同时，孩子也需要懂得鼓励和表扬他人，当然这种鼓励和表扬说到底是一种对他人的尊重，和父母对于孩子的表扬和鼓励有着不大相同的目的。

　　我们都知道，一个不尊重他人的人，就不会有人愿意指点他、教育他。即使有好心人对他提出忠告，他也绝不会听进去。这样的孩子，很难进步，即使长大以后，也很可能与社会处于一种隔离状态。

　　如果不希望你的孩子如此，那么就在鼓励他的同时，教他学会鼓励别人吧！

好 妈 妈 教 子 锦 囊

1.健康积极的心态是根本

　　一个心态不佳的孩子，很难做到鼓励别人，甚至看到别人比自己强的地方会嫉妒，看到比自己差的地方会嘲笑，这样的孩子显然不容易受人欢迎。

所以,妈妈们要想让孩子真诚地赞美和鼓励别人,首先要为他塑造一个良好的心态。

2.妈妈做好示范,让孩子学会尊重他人

父母榜样的力量实在是个老生常谈的话题,而又是个不得不谈的话题。在本节内容中,父母的榜样力量同样不容小觑。这就要求妈妈们在培养孩子尊重他人的品质方面,为孩子做出表率,比如在孩子面前,称赞自己的同事工作如何出色,称赞孩子的老师主题班会组织得如何好,等等。

3.适当让孩子尝尝不尊重人的后果

虽然表扬很重要,但是惩罚亦不能少。当妈妈们发现孩子出现了不尊重别人的行为或者言语,要及时对孩子进行类似的惩罚。如果当时的情况不允许,也应让他稍后体会到不尊重人的后果,例如,"你今天说了不尊重人的话,今晚就不能看动画片了"。这样在孩子心里就会形成一定的认识:我为自己不尊重人的行为和话语而付出了代价,以后一定要记住,不要再犯同类错误了。

孩子和伙伴之间的问题,让他自己去解决

不少妈妈都会有这样的感受,在孩子们之间有了矛盾的时候,自然而然地会求助于大人,孩子们总是喜欢找成人解决问题,而这时候家长要怎么做就很重要了。

首先,妈妈们要清楚,孩子之间的问题,是不属于大人的世界的,我们没有必要参与到孩子的世界中去,让你的孩子自己来解决他和朋友之间的问题,既能锻炼孩子的能力,又能有助于问题的解决,还能体现出对孩子独立

态度的一种尊重。

　　其实，孩子在很多时候要比成人想象中的更懂道理，只要家长告诉他们
"玩具要和大家分享"，或者让受委屈的孩子直接对小朋友提出"我们应该怎
么做"的建议，这样会让他更自信，下一次，他也就有了勇气自己去处理和小
朋友之间的矛盾了。但是，如果家长们强制性地介入孩子之间的纷争的话，
那就会造成孩子产生过分依赖家长的心理，就会限制孩子的独立性，而且往
往会把一些简单的事情复杂化。

　　有一天，陈丹阳因为抢玩具和小朋友打起来了，两个人原本是很好的朋
友。这时候，陈丹阳的妈妈下班回家，正好看到了这一幕，她没有做声，只是
看着事态的发展。不一会儿，两人的争执结束了，又一起玩了起来。可是，他
们的争执刚刚结束，对面楼道里就走出来一个女人，拉起陈丹阳的朋友，头
也不回地走了。

　　晚饭后，陈丹阳和爸爸出去玩。回来后，爸爸和妈妈说，陈丹阳一下楼便
高兴地喊着那个小朋友的名字，想和他一起玩，那个小朋友刚要过来，被他
的爸爸一把拉了回去。陈丹阳的父母心里很清楚，肯定是他的爸爸听了他妈
妈说了他和陈丹阳打架的事情，不再让他和陈丹阳玩了。此时，妈妈说道：
"何必呢？小孩子之间的事情，大人掺和那么多干嘛？"

　　看完这个故事，我们对陈丹阳的父母的做法会深感认同，而对于那个小
伙伴的父母的做法则持反对态度。要知道，孩子的世界是纯净的，他们有一
些矛盾，甚至偶尔动手打架也是正常的，哪个人小时候没打过架呢？可是孩
子打架后，很快就可以恢复，还照样是好朋友。但如果大人介入，本来很正常
的事，就会变得不正常了。这样一来，孩子们之间的友谊就很可能遭到破坏，
这种情况多了，孩子的人际关系必然好不到哪里去。

　　苏霞是一名心理医生，她在处理孩子纷争这方面做得就很好。现在她儿
子已经 3 岁了，也到了淘气惹事的年龄，她现在就很注重对儿子这方面的教
育。

在苏霞看来，孩子们之间的打闹是很正常的事情，有时候是为了争玩同一个玩具，有时也会为了争吃同一个东西，总之孩子就是因为一点小事就开始吵，吵不过就是哭。如果这时家长介入，他们就会哭得更凶，甚至会动手打人，因为他感觉有人给他撑腰了。每当这时候，苏霞的意见就是不要去理会孩子们之间的事，让他们自己去解决吧。不要以为孩子这样会受委屈，其实那是在锻炼他们呢。

有一次苏霞的同事带着儿子佟佟到苏霞的家里做客。苏霞的儿子维维和佟佟玩得可高兴了，可是过了不久，为了一个毛绒玩具，两个人打得不可开交，最后两个人都哭了。苏霞和同事都在跟前，但她俩谁也没有说话，谁都没有介入两人的争执。最后维维拿来了另一个毛绒玩具对佟佟说："给你这个吧，我们换着玩。"佟佟此时很爽快地答应了，结果他们俩一人一个，并没有因为刚才的吵闹而心生怨恨，反而他们自己找到了解决的方法，而且俩人越来越亲密了。

同样作为妈妈，正确的爱孩子的方法就应该像故事中的苏霞及其同事这样，让孩子自己去处理他们之间的问题，而不是横加干预。

然而生活中总有许多妈妈喜欢大包大揽，喜欢介入孩子之间的纷争，而且把这个当做对孩子的爱。其实，孩子之间的事情很简单，让他们自己去解决，这是对他们最好的锻炼。

好妈妈教子锦囊

1.相信孩子解决问题的能力

每个妈妈都存在这样的心理：我的孩子不能吃亏，不能受到伤害。在这种心理的驱使下，她们会用自己的爱把孩子包裹起来。岂不知，她们在保护孩子的同时，也束缚了孩子探索的触角，阻挡了孩子的成长。

相反，如果妈妈能够为孩子提供自己解决问题的能力，那么不仅有利于帮助孩子形成正确的价值观，而且有助于孩子提高语言表达能力。细心的妈妈会发现，当孩子解决与伙伴之间的冲突时，会说出一些似是而非的大道理。这说明了他们已经初步具有了自己的是非观念。即使这种观念中有很多的"自我"和"任性"，但却是孩子内心世界的真实表现。

当然，要想让孩子形成正确的观念，主要还得靠父母给予科学的引导，因为孩子价值观的形成更多的是受早期教育的影响，而此时父母对孩子自观念有所界定，就会让孩子明白什么是对，什么是错。

2.多给孩子创造与同伴交往的机会

相对于成年人来讲，孩子往往缺少与人交往的经验，这也就导致他们不知道怎样表达与小伙伴的亲昵。

为此，妈妈们要尽可能多的创造孩子和同伴交往的机会，比如邀请小朋友来自己家里做客，或者带孩子到别的小伙伴家里做客。同时，妈妈们还可以指导孩子如何表达对同伴的喜爱，比如妈妈告诉孩子轻轻拍拍小朋友，或者亲亲小朋友等。说到底，只要多给孩子创造实践的机会，那么孩子自然会从中获得经验。

3.在必要的时候给孩子正确的指导

都说孩子的脸，六月的天，说变就变。的确是这样，孩子们之间的冲突也有类似特点，有时候突然就来了，而孩子一时又找不到解决的办法。这个时候，就需要身边的妈妈伸出你的"援手"了。

有的妈妈错误地以为孩子们之间发生了冲突，只要带着孩子离开就万事大吉了。其实不然，孩子是有着很强自尊心的，"灰溜溜"地走掉会伤害他们的自尊心。

所以，这个时候，妈妈的指导就显得尤为重要且必要。比如，我们让做错了事的孩子向同伴说声"对不起"，并且教给他补救的方法。这样一来，孩子们彼此怨愤的情绪就会消失了，而下次再遇到同类情况，孩子也就知道该怎么办了。

第九章

妈妈思想开放不限制，
孩子全面发展敢创新

常听一些妈妈说："看看人家孩子多规矩，可我家孩子总是淘气，没点老实的样子。"这些妈妈不知道，让孩子规规矩矩，老老实实听话，从一定意义上讲，并不是一种好现象。这是因为，好动是孩子的天性。如果面对孩子的淘气，妈妈强行制止，甚至施以暴力，那么在让孩子乖巧的同时，也把孩子的天性扼杀了。

试想，孩子被迫就范，做一个老老实实的人，那他又怎样活动手脚，使四肢灵活呢？又怎样在玩中开发智力，培养创造力呢？作为妈妈要知道，为孩子设限无异于广口瓶上的玻璃罩对于瓶中跳蚤的作用。

那么，为了使你的孩子得到全面发展，敢于探索，勇于创新，妈妈们还是放开限制，让孩子尽情探寻这个世界的奥秘吧！

不做"拐棍"妈妈，给孩子自己做事的权利

如果虎崽永远在虎妈妈的呵护下长大，必将无法自己捕食，更不可能成为百兽之王；如果小鹰永远在老鹰的呵护下长大，也将无法翱翔于天空……同样的道理，孩子永远生活在父母的怀抱里，就会无法具备独立生活的能力，难以适应日益复杂的社会，也就更谈不上建功立业了。

所以，妈妈们在教养孩子时不要大包大揽，对孩子放心不下，正确的做法是，不做"拐棍"妈妈，给孩子自己做事的权利，大胆地培养孩子独立的生活能力。

艾艾是个 4 岁的小姑娘，平时总想自己做一些事情。可是总被家人"中途拦截"，比如，艾艾想自己去饮水机前接杯水，妈妈见了却连忙把她拉开，制止她自己接水。

还有，每次吃饭的时候，艾艾总想自己来。可是，奶奶却怕她吃得太慢饭菜凉了，就坚决不让她自己动手，而是一口一口地喂给孙女吃。

吃完饭后，见妈妈收拾餐桌，艾艾也想要帮忙，可手刚放到盘子边缘，妈妈就制止道："快放下，小心打碎了，等你长大以后再帮忙，快去客厅里玩吧！"

像艾艾的妈妈和奶奶这样的家长，在我们的生活中随处可见。这些家长不知道，这样的做法实际上是在不知不觉中剥夺了孩子独立成长的机会，甚至让孩子产生"我笨蛋"、"我无能"、"我愚蠢"的观念，以至于严重缺乏自信心。

我们不禁要问：作为妈妈，你手中牵着孩子的那根绳子什么时候能够放

开呢?什么时候你才能让自己的"拐棍"角色谢幕呢?如果你希望自己的孩子成为一个独立自主、有着强烈自信心的人,那么就请从现在开始,尽量根据孩子自身的特点和能力,扩大他的自由活动空间,而不是像个老妈子一样事事包办。

13岁的聪聪和同学们一起去动物园玩,不小心把裤子扯开了一道口子。回来后,他把这件事告诉了妈妈。正在忙碌的妈妈让他先放到一边,说过一会儿给他缝一下,但妈妈紧接着又告诉他,今天姥姥要来串门。

聪聪知道姥姥是个细致、挑剔的人,她肯定容不得已经上中学的外孙把裤子扯坏这件事。聪聪小声嘟哝:"那姥姥一会儿来了,看见我把裤子已经弄破了会生气的。"

妈妈说道:"就是啊!姥姥总夸奖你是一个独立、懂事的好孩子,什么事情都不用妈妈操心,如果让她发现你连自己的裤子都扯坏了,不知道姥姥会怎么想呢。"

听了妈妈的话,聪聪想了想说:"我准备自己缝裤子,姥姥如果知道我自己缝的,说不定还会表扬我呢!"

妈妈听后微笑着点点头,然后帮聪聪拿出了针线。聪聪想象着妈妈做针线活时候的样子开始鼓弄起来。

让聪聪疑惑的是,每次看到在妈妈手里来去自如的针线,到自己手里却像个淘气的孩子。仅穿针眼这一项,他就用了五六分钟。终于穿好了,然后聪聪认真地缝起来。可是缝着缝着,一不小心扎到了手,瞬间手指被扎出了血。

"呜呜……"聪聪疼得哭了起来。正在厨房做饭的妈妈听到哭声连忙跑了出来,安慰儿子说:"我们家的宝贝,为了缝衣服而流了鲜血呢,真是件光荣的事!"聪聪听妈妈这样说,差点破涕为笑。妈妈接着说:"先用清水冲洗一下伤口,然后妈妈帮你擦点酒精,再贴个创可贴。妈妈发现你缝得很不错呀,真是出乎妈妈的意料,只是如果能都缝完就更好了!"

听妈妈这样说,聪聪觉得有点惭愧。妈妈帮助他处理好伤口之后,他又继续拿起针线，并把裤子缝好了。

对从没摸过针线的孩子来讲，第一次能坚持把衣服缝好着实不易。但我们也应该看到，正是聪聪妈妈的引导和鼓励，让他挑战了一次生活中的"难题"，而这对于聪聪将来战胜更多的困难都会有所助益。

苏联著名教育家马卡连柯曾说过这样一句话："最可怕的是用父母的幸福来栽培孩子的幸福。"这句话旨在告诫我们，父母所认为的对孩子的好，实际上不见得是真的有利于孩子的成长、成才。这只不过是父母的一厢情愿罢了。你事事包办换来的，不是孩子的幸福，而是给他的健康成长埋下了隐患。

所以，作为妈妈，我们一定要认识到"拐棍"角色对于孩子的危害，尽早将自己解放出来，还给孩子属于他自己的一片天空。

好 妈 妈 教 子 锦 囊

1.给孩子充分的信任，相信他可以做好

如果妈妈信任孩子，那么比你因为一件事儿惩罚孩子更能激发他的责任心，同时还可以增强孩子的自尊心和自信心。所以，如果孩子失败了，妈妈们不妨帮助孩子分析一下原因，可以指导他们，但不能什么事都"一把抓"。

2.对孩子做事提出有计划的要求

在做事情方面，由于妈妈有更多的常识和经验，所以要提醒孩子在做一件事的时候，想一想先做什么，后做什么，怎样做最好。如果孩子学习洗自己的小袜子，那么妈妈可以告诉他，先在脸盆里放适量的水，然后准备好肥皂，再挽起衣袖，浸湿袜子，然后再打肥皂，然后用手搓洗，最后再用清水洗干净晾晒。当你经常对孩子进行这样的指导的时候，他就会形成做事有计划的好习惯。这样，作为妈妈的你，是不是也更省心了呢！

3.主动培养孩子"自己想办法"的习惯

孩子由于受到大人的照顾，有时候难免会有一定的依赖心理。对此，妈妈不要一贯地纵容，而应努力培养孩子"自己想办法"的习惯。比如，孩子不知道积木怎么搭会和图片上的图案一样，妈妈可以引导他，图案总共用了几块长方形的积木，几块半圆形的积木，等等。这样，孩子通过独立操作，会逐渐养成凡事自己想办法的好习惯，判断能力也会随之增强。

培养独立自主的意识，让孩子做自己的主

我们常提到"独立"一词，无论是工作、生活还是为人处世，独立都是一个人健康人格的重要构成部分。对于幼小的孩子来讲，独立的作用同样不容小觑。它不仅对孩子的成长起着关键作用，而且对他今后的生活、学习以及成年后的事业和家庭都有着非常重要的影响。

可是看看现实中的一些妈妈，她们对于孩子呵护备至，总是忍不住帮助孩子做决定。这其实是剥夺了孩子自己做决定的权利。

如果有人提出异议，妈妈们会反驳说："孩子小，什么都不懂，还是我决定吧。"这些妈妈没有意识到，孩子也有自己的想法，而如果这些想法长期得不到妈妈的关注，那么他的自主意识就会受到抑制，自信心也会受打击，进而逐渐丧失判断和选择的能力，长大后缺乏责任感和主见，到时做自己的主，也绝非易事了。

当然，我们也要承认，作为妈妈，你的决定往往都是正确的，但这种正确性反而会产生一种窒息感，一方面，孩子获得的资源越来越多，能力也越来越强，但另一方面，他的生命激情却会越来越低，想法和行为越来越被动，只能以被动的方式去叛逆。我们来看一个案例：

10岁的飞飞念小学三年级，暑假期间他迷恋上了羽毛球。尽管打得不

太好,但是飞飞很努力,他期待有一天自己能够像林丹那样把羽毛球打得所向无敌。

可是,飞飞的爸爸却对儿子的这一兴趣很不"感冒",他说:"打小球有什么意思,要练就练大球,将来才能有所成就。"

原来,飞飞的爸爸是个足球发烧友,他希望飞飞也能"子承父业",于是,他强迫并不喜欢足球的儿子去足球场练球。结果呢,搞得飞飞很不开心,以至于后来他对所有的体育项目都不感兴趣了。

在现实生活中,这样的例子比比皆是,孩子喜欢绘画,却被妈妈强迫着去学钢琴,孩子本来喜欢唱歌,却被冠以"唱歌不能当饭吃"的名号,强制孩子学奥数……一个人假如无法选择自己喜欢的事情,是十分痛苦的,孩子更不例外,而他的反抗有时往往并不奏效,于是只能不情愿地按照父母的意图去行事,最终造成严重的敌对情绪或自暴自弃。

不过,可喜的是,随着现代家庭教育理念的逐步深入,已经有越来越多的妈妈认识到了这一点,也明白一味代替孩子做主,可能会打击他的积极性,影响到他将来的发展。但这些妈妈或许还不知道应该如何去做,而且还有些妈妈误以为孩子只有长大懂事后才好做自主选择,却不知自主选择是需要从小开始培养的。

有位妈妈,在儿子很小的时候就开始培养他做选择的能力,尽管有时孩子的选择与自己预料的并不一样,有时在自己看来甚至是错误的,但只要这个决定对孩子并无大碍,她从不以自己的意志来影响儿子。

当儿小学毕业准备升入中学的时候,她大胆地将决定权给了儿子,让他自己选择喜欢的学校,经过一段时间的考察和比较,儿子选定了一所自由度较高,但对综合能力发展很有帮助的学校,虽然他选的学校和妈妈选择的并不相同,但妈妈还是尊重了他的意志。3年后,他以优异的成绩考入了全市最好的高中,而且各方面能力发展得都很好,这让妈妈惊喜的同时,也为当时做出的选择感到庆幸。

作为妈妈，不仅要了解孩子的成长规律，也要给予孩子一定的自由空间，鼓励孩子做出选择，并了解他作出选择的依据和动机，不断修正他的行为，只有这样，他的自主性才能被培养起来。

当然，给孩子自己做决定的权利，并不意味着妈妈们可以撒手不管，在孩子进行重大抉择的时候，妈妈要帮他收集资料，了解和熟悉备选的方案，这将有助于孩子进行科学地选择，如果你的孩子还不具备很强的选择能力，那么你也可以和他一起分析、讨论，帮他把好关，让他少走弯路。

总之，作为妈妈，一定要遵照孩子成长的客观规律，积极创造条件，让孩子不断完善自我，最终练就自我抉择的能力。

好妈妈教子锦囊

1.赋予信任，相信孩子的能力

大多数不让孩子自己做主的妈妈，都是源于对孩子缺乏信心，担心他们会做错事，导致自己吃苦头。从表面上看，这是在关心孩子，但实际上却扼杀了孩子独立生存的能力。

实际上，每个孩子都需要妈妈赋予他信任，能够给他自主选择的机会和权利，你的信任会让他自信。所以，妈妈们不要代替孩子做出所有选择，而是应该倾听孩子的心声，尊重他的想法，让他自己做主。

2.引导孩子在限定的范围内做出选择

由于知识和经验的缺乏，如果让孩子一下子面对过多的自由和选择，他很有可能手足无措，反而不利于做出决定。因此妈妈可以给他一定范围的选择权利，也就是说，最好根据他的年龄特征，为他限定一个范围，让他在其中进行选择。这是培养孩子自己做决定的第一步，也能使他逐渐树立起适当的选择意识。

3.给孩子发表自己意见的权利和机会

不少妈妈在要求孩子做事的时候,往往会习惯性的用命令的口吻,比如"你应该这样做"、"你不能这样做"、"你要写作业了"、"不许看电视了",等等。其实这种方式只会让孩子觉得妈妈不近人情,而自己只有服从的份儿。

而作为一个明智的妈妈,会将这种命令的口吻改成商量的语气,并给孩子一些发表意见的机会。比如你可以说:"你觉得先完成作业再看电视会不会更好些?""你看这件事怎样做更好呢?我想能不能这样?"等等。这样的语气会让孩子觉得你是尊重他的,而且给了他选择的机会。这样一来,不但能鼓励并引导孩子自由地表达思想,而且也体现了妈妈对孩子的尊重。

适度放权,允许孩子在自己的"地盘"当家

不知道从什么时候开始,妈妈们忽然发现孩子似乎在某些时候喜欢躲着自己,他会在进入自己房间后马上锁门,并拜托你进他的房间要先敲门。

其实,这时候基本可以说明孩子长大了,他开始有自己的秘密了,而且这一方领地只有他一个人可以进入。德国著名哲学家康德曾说过:"秘密是说与不说的游戏,孩子发现自己有了秘密,意味着他有了自己的内心世界。"

普遍来看,孩子的秘密都会有一个落脚之地,那么这个落脚之地就是他们隐藏自己内心世界的载体,而这个载体往往就是日记本。他们利用日记发泄心中的不满,制定心中的目标和理想,倾诉那些内心的小秘密……

欣欣读初中三年级,正值青春期的她,已经有了属于自己的小秘密,比如琼瑶的小说、几本厚厚的日记本、男生写给自己的贺卡,等等,她都会放在秘密的角落。

　　然而有一天，因为学校临时安排，提前放学，欣欣比往常早一些回到了家。正当她打开屋门的时候，却发现妈妈在自己的房间里，手里还拿着几本小说。见此情景，欣欣很生气，因为她曾经不止一次和爸爸妈妈说过不能随便进自己的房间。这次妈妈明知故犯，让欣欣有些恼火。

　　不过，欣欣当时并没有冲妈妈发火，但当她进屋后发现自己锁得好好的抽屉也被翻过了，终于按捺不住想要和妈妈理论一番。没想到妈妈振振有词地说："我就是想检查一下你最近是不是用心读书了，还有不到半年的时间就要中考，我怕你分心。"

　　可是在欣欣看来，这分明是妈妈不信任她，窥探她的隐私。第二天她干脆赌气，任凭妈妈如何催促都不肯去上学。

　　情急之下，妈妈找到欣欣的班主任，抱怨孩子太叛逆，居然发展到不想学习的地步。

　　当过儿童心理教师的班主任反复追问原因，妈妈承认是因为自己偷看了孩子的日记和抽屉，才导致她拒绝来学校。

　　老师告诉欣欣妈妈，现在欣欣正值青春期，也正是生理、心理各方面承受压力较大的时候。从他们内心来讲，是很怕父母不信任的。这样的窥探无疑让孩子加深了这种印象。孩子已经长大，他们也有自己的生活空间和情感世界，此时只有信任孩子、鼓励孩子，给孩子一个自己的空间，才能赢得尊重和爱戴，更好地促进她的学习和生活。

　　听完老师的话，欣欣妈妈诚恳地向女儿道歉，并为她的小屋重新装上了一把门锁，郑重地把钥匙给她，承诺以后不会再未经允许到她的屋子里去。

　　在老师的及时帮助下，欣欣妈妈做到了尊重女儿的隐私，允许女儿在自己的"地盘"当家做主。可现实中，有很多妈妈并不能做到这一点。当她们窥探孩子秘密的举动被发现，还蛮不讲理地说自己是为了关心孩子，为了孩子好。然而，她们却不知道这个阶段孩子的内心需求，这样就导致误会越来越深。

此时的孩子,当面对父母窥探自己的隐私的时候,会感到自尊心在被深深地伤害,会给他们造成沉重的精神压力,甚至会因此对父母产生敌意,致使亲子关系紧张。

因此,要想成为一个让孩子喜欢、信任的好妈妈,我们要清楚,随着孩子一天天的长大,他们会自然而然地朝向成长前进发展。面对这种独立的愿望,我们最应该去做的是给予孩子独立的空间和锻炼的机会,让他们自己去探寻适合自己生存和发展的土壤。只有这样,孩子才有可能独立应对人生路上的风霜雪雨。

好妈妈教子锦囊

1.正确对待孩子的隐私

孩子一旦有了自己的秘密,当他不打算让父母知道的时候,他就和自己的内心立下了一个承诺。而作为妈妈的你,不管用什么手段进行挖掘,都无异于在孩子的心灵上刻下一道伤痕。在此,我们提出两点建议,帮助妈妈们正确对待孩子的隐私,希望能为您提供帮助:

首先,我们要尊重孩子的独立人格。随着孩子年龄的增长,他们的独立人格也会日趋形成,随之而来的"保密性"需求也会越来越强,比如他们的日记和书信、与同学交往与谈话的内容等,往往不想让父母"了如指掌"。但妈妈们却不能因此就偷看孩子的日记、私拆孩子信件,正确的做法是,妈妈转换一下角色,以朋友的身份和孩子融洽相处。这样一来,孩子才会感受到自己被尊重,也就更愿意敞开心扉,向父母透露自己的隐私。

其次,我们要及时掌握孩子的思想状态。对于现今复杂的社会环境,妈妈们常常存在一些担忧。这是很有必要的,因为哪个家长都不希望孩子被一些不健康的因素侵蚀,比如抽烟喝酒、和一些混混来往、青春期早恋,等等。

为此,妈妈们要在生活中密切观察孩子的言行,以便及时掌握孩子"隐秘世界"的蛛丝马迹,一旦发现什么苗头,好对症下药,给予孩子正确的引导。

2.为孩子创造锻炼独立性的机会

有一百个妈妈就会有一百个妈妈承认自己爱孩子。为了孩子可以奉献自己的所有。实际上,这种无微不至、无处不在的"爱和关怀",恰恰削弱了孩子本来应该具备的独立生活的能力。久而久之,孩子便无法形成独立自主的人格特质。

因此,真正智慧的妈妈,会大胆地放开自己的手,为孩子多创造一些锻炼独立性的机会。这样,孩子才能在各种生活技能的体验中健康快乐地成长,并最终成为德才兼备、令父母满意的孩子。

3.培养孩子明辨是非的能力

我们提倡让孩子独立自主,允许孩子有独立的空间,并非是告诉家长放任自流,而是建议妈妈们在此基础上,给孩子正确的引导,只有在教会孩子如何正确判断、决策和承担后,给予他独立自主的机会,他才能锻炼得更好、更强。

给孩子鱼,不如教给他捕鱼的本领

古语说:"授人以鱼,不如授人以渔。"授人以鱼,只供一饭;授人以渔,则终身受用无穷。这一道理同样可以应用于家庭教育之中。简单说来,妈妈们可以问自己一个问题:当孩子遇到事情的时候,自己是直接告诉他结果呢,还是告诉孩子解决问题的方式?

不用问,很多妈妈的答案可能是前者,她们会说:既然知道,为什么不赶紧告诉孩子?诚然,关于孩子所问的"为什么"可以直接告诉答案,可是当孩

子有道数学题不会做，难道做妈妈的也要告诉他答案吗?我们来看两个相关案例:

案例一:思雨上幼儿园之前,妈妈就开始担心不已,怕他自己不会吃饭,怕他不知道按时上厕所。因为 1 岁多到现在 3 岁,每次都是妈妈或者姥姥喂饭,上厕所也是需要大人帮忙,还有睡觉也必须得由家人陪着才能入睡。

事实证明,思雨妈妈的担心还真是全部"中招"。每次吃饭他都不会动手拿勺,老师没办法,只好喂他;因为不会穿脱裤子而经常尿湿裤子;午睡后起床,他总是坐在那儿等老师来帮他穿衣服鞋袜。老师反映说,思雨的自理能力是比较差的。

案例二:郭尧和思雨是同一个班。他进入幼儿园适应得就非常快,吃饭、睡觉、上厕所等事情自己全都应付得来。这让带班的老师很是欣慰。在一次家长会后的闲聊中,老师才知道,这一切都源于郭尧妈妈得当的教育方法。比如,郭尧 1 岁半的时候,看到妈妈剥煮熟的鸡蛋,感到好奇,妈妈就示范给他看,随后,妈妈又拿了一个煮好的鸡蛋递到郭尧手里,让他自己剥。郭尧兴趣十足地剥完了鸡蛋,虽然用时比较长,但是妈妈觉得这是他自己动手能力的巨大提升。其他的事情上,妈妈也会尽量让孩子自己去做,而她只负责告诉他一些操作方法。

同样大的孩子,在生活能力上却有着如此大的不同。不能不说,家长的教育在一开始就拉开了差距。思雨的妈妈直接帮助孩子实现了结果,而郭尧的妈妈教会了孩子方法。这样一来,两个小孩子独立性的强弱也是有所不同的,而当他们都长大了的时候,处理问题的能力也会有所不同。

妈妈们要知道,孩子总是有依赖心理的,只不过不同的孩子所表现的有所不同而已,而这种不同是通过家长对他们的态度所表现出来的。直接得到答案的孩子,受到了不劳而获的恩惠,下一次就再不肯自己动脑了,而只是在等待家长的结果;而得到了方法的孩子,他们即使知道了方法也要自己动手、动脑才能得到答案,下一次就懂得了解决问题的方式,这样的孩子进步是比较明显的。

有着华人首富之称的李嘉诚在教育孩子方面就很注重"授之以鱼不如授之以渔"的方法。他要求孩子们在生活上克勤克俭，不求奢华；事业上注重名誉，信守诺言。

在两个儿子八九岁时，李嘉诚召开董事会，特意让他们俩坐在小椅子上列席会议。起初，哥俩儿觉得新奇好玩，瞪着眼睛认真听父亲和董事们讨论工作。当看到大家因为工作而争得面红耳赤的时候，两个小家伙都吓得直哭。李嘉诚就会对他们说："孩子别怕，我们争吵是为了工作，正常现象，木不钻不透，理不辩不明嘛！"

两个孩子渐渐长大了，他们以优异的成绩在美国斯坦福大学毕业后，想在父亲的公司里一展才华。可是，李嘉诚却拒绝了他们："我的公司不需要你们！"

兄弟俩都愣住了，说："爸爸，别开玩笑了，您那么多公司不能安排我们工作？"

李嘉诚说："别说我只有两个儿子，就是有20个儿子也能安排工作。但是，我想还是你们自己去打江山，让实践证明你们是否合格到我公司来任职。"

听了父亲这番话，哥俩儿才恍然大悟，原来父亲是把他们推向社会，去经风雨，见世面，锻炼成才。

之后，李泽钜开设了地产开发公司，李泽楷成了多伦多投资银行最年轻的合伙人。

在事业上，兄弟俩克服了许多难以想象的困难，把公司和银行办得有声有色，成了加拿大商界出类拔萃的人物。

转眼两年多的时间过去了，此时兄弟俩却得到了父亲的"指令"："你们干得很好，可以到我公司任职了。"原来，李嘉诚欣慰地看到两个儿子做出了出色的业绩，而自己也终于可以心安理得地宣布退休了。

通过这个事例，妈妈们可以看得出来，李嘉诚不仅是一个商业巨头，他在教子方面也是睿智精明的，他知道"授之以鱼不若授之以渔"的道理，再多的钱留给不会赚钱的儿子，到头来只能是坐吃山空。

同样作为家长，各位妈妈们也要分清楚什么才是对孩子真正的爱。所以，从日常生活中的小事开始，我们不要再代替孩子做这做那了，而应该告诉他们怎样做或者启发他们自己去思考。这才是作为一个妈妈最至高无上的爱！

好 妈 妈 教 子 锦 囊

1.帮助孩子提高认识水平

在孩子的成长过程中，他们会越来越希望自己具有和成人一样甚至超过成人的能力。但由于受认识水平的限制，孩子的许多想法不可能真的实现，所以在这一过程中难免出现"言行不一"的现象。如果产生这一现象是由于孩子认识不清、把幻想当成现实而造成的，那么妈妈就应该让孩子分清真假、面对现实，鼓励孩子做有意义的事。

2.通过生活实践进行教育

当发现孩子光说不做、没有行动的行为时，妈妈要及时指出，并讲明道理，不要因为孩子还小就纵容他的缺点。要在日常生活中督促孩子按自己的诺言去付出行动。比如，孩子和小伙伴约定下次出门的时候给他们带糖果，可是真的要出去了，孩子又表示舍不得。这时候，妈妈就要告诉他说话要算话，这样才能赢得别人的信任。

3.训练孩子的推理能力

推理能力是思考能力当中十分重要的部分，因为这需要对概念等有深刻的理解才能进行。因此，在平时生活中，妈妈们要注意对孩子解释一些概念性的事物。当然，想要培养孩子的推理能力，除了概念上的解释，最好的办法还有一种，那就是让孩子多做一些有意思的推理题目。比如，妈妈可以让孩子思考：爸爸比妈妈年龄大，妈妈比宝宝年龄大，让他以此推断出爸爸年龄比宝宝大的结论。

鼓励孩子通过体育锻炼来强健体魄

哪个妈妈都希望自己的孩子"吃嘛嘛香，身体棒棒"，因为强健的体魄是人生的基础。可以说，在孩子的成长过程中，如果没有健康、强壮的体魄，就无法满足日益旺盛的求知欲和学习知识的成长要求。

强健的体魄怎么得来呢？其中主要的因素无外乎先天素质、健康饮食、体育锻炼。对于前两点，由于人们生活水平的提高，解决起来已经不是什么问题，而最关键的则是体育锻炼给孩子的身体带来的影响。

因此，妈妈们除了要关心孩子有足够的营养外，更要为孩子安排一些有益健康的体育锻炼活动。

由于妈妈怀孕期间患有妊娠高血压，情况比较严重，所以凡凡在距离预产期两个月的时候就不得不被医生从妈妈的肚子里"抱"了出来。由于早产，凡凡从小体弱多病，爸爸妈妈为此三天两头往医院跑。这让凡凡经受了很多同龄孩子没经受过的频繁的打针、输液之苦。

看到幼小的女儿遭受这么多罪，爸爸妈妈心疼极了，他们暗下决心，要通过体育锻炼来增强女儿的体质。

于是，从凡凡刚刚会爬行开始，爸爸妈妈就带着她进行每天一次的"体育锻炼"，比如，让凡凡在地板上爬行，或者妈妈和凡凡进行"爬行比赛"；到了冬天，他们也会尽量带孩子外出，接受冷空气的"考验"，因为他们知道，孩子的呼吸系统是需要冷空气的刺激不断锻炼出来的，如果长期在室内或者外出时穿得过多,则容易使孩子抵抗力不强。所以,吹冷风也成了凡凡必不可少的锻炼项目。

直到凡凡上小学,爸爸妈妈依然坚持让她进行体育锻炼。即使凡凡用在学习上的时间因此而减少,他们也认为很值得,因为健康的身体比什么都重要。

虽然凡凡因为锻炼身体而减少了一些学习的时间,但是她的精神状态和身体状况一直不错,远远超出了刚出生时爸爸妈妈对她的期待。或许正是因为经常参加体育锻炼,使得凡凡总能够以良好的状态投入到学习中,她的成绩可一直名列前茅呢!

毋庸置疑,强健的体魄是孩子健康成长和顺利发展的基础。正如现代社会上所流行的说法:健康是"1",其他诸如财富、成就、幸福等均为"0",换言之,如果没有了健康,其他方面也就没有了存在的价值和意义了。

当然,这种锻炼是需要一个持续不断的过程。就像上述故事中的凡凡,她的父母几年如一日,坚持带她锻炼,这样才能真正拥有一个良好的身体素质,使孩子在各方面不断取得进步。

不仅如此,妈妈们还要掌握一些培养孩子体育锻炼的方法和技巧。这样,孩子才能自觉加入锻炼的行动中,体会锻炼带来的乐趣和收获。对于那些懒于运动的孩子,妈妈应该及时说服教育,而不是对孩子进行批评斥责,例如:"还不知道锻炼身体,都快胖成肥猪了!"

总之,要想让孩子爱上体育锻炼,妈妈们除了持之以恒地监督和带领之外,还要培养孩子锻炼的兴趣,当孩子有了兴趣,就容易养成习惯,有了好的锻炼习惯,那么拥有好的体魄也就是自然而然的事了。

好妈妈教子锦囊

1.兴趣是成功的一半,让你的孩子爱上体育锻炼

我们常说兴趣是最好的老师,体育锻炼其实也一样。所以,妈妈们可以根据孩子的年龄特点，时常给孩子介绍一些坚持体育锻炼的小故事，以此来激发孩子"跃跃欲试"的热情。

2.适当引导，让运动成为孩子生活的一部分

孩子越小，形成习惯往往越容易。专家介绍，3~12岁是人形成良好习惯的关键期，这一阶段，人的可塑性很大，最容易接受成人的引导和训练，同时在生理上也正处于生长发育和素质发展的敏感期。

由此可见，人在这个年龄段内正是养成自觉锻炼身体习惯的好机会；如果错过了，随着人的年龄的增长，由于受旧习惯的干扰，新习惯就难以形成。因此，妈妈们应该抓准时机，让孩子养成爱好锻炼的生活方式。

3.为孩子提供锻炼用具，增加其活动的趣味性

每个孩子都厌烦一成不变，有的项目即便一开始饶有兴味，如果长期进行，也会变得乏味。因此，这就要求妈妈们尽可能地多为孩子配置一些运动的用具，比如球类、橡皮筋、沙包、跳绳，等等；为了方便孩子运动，妈妈们还要为他们准备好运动服和运动鞋。这样，孩子不仅增加活动的积极性，也会在运动中方便、自如，并且更具安全性。

付诸信任和鼓励，让孩子敢于表现，勇于表达

在竞争激烈的当代社会，要求人们在学习、工作和生活中，要勇敢地表达自己的想法和欲求，也要敢于表现自己的能力、特长等优势。而一个人在幼年时代所具备的交往能力会对他一生的生活状态产生重要影响，小的时候能否在周围人面前很好地表达和表现自己，将极大地影响他将来与人的交往和交流。

既然这样，妈妈们就要在孩子还小的时候重视对孩子这一特质的培养，多鼓励孩子勇敢地在别人面前表现和表达自己。

　　去年圣诞节前夕，妞妞的妈妈要带女儿前去参加一家幼儿培训机构组织的圣诞狂欢活动。活动主办方表示，希望前来的小朋友都能够踊跃报名，而且他们也会给每个孩子上台的机会。

　　妞妞的妈妈知道自己的女儿一直不敢表现自己，所以希望通过这样的方式让女儿增强自信心和表现欲。可是，不管妈妈怎么做工作，如何鼓励，都没有把妞妞说到台上去。但看到其他孩子勇敢地表现着自己，妞妞的妈妈羡慕极了。她多么希望自己的女儿也和那些活跃的孩子一样，不管水平如何，都敢于上台表现。

　　回来后，妈妈问妞妞为什么不敢上台？妞妞的回答是，担心自己表现得不好，怕别人取笑。

　　其实，不仅这一次，妞妞平时在学校也是个缺乏自信的孩子。班主任杨老师来做过几次家访，每次谈到她在学校的表现，老师都会特别强调：胆小，不积极回答问题，不爱参加集体活动等。

　　面对这样的女儿，妞妞的妈妈很焦虑，她一时也找不到什么好的办法来引导孩子。

　　如果你也有一个妞妞这样的孩子，恐怕你会特别理解妞妞妈妈的心情。的确，同样作为妈妈，都希望自己有一个大方、开朗、活泼、自信的孩子。可是为什么像妞妞这样的孩子在我们生活中随处可见呢？其实，这还得归结于家庭的教育，因为这种现象的产生往往是缺乏自信导致的。而作为妈妈的我们，没能在这方面给予积极、科学地引导和培养，从而让孩子成为一个胆怯、懦弱、腼腆的人。

　　妈妈们要知道，每一个孩子要在这个社会生存和生活，都要与人打交道、与人进行交流和交往。而要与人交流和交往，非常重要的一步就是要准确地向周围的人表达、表现自己，这样才能让别人更好地了解自己，尽可能地减少误会和伤害。所以，在陪伴孩子成长的过程中，妈妈们要注重方式方法，引导孩子增强表达和表现自己的欲望和能力，这会为他将来进入社会大有裨益的。

好 妈 妈 教 子 锦 囊

1.教孩子学会表达自己的情感

尽管孩子不像成年人那样具有丰富的人生阅历，也不会像成年人这样具备丰富的情感和情绪，但他们的内心世界也存在着喜怒哀乐。这些情绪和情感是不可以被忽略的。

因此，妈妈们要试着去体会孩子的各种情绪和情感，并鼓励他用语言表达出来。比如，当孩子的玩具被其他小朋友夺了去，妈妈可以跟他说："小弟弟抢了你的玩具，你是不是生气了？"当孩子摔跤后，妈妈可以说："你摔倒了，腿是不是很疼啊？"当孩子的好朋友因为和孩子闹别扭而不理他的时候，妈妈可以跟他说："好朋友生你的气，你是不是感觉很难过呀？"

可能孩子很小的时候，还不能理解什么是"生气"、"难过"，但妈妈准确结合他的感受用得次数多了，孩子自然就会理解了。以后在妈妈的鼓励下，孩子也就能很好地用语言来表达自己的感受了。

2.尊重孩子,有利于他建立自信心

不少妈妈虽然怀着一颗爱孩子的心，但在某些事情的处理上却对孩子过于苛责，发现孩子哪里做得不好，或者犯了什么错，就会对孩子横加指责，甚至挖苦奚落孩子。这样的做法很容易在孩子心里形成"我很笨"、"我不行"的想法，长此以往，孩子必将失去自信。

正确的做法应该是，尊重自己的孩子，让他感受到来自妈妈的真诚的爱，同时孩子也会感觉到自己说话是有分量的，从而使其建立自信心。

3.收起"虎妈"的高标准

曾经在网上传播甚广的美籍妈妈"虎妈"采取的是较为严苛的教育方式。其实在我们的生活中,存在着不少"虎妈",她们常常给孩子设立无法达到的标准,比如,希望孩子保持房间非常整洁,希望他们必须把作业做到十全十美。而事实上,孩子很难达到"标准",妈妈也就失去了鼓励孩子的愿望。所以,为了让孩子拥有表达和表现的信心,妈妈们还是将你的高标准收起来吧!

4.不要让孩子行走在他人的影子里

作为妈妈,你要始终相信,你的孩子并没有比任何人差,你没必要总拿别的孩子来刺激他。这样只会让他产生对自己的怀疑:妈妈总是这么说我,我真的不如别人吗?久而久之,这种暗示就像慢性毒药一样渐渐腐蚀孩子原本的自信,最后甚至连自己本身引以为豪的优势都会忍不住置疑了。这种结果,应该不是你所期待的吧?

逐步引导,让孩子成为"探索大王"

对孩子来讲,这个世界处处充满着新奇,让他们充满探索的欲望。但是很多妈妈出于爱孩子的心情,不舍得让孩子做一些"出格"的举动,生怕伤着这儿,碰到那儿的。

可是我们看看,那些在工作中特别是搞技术、做科研的人里面,勇于创新并取得创新成果的,往往是那些从小到大一直善于探索的人。

发明家爱迪生说过:"世上一切都是谜,一个谜的答案即为另一个谜。"他不断探索,不断创新,最终成为一位拥有1000多项发明的发明大王。另一位著名科学家哥白尼认为："人的天职在于探索真理"。因此他不断探索，为了发现宇宙的奥秘而不懈奋斗，最后提出了有划时代意义的"日心说"。

毫无疑问，对未知领域的探索已随着历史的发展衍生出一种精神，引领人类不断进步、发展。所以，妈妈们有必要在孩子小的时候，就注重保护和培养他的探索精神。

孙淼的妈妈在照顾女儿方面可以说事无巨细，无微不至，10年来一直如此。不管女儿干什么，她都事先考虑到，替孩子做好，从不让孩子自己做，更别说让孩子自己作决定了。例如，孙淼的妈妈每天接送孙淼上学、放学，时时都会把女儿的吃穿安排好，就连喝牛奶插吸管这样的事，她也不让孩子做，总是自己做。

也许正是这样的家庭教育，使得孙淼的性格非常内向。在学校，她从不主动去和同学们交流或进行户外活动，而是四处游荡，非要等老师点到她的名字，指定她去玩什么，她才去。为此，同学们送给她一个不雅的绰号——"小木偶"。

此时，一直忙于工作的爸爸忽然觉得女儿这样下去肯定不行，她应该养成独自生活的能力。于是同妻子商量后，他们决定不再干涉女儿做什么，也不催促她做什么。

就这样，经过爸爸妈妈一年多辛苦的培养，现在的孙淼已经一改从前的"木偶"形象，成了一个人见人爱的活泼、独立的女孩了。

虽然孙淼在更小一些的时候没能接受独立意识的培养和塑造，但终归在少年时代被爸爸意识到了问题所在，并通过努力，帮助她告别了内向、依赖、害羞的性格，变得独立、开朗起来。

可以说，孙淼的爸爸这种做法是很正确的，再爱孩子的父母也不可能控制孩子一辈子，他们早晚会有独立的那一天，如果到了那一天再放开双手，是不是有些晚呢？

事实上，只有让孩子去感受生活中克服困难的快乐，让他在面对困难的时候能有自己的想法,而不是告诉孩子怎样做!家长能起的作用就是引导和帮助孩子,才能让他摸索出一条道路来,他才能自信满满地走下去。

妈妈们要记住:让孩子自己去探索,他会不断发现世界中的新奇;而要过度保护孩子,则会摧残他们对这个世界本来具备的强烈探索的愿望,从而失去更多的乐趣和增长知识的机会。

好 妈 妈 教 子 锦 囊

1.鼓励孩子细心观察生活,大胆地提出问题

或许在妈妈们看来没什么新鲜的事物,到了孩子眼里也会趣味横生。所以,我们可以利用这一点,从日常生活中的一些小事、小细节中启发孩子对事物进行较深层次的思考,并鼓励孩子勇于发现问题。

我国著名教育家陶行知盛赞"小孩是再大不过的发明家",他提醒家长:"发明千千万,起点是一问。人力胜天公,只在每事问。"孩子提出的问题,妈妈不一定全能回答,但可以这么说:"这些问题我不知道,不过,我们可以通过努力找出答案。"

2.对孩子的探索行为要多进行启发诱导

有些时候,孩子的探索活动不是一蹴而就的,而是一个长期的计划。这就需要妈妈给孩子一些启发和诱导。比如,在每一次探索活动中,妈妈可以让孩子根据自己的计划去想办法、安排时间、注意安全,等等。然后和孩子一起讨论,并让孩子汇报自己的探索成功,从而激发他的探索热情和信心。

3.和孩子讨论问题要有耐心

妈妈在和孩子讨论问题的时候,不能急于求成,也不要随意说"说得好"或"很好",而应该保持耐心,用一些启发性的话,比如"真有趣"、"我从来没有这样想过",等等,来诱导孩子去思考和探索。

你的孩子不脆弱，"蛋壳心理"要杜绝

看到这个标题，妈妈们不难理解，"蛋壳心理"应该就是很脆弱的一种心理状态吧？

没错！顾名思义，蛋壳心理，就是指像鸡蛋一样一触即破，脆弱是它的本质。看看我们周围，这样的孩子还真不在少数。

那么，为什么孩子会如此脆弱呢？答案可以用一句话来简要概括，那就是：家庭教育不当。

妈妈们大概都有这样的体会，从自己的父辈到自己这一代，吃了太多的苦，受了太多的累，总希望自己的孩子可以少吃点苦头，多一些享受，最好不需要他们去经历任何的苦难。

可是这样做的结果是什么呢？孩子得到了无微不至的照顾，孩子拥有了未来可以少去打拼的可能。但妈妈们不知道，与此同时，孩子也失去了发掘自身潜质，完善自我素质，开创美好未来的动力和希望。这样的孩子，当遭遇任何一点不如意的时候，就可能会垂头丧气，无法承受。而这，不正是蛋壳心理的最直观表现吗？

姜妍的父母都是 20 世纪 70 年代出生的独生子女，所以姜妍成了典型的"421"家庭中的那个"1"。

由于 6 个大人围绕着这么一个宝贝疙瘩，让姜妍受到了公主一般的宠爱。不管是爷爷奶奶，还是姥姥姥爷，抑或是爸爸妈妈从来不让她受一点委屈。

而姜妍又是个聪明漂亮的女孩，于是全家人就更视她如掌上明珠。进入小学后的姜妍，学习很出色，每个学期都能拿回奖状。这一点，让家人更加爱若至宝，周围的亲戚、邻居们也都羡慕姜家有这么出色的一个女儿。

在耀眼的光环下长大的姜妍，小学毕业后又很顺利地考入了一所理想的重点中学。

让姜妍及其家人没想到的是，本来令人高兴的进入重点中学这件事，却成了孩子及家人噩梦的开始。

原来，在这里，姜妍感受到了与以往截然不同的变化。因为新的班级里，同学们个个都很出色，这让姜妍原来的优越感一下子全没有了。开学后第一个月选举班干部，姜妍落选了，这让从小一直当班长和学习委员的她难以接受；老师讲课的内容，姜妍总无法像从前那样百分百接受，她为此怀疑自己的智商；老师们也不再像小学时那样，用更多的目光关注姜妍这个"优秀的学生"……

这一切都让姜妍无比失落和沮丧。和几年的小学时光相比，她感觉自己如同掉进了地狱。这一系列的打击，让原本乐观的姜妍突然感到了茫然，每天都是郁郁寡欢。期中考试，她的数学成绩居然更是倒数第三！她觉得，自己没有脸面见父母了，于是在一个漆黑的夜里，无助的姜妍拿刀子划开了自己的动脉……

虽然说姜妍的表现太令人惋惜，但究其原因，我们不难从其接受的家庭教育方面找到缘由。在家人的过度保护中，姜妍形成了脆弱的内心，一旦遭受失败，就开始气馁，对自己全盘否定，以至于置最宝贵的生命于不顾。可见，这样的"蛋壳心理"既是对幼小生命本身的摧残，也是对整个家庭的损害。

妈妈们要知道，不管是谁，都要经历挫折和失败，即便是孩子也不例外。如果他们从小没有经受过任何打击，那么当真的打击来临，他们就无从应对，只能选择逃避、责备甚至轻生的错误做法来面对。可以说，"蛋壳心理"会让孩子没有勇气去迎接挑战，因为他们的内心里总是充满着对失败的恐惧。

这样的孩子,即使将来进入社会,也会被现实"折磨"得遍体鳞伤。

同样作为妈妈,我们都不会希望自己的孩子落得这样一副狼狈的样子。既然这样,那就从现在开始,积极行动起来,培养孩子面对失败和挫折的能力,让孩子远离"蛋壳心理"。

好妈妈教子锦囊

1.鼓励孩子,在挫折面前要充满信心

孩子总会遭遇一些小的挫折,比如考试没考好,或者和小伙伴的关系没处理好,等等。这种时候,妈妈们最好保持乐观的微笑,并说一些鼓励的话,以此来增强孩子面对挫折的勇气。妈妈的行为会让孩子认识到,遭遇挫折和失败没什么大不了的,这次失败了,下次再努力就是了。这样一来,孩子就会重新鼓足勇气面对接下来的挑战。

2.为孩子塑造一个乐观向上的家庭氛围

孩子从小在家人的陪伴下成长,家庭的环境自然会对他带来深刻的影响。如果妈妈们能够营造一个积极乐观的家庭氛围,那么孩子就会受到这种环境的感染,能够在困难和挫折面前更容易挺直腰杆,坚忍不拔。所以,要想让孩子具有乐观的心态,妈妈首先要给他塑造一个和谐、幸福的家庭氛围,这种氛围来源于父母的乐观、自信、豁达,父母的这种态度将深深影响和熏陶你的孩子。

3.妈妈做好榜样,勇于克服困难

作为成年人,我们大都曾体会过榜样的力量。对于孩子来说,榜样的作用尤其强大。因此,作为陪伴孩子最多的妈妈来讲,就应在孩子面前表现出不怕困难、敢于克服困难的形象。同时,妈妈们还可以给孩子讲述一些名人在挫折中成长的故事,让他进一步感受榜样的力量。

不用"听话"来区分孩子的好坏

在我们的传统文化意识中，"听话教育"的思想已经历经几千前的历史积淀后根深蒂固。因此，"听话"一词也成了中国家长教育孩子时使用频率较高的词。比如，我们常会听到这样的话：宝宝，你要听爸爸妈妈的话；在幼儿园，要听老师的话；上课的时候，要听老师的话；工作了后，要听领导的话……听话的孩子就是"好孩子"，不听话爱顶嘴的孩子就是"坏孩子"。

在这种认识下，很多妈妈常会要求孩子无条件地听从自己的安排，在幼儿园和学校，无条件地听从老师的安排。

当然，妈妈们会发现，自己的教育很快便有了"可喜的成果"，孩子变得越来越听话、越来越乖巧了。妈妈们看着自己的"成果"欣欣然，微微笑。可是她们不知道，大人们是喜欢了，可是孩子在这个过程中却变得胆小怕事、没主见、依赖性强。

对此，专家给出了这样的解释：孩子不听从父母的指令，其实是其身心发展的重要特点。这时候，如果妈妈过早地用成人的标准去要求孩子，那么一方面容易扼杀孩子的天性，阻碍孩子创造能力的发展；另一方面，"乖孩子们"迫于外界的压力和想做"好孩子"的渴求，往往有问题不敢提出来，面对问题无论是对还是错都不敢辩驳，常常压抑着自己，影响自己的身心健康。

某儿童教育杂志曾刊载过这样一句话："淘气的男孩是好的，淘气的女孩是巧的。"从中我们可以看出，很多"不听话"的孩子反而比较聪明，思维活跃，他们往往能够做到学习娱乐两不误。这样的孩子，不才是每个妈妈所期待的吗？

一位妈妈领着孩子过马路的时候，看到车辆飞驰而过的时候，她总会命令孩子："不要动!"孩子也就形成了这样的习惯。这位妈妈为孩子的听话而高兴。

然而，有一天，孩子自己过马路的时候，遇到了飞驰而过的车辆，他习惯性地"不要动"，而没有躲闪，导致车辆撞向了他……

还有一个与"听话"相反的故事，小主人公乔冰是个"不听话"的孩子。

乔冰是典型的淘气大王，用妈妈的话说就是"从小就没有乖过"。

尽管乔冰是个"不听话"的孩子，但他的"不听话"里却有自己独到的见解和出色的创造性。比如，他不顾妈妈的反对，从外面捡来一些废品堆在阳台上，每到周末的时候自己就鼓捣这些废品，把它们做成玩具和装饰物。在幼儿园，乔冰同样"不听话"，比如，有一次老师教孩子们画画，乔冰画了一个绿色的太阳。老师表示费解，乔冰理直气壮地说："早上我看见太阳从树林里升起来，被树叶染成绿色了。"听了他的解释，老师微微笑了笑，还夸奖他善于观察和想象呢!

通过这两个小故事，我们不难看到其中折射出的教育问题:太听话不见得是好事，不听话也未必是坏事。我们不能用听话和不听话来区分孩子的好坏。

一位名叫海查的德国著名心理学家曾做过一个实验:他对 2~5 岁时有强烈反抗倾向的 100 名儿童与没有这种倾向的 100 名儿童追踪观察到青年期。结果发现，前者有 84% 的人意志坚强，有主见，有独立分析、判断事物和作出决定的能力;而后者仅有 26% 的人意志坚强，其余的人遇事不能作决定，不能独立承担责任。这一研究说明，反抗行为强的孩子，长大易有坚强的独立意志，而这种品质正是取得优异成就必备的素质。

所以说，如果你的孩子很乖巧，很听话，那么最好不要为此而沾沾自喜，要区分清楚孩子是真的懂事，还是被家长扼杀了应有的个性。当然，如果你的孩子是一个总是和自己对着干的"淘气鬼"，那么也不要抱怨，而应留意一下,看看孩子是不是有想逃离父母给制造的"保护伞"的愿望。如果是这样,那么妈妈们应该为孩子感到高兴,并放开手脚,给孩子一个可以自由翱翔的空间。

总之,妈妈们要清楚,如果你一直把孩子保护在自己的羽翼下,那么孩子就永远学不会独自飞翔。相反,如果你不去限制,放任他做一次"坏孩子",那么他就会根据自己的想法和见解去处理一些事情,从而也会更有勇气去承担责任。换句话说,当我们给了孩子"不听话"的权利和机会,那么他将会走得更好,站得更稳。

好妈妈教子锦囊

1.适当引导,而不是专注于听话与否

对于初涉人世的孩子来讲,由于没有阅历和经验,妈妈对他们进行言传身教是应该的,让他们听取妈妈的话也是必需的。但是,随着孩子逐渐长大,他们开始有自己的思想和探求未知世界的欲望的时候,如果妈妈还一味地要求孩子"听话",而把"听不听话"作为衡量他好与不好的首要标准,那么就失之偏颇了。所以,作为妈妈,在孩子听话与否的问题上,只需做好正确的引导即可,而不应将此作为孩子好与坏的判断标准。

2.妈妈切忌让孩子盲目"听话"

每个人都有独立的人格,都有自己的思想,我们培养的孩子并非是盲目听话的"好孩子",而是要培养一个不盲从、不盲信、听话做事前一定要对别人的话加以分析思考、尊重自己的大脑的想法的人。只有这样,我们的孩子才会表现出他的独立性和创造性的潜能。为此,妈妈们就有必要经常鼓励孩子:"真不简单,有自己的主见!""好的,就按你说的办!"

3.多给孩子出"鬼主意"的时间和机会

尽管妈妈们常奚落孩子天马行空般的"鬼主意",认为实在"不靠谱"。但

实际上，这些鬼主意的背后，可是孩子善于思考和善于发现的潜能在起作用呢！我们知道，孩子天性好动，对事物也都持有浓厚的乐趣，为此，妈妈们就要给孩子正确的引导，同时多给孩子机会和空间。当发现孩子出了某个"鬼主意"时，妈妈可以和他一起挖掘更多的乐趣，引导他将其应用于现实生活中，而不是把孩子的奇思妙想和创造性思维用"听话教育"给扼杀掉。